U0453041

世界文化名城理论经验与成都实践

尹宏 邓智团 余梦秋 等著

中国社会科学出版社

图书在版编目（CIP）数据

世界文化名城理论经验与成都实践/尹宏等著. —北京：中国社会科学出版社，2020.12

ISBN 978-7-5203-7617-4

Ⅰ.①世… Ⅱ.①尹… Ⅲ.①文化名城—城市建设—研究—世界②文化名城—城市建设—研究—成都 Ⅳ.①G112②G127.711

中国版本图书馆 CIP 数据核字（2020）第 254844 号

出版人	赵剑英
责任编辑	喻 苗
责任校对	胡新芳
责任印制	王 超
出 版	中国社会科学出版社
社 址	北京鼓楼西大街甲 158 号
邮 编	100720
网 址	http://www.csspw.cn
发 行 部	010-84083685
门 市 部	010-84029450
经 销	新华书店及其他书店
印 刷	北京明恒达印务有限公司
装 订	廊坊市广阳区广增装订厂
版 次	2020 年 12 月第 1 版
印 次	2020 年 12 月第 1 次印刷
开 本	710×1000 1/16
印 张	22
字 数	351 千字
定 价	119.00 元

凡购买中国社会科学出版社图书，如有质量问题请与本社营销中心联系调换
电话：010-84083683
版权所有　侵权必究

序　言

建设世界文化名城的规律探索和评价体系

李明泉[*]

"弘扬中华文明、发展天府文化，努力把成都建设成为独具人文魅力的世界文化名城"，这是成都市世界文化名城建设大会向全社会彰显的成都气魄，向全世界传递的成都声音。这次大会科学回答了世界文化名城为何建、凭何建、如何建的问题，第一次系统全面阐释了天府文化与世界文化名城建设的内在关系，突出了成都建设世界文化名城的文化软实力和国际影响力的特色优势，构建起建设世界文化名城的"三城三都"支撑体系和实施系统。

在此背景下，成都市社会科学院联合上海市社会科学院等专家学者共同完成《世界文化名城理论经验与成都实践》，这是迄今国内第一本研究成都世界文化名城建设的学术专著，探索世界文化名城建设规律构建评价体系，为社会主义文化强国的城市实践提供了案例。

一　为何建：文化自信的发展策略

加快把成都建设成全面体现新发展理念的城市，全面实现新时代成

---

[*] 李明泉，中国文艺评论家协会副主席、国务院特殊津贴专家、四川省学术界技术带头人、四川省委省政府决策咨询委员会委员，四川省文学艺术界联合会副主席，成都市人民政府参事，四川省社会科学院二级研究员，四川省文化发展中心主任。

都"三步走"战略目标,迫切需要文化作为城市持续发展的内生动力和核心竞争力。文化高度决定城市高度,文化影响力决定城市影响力。习总书记关于推进社会主义文化强国建设的一系列重要讲话,为成都建设世界文化名城提供了思想指引和根本遵循。习总书记强调:"体现一个国家综合实力最核心的、最高层的,还是文化软实力。""城市发展需要依靠改革、科技、文化三轮驱动,增强城市持续发展能力。"文化发展从来没有像今天这样成为国家总体布局、成为"四个自信"之一,文化有如阳光和水一样成为经济社会发展和人们生活方式的精魂和必需。一个取代传统经济和传统城市的新文化时代正大踏步向我们走来。世界主题文化城市建设,已成为时代趋势。文化对城市而言,既是实力和形象,更是内核和灵魂,决定城市品质,塑造城市精神,引领城市发展,所有流芳百世、蜚声世界的强盛都市,都是世界级的文化名城。无论是公元前5世纪的雅典、14世纪的佛罗伦萨、19世纪的巴黎,还是我国汉代的洛阳、唐代的长安、宋代的扬州等,无不是照亮人类文明的窗口,成为世界向往的文化圣地。当今世界,文化软实力已成为世界城市体系中决定城市竞争力的核心要素之一,从国际建协发布以"功能城市"为主题的《雅典宪章》,到强调"文化城市"的《北京宪章》,"文化城市"成为当前城市发展的主流趋势和最先进理念,用文化连接世界,已成为众多新兴世界城市的价值追求和战略选择。因此,成都建设世界文化名城,是基于对当今世界文化发展大势和城市发展规律的前瞻性把握,基于成都城市深厚文化基础和比较优势提出的发展目标,既是文化强国建设在成都的伟大实践,也是坚定文化自信在成都的生动体现,既是顺应世界城市发展潮流的顺势之举,也是历史文化传统在当代的创造性书写。

二 凭何建:文化底蕴的转化创新

成都建设世界文化名城不是空穴来风、异想天开,而是建立在深厚扎实的历史传统和现实基础之上的。

任何一种文化都有时代性,我们绝不仅仅是几千年传统文化的继承者,更肩负着创新发展优秀文化的时代责任;我们不只是被动地、无意识地承受传统文化的"客体",更是重新评价传统文化,进而开创新文化的"主体",必须站在历史和时代的方位,以远大的文化抱负、宽阔的文化境界进行文化自省，不忘本来、吸收外来、面向未来，推动天府文化在新时代花繁果硕、惠及当代、恩泽后人。在这个问题上，我们时常认识起伏、摇摆不定，要么固守传统，以"古已有之"横扫一切新生事物；要么否定传统，以"唯今胜昔"砸烂旧瓶另起炉灶。正确的态度是，那些至今还存活在当代社会生活中的历史文化和哲学智慧，都具有穿越时空而获得长盛不衰的精神生命，成为滋养滋润当今时代的文化基因和思想食粮。推陈出新、古为今用、熔古铸今、中西合璧，才是我们应有的文化自觉和价值取向。

如何认识天府文化的历史源流和当代价值，对于建设世界文化名城起着决定性作用。天府文化根植于中华文化、涵育于巴蜀文明，与城市同成长共发展，历经萌芽、形成、鼎盛、复兴四个阶段，滋养出"水旱从人，不知饥馑"的天府之国，形成了"至今巴蜀好文雅"的天赋文脉，成就了"蜀学比肩齐鲁""文宗自古出巴蜀"的天府奇观。正是由于天府文化具有内在的深层文化结构、强劲的文化延展张力、广博的古今文化合力，才凝聚形成了"创新创造、优雅时尚、乐观包容、友善公益"的现代表达和当代价值。

我们应从历史和现实两个维度来理解这十六个字："创新创造"是天府文化革故鼎新、善谋图变的文化基因；"优雅时尚"是天府文化优越雅致、温情和煦的生活美学；"乐观包容"是天府文化达观向上、兼容开放的文脉演绎；"友善公益"是天府文化乐善好施、大爱无疆的时代内涵。这十六个字，是对天府文化内涵和外延及其时代生命力的高度概括，成为建设世界文化名城的精神追求和审美取向，成为区别于其他文化名城的独特标识和独特优势，成为以文化人、以文化城的特殊功能和内在动力。

因此，依凭天府文化，我们清晰地找到和把握了建设世界文化名城的内核内容内驱力，而建设世界文化名城则是对天府文化外形外貌和影响力的生动体现和审美展现，二者合二为一，共同构成成都建设全面体现新发展理念城市的时代进程和生动实践。

三 如何建：文化风范的时代表达

有了目标和方向，如何建世界文化名城，就成了具体实施的智慧智能问题。概括地讲，成都建设世界文化名城，以天府文化铸魂，以"三城三都"支撑。成都对世界文化名城建设提出了建设世界文创名城、旅游名城、赛事名城和国际美食之都、音乐之都、会展之都"三城三都"的具体路径。"三城三都"既是现代的也是历史的，更是历史积淀在现代生活中的深刻映射，成都2300多年的商业、休闲文化，孕育了文创、旅游、体育、美食、音乐、会展深厚的底蕴。新时代，成都建设"三城三都"，既是传承千年商都文化、休闲文化基因的历史责任，更是秉承生活城市的城市特质，积极回应对美好生活追求的直接体现。"三城三都"既是成都的也是世界的，更是成都魅力在世界舞台上的精彩呈现，文创、旅游、体育、美食、音乐、会展虽反映的是成都的市井生活，体现的是独具魅力的生活特质，但这种看似普通的生活，却跨越了国界与语言，唤起了最深处的共鸣，是成都作为生活城市的魅力和价值所在，必将是成都走向世界的宣言书、享誉全球的新名片。

从"五星出东方利中国"织锦护膊到中国最早个人定制的"薛涛笺"，从"自古诗人例到蜀"到熊猫国际旅游节，从战国"嵌错宴乐渔猎攻战纹铜壶"到"雄起"之声响彻大江南北，从"肴槅四陈，觞以清醳，鲜以紫鳞"到联合国评定为世界"七大美食之都"，从永陵二十四伎乐到《七十二滚拂流水》广传海外，从南丝路北丝路货源地到"中国最具创新力国际会展城市"，成都无不具备建设"三城三都"的历史底蕴、城市传统和现实条件。当前，建设世界文化名城的抓手、着力点、落脚处，就在于切实推进"三城三都"建设，培育和打造一批又一批名家名作、名戏名剧、名报名台、名网名站、名乐名曲、名人名室、名景名线、名山名苑、多巷名街、名村名镇、名赛名手、名菜名厨、名会名节、名馆名展、名企名业、名品名园、名师名校等，以形成天府文化渗透包蕴支撑世界文化名城的庞大而强劲的建设体系。这既是天府文化基因的鲜活呈现，也是城市精神的生动体现，更是推动城市择优发展的产业选项和文化布局。它升华出来的是以"人"为价值和美学尺度的城市兴盛，以"城"为生活生命依托的发展智慧，以世界城市为顶级目标的科学决策和务实作为。

建设世界文化名城是一项事关成都长远发展的宏大事业，必须遵循文化建设发展规律，支持文化创新创造创作，充分激发创造活力，推动文商旅体融合发展，促进多元文化交流交融，动员全社会共建共享，为建设世界文化名城提供有力支撑。这就特别需要动员广大市民和全社会积极参与，着力培养与世界文化名城相匹配的文化名城市民素质和城市文化场，举手投足之间流露的是成都人的修养和风范，人际国际交流交往之处体现的是成都人的爱心与气质。文化建设从来不是暴风骤雨式的狂飙突起，而是涓涓细流、润物无声、精心精细的过程化呈现，这一过程正是文化带给我们的沁润和温暖。我期待，随着世界文化名城的建设过程，必将迎来"九天开出一成都，万户千门入画图"的新时代盛景和锦绣前程。

　　是为序。

2019 年 6 月 15 日于成都百花潭

目 录

上篇 理论篇

第一章 引言 ………………………………………………… (3)
 第一节 成都提出世界文化名城建设 ……………………… (3)
 第二节 世界文化名城建设有"他山之石" ……………… (5)
 第三节 以文化发展有序推进成都世界文化名城建设 …… (6)

第二章 文化与城市发展 …………………………………… (8)
 第一节 以文化发展推动城市转型是重要趋势 …………… (8)
  一 文化成为经济发展新动力 …………………………… (8)
  二 文化促进城市可持续发展 …………………………… (9)
  三 文化成城市规划基础要素 …………………………… (11)
 第二节 城市文化与全球城市发展的互动关系 …………… (13)
  一 文化活力与城市成功携手共进 ……………………… (13)
  二 经济增长对文化发展的多样作用 …………………… (14)
  三 文化有助于解决世界城市面临的挑战 ……………… (15)
  四 文化是城市政策的黄金线 …………………………… (16)
 第三节 "文化与发展"是"2015年后发展议程"的
    重要主题 ……………………………………………… (17)
  一 文化改变城市规划和城市化 ………………………… (17)
  二 文化助推城市消除贫困 ……………………………… (20)

三　文化帮助城市应对环境和气候变化 …………………………… (22)

第三章　世界文化名城的内涵与功能 ……………………………… (24)
　第一节　城市文化 ……………………………………………………… (24)
　　一　文化 ……………………………………………………………… (24)
　　二　文化循环 ………………………………………………………… (25)
　第二节　世界文化名城内涵与类型 …………………………………… (27)
　　一　内涵 ……………………………………………………………… (27)
　　二　世界文化名城类型 ……………………………………………… (30)
　第三节　世界文化名城的功能 ………………………………………… (35)
　　一　文化多样性 ……………………………………………………… (36)
　　二　文化包容性 ……………………………………………………… (38)
　　三　文化参与性 ……………………………………………………… (39)
　　四　文化吸引力 ……………………………………………………… (39)
　　五　文化创造力 ……………………………………………………… (40)
　　六　文化影响力 ……………………………………………………… (40)

第四章　世界文化名城指标体系的构建 …………………………… (42)
　第一节　UNESCO《文化统计框架手册》 …………………………… (42)
　　一　主要领域 ………………………………………………………… (45)
　　二　横向领域 ………………………………………………………… (47)
　　三　相关领域 ………………………………………………………… (49)
　　四　简单比较 ………………………………………………………… (50)
　第二节　美国《国家艺术指数》 ……………………………………… (53)
　　一　资金流（17 项指标）…………………………………………… (55)
　　二　容量指标（15 项指标）………………………………………… (55)
　　三　艺术参与（22 项指标）………………………………………… (56)
　　四　艺术竞争力（27 项指标）……………………………………… (57)
　第三节　伦敦《世界城市文化报告》 ………………………………… (58)
　　一　文化供给 ………………………………………………………… (60)

二　文化需求 …………………………………………… (63)
  第四节　成都世界文化名城指标体系构建 …………………… (65)
　　一　文化产业结构的核心要素 ………………………… (65)
　　二　文化指标体系的结构特征 ………………………… (66)
　　三　成都世界文化名城指标体系构建要点 …………… (67)
　　四　成都世界文化名城指标体系构建 ………………… (68)

中篇　经验篇

第五章　伦敦与欧洲文化名城建设 …………………………… (81)
  第一节　伦敦"世界文化首都"的定位 ……………………… (81)
　　一　高度服务化的伦敦经济 …………………………… (81)
　　二　极具竞争力的文化创意产业 ……………………… (85)
　　三　引领全球文化的城市地位 ………………………… (90)
　　四　21世纪之世界文化首都 …………………………… (93)
  第二节　伦敦21世纪"文化大都市"发展战略 ……………… (96)
　　一　定位与目标 ………………………………………… (97)
　　二　发展思路与重点领域 ……………………………… (100)
　　三　政策目标与推进举措 ……………………………… (103)
　　四　文化设施、环境和公共领域 ……………………… (106)
  第三节　伦敦文化产业促进政策 ……………………………… (109)
　　一　政策制定理念转变：从公益性到创造财富 ……… (109)
　　二　管理与扶持政策：建立优质健康的环境 ………… (110)
　　三　政策创新：文化核心与融合战略 ………………… (114)
　　四　伦敦文化创意空间管理 …………………………… (118)
  第四节　"欧洲文化之都"计划 ……………………………… (122)
　　一　历史演变 …………………………………………… (123)
　　二　实施选拔 …………………………………………… (125)
　　三　实施经验 …………………………………………… (134)
  第五节　欧洲文化创意产业集群建设 ………………………… (136)

一　欧洲文化创意产业发展依托繁荣大都市 …………………（137）
　二　欧洲文化创意产业的个性化增长 ………………………（139）
　三　对文化创意产业发展以及集群培育的启示 ……………（144）

第六章　纽约与北美文化名城建设 …………………………（147）
　第一节　纽约：所有纽约人的文化规划 ………………………（147）
　　一　纽约文化发展的历史 …………………………………（147）
　　二　纽约文化发展的政府作用 ……………………………（152）
　　三　《纽约文化规划（2017）》的编制过程 ………………（157）
　　四　《纽约文化规划2017》的实施策略 …………………（163）
　第二节　芝加哥：有活力的国际文化中心 ……………………（171）
　　一　《芝加哥文化规划（1995）》 …………………………（171）
　　二　《芝加哥文化规划（1995）》的效果评估 ……………（179）
　　三　《芝加哥文化规划（2012）》与更新 …………………（180）
　第三节　温哥华：一个创新型的国际大都市 …………………（184）
　　一　温哥华文化规划的目标 ………………………………（184）
　　二　温哥华文化规划的核心 ………………………………（185）

第七章　东京与亚洲文化名城建设 …………………………（189）
　第一节　东京多方位规划支持文化发展 ………………………（189）
　　一　文化建设方针 …………………………………………（189）
　　二　东京首位城市发展战略中的文化建设的主要内容 …（190）
　　三　东京首位城市发展战略文化建设主要项目 …………（192）
　　四　东京向世界展示的五大城市魅力 ……………………（193）
　第二节　日本京都关西：文化学术研究都市 …………………（199）
　　一　关西文化学术研究都市与城市发展目标 ……………（200）
　　二　最新关西文化学术研究都市规划 ……………………（202）
　　三　关西文化学术研究都市建设的特点与启示 …………（205）
　第三节　日本金泽：中小城市的文化生产与可持续发展 ……（206）
　　一　日本金泽的文化积淀和产业基础 ……………………（207）

二　金泽市文化、经济和环境并存共生的特点 …………………(208)
　　三　金泽市传统文化保护政策与实践 ………………………(209)
　　四　金泽的"新文化运动"和近期产业发展政策 ……………(210)

第八章　城市文化发展综合经验 ……………………………(212)
第一节　城市公共文化投资 …………………………………(212)
　　一　世界文化名城公共文化投资的特点 ………………………(212)
　　二　国际城市比较视野下的上海公共文化投资特点 ………(215)
　　三　世界文化名城公共文化资金利用的发展趋势 …………(216)
第二节　发展中国家的地方文化建设 ……………………(218)
　　一　地方（local）尺度"文化表达"的特点 ………………(219)
　　二　发展中国家地方创意经济发展的要素分析 …………(219)
　　三　发展中国家地方创意经济发展产生的革命性影响 ……(224)
　　四　发展中国家地方创意经济的主要成果 ………………(227)
第三节　城市文化遗产保护 ………………………………(230)
　　一　瑞士的城市遗产保护与城市文化 ……………………(230)
　　二　印度的城市遗产保护与城市文化 ……………………(231)
　　三　瑞士和印度在城市遗产保护方面的共同点 …………(233)
第四节　城市文化核心区复兴 ……………………………(233)
　　一　城市文化核心区复兴面临的挑战 ……………………(233)
　　二　政府在城市文化核心区复兴中的职能作用 …………(234)
　　三　城市发展基金在城市文化核心区复兴中的作用 ……(235)
　　四　城市文化核心区复兴中的公私合作（PPP）…………(236)
　　五　城市文化核心区复兴案例研究 ………………………(237)

下篇　实证篇

第九章　成都建设世界文化名城的战略选择 ……………………(243)
第一节　成都建设世界文化名城的基础条件 ……………(243)
　　一　文化资产积淀厚实 ……………………………………(243)

二　文化要素供给充足 …………………………………………… (244)
　　三　文化经济实力持续增强 ……………………………………… (245)
　　四　文化氛围逐渐浓厚 …………………………………………… (246)
　　五　文化战略国际化 ……………………………………………… (247)
　　六　文化形象逐步提升 …………………………………………… (248)
　第二节　成都建设世界文化名城的现状评价 ……………………… (248)
　　一　文化资产的结构层次有待优化 ……………………………… (248)
　　二　文化要素的供给质量有待改善 ……………………………… (249)
　　三　文创经济的竞争力有待提升 ………………………………… (250)
　　四　文化氛围的公众活力有待激发 ……………………………… (251)
　　五　文化形象的城市特色有待突出 ……………………………… (252)
　第三节　成都建设世界文化名城的战略选择 ……………………… (253)
　　一　加强文化顶层设计，增强文化管理水平 …………………… (253)
　　二　大力发展天府文化，增加文化资产价值 …………………… (254)
　　三　推进文化经济高质量发展，提升文化竞争力 ……………… (254)
　　四　会聚优秀文化人才，提高文化要素质量 …………………… (255)
　　五　扩大文化消费，营造良好的文化氛围 ……………………… (255)
　　六　加快城市品牌建设，塑造具有成都特色的文化形象 ……… (255)

第十章　延续城市文脉　涵育文化资产 ……………………………… (257)
　第一节　悠久的历史与多样的文化 ………………………………… (257)
　　一　成都历史概貌 ………………………………………………… (257)
　　二　博大精深的物质文化遗产 …………………………………… (259)
　　三　多元生动的非物质文化遗产 ………………………………… (262)
　第二节　成都历史文化遗产保护传承现状分析 …………………… (263)
　　一　物质文化遗产保护现状分析 ………………………………… (263)
　　二　非物质文化遗产保护现状分析 ……………………………… (265)
　第三节　成都延续城市文脉涵育文化资产的路径选择 …………… (266)
　　一　注重与科技融合，开启数字化保护模式 …………………… (266)
　　二　注重与生态融合，建设公园城市的文化支撑 ……………… (267)

三　注重与城市空间的融合，营造世界文化名城的
　　　　文化氛围 ……………………………………………… (268)

第十一章　厚植城市文化　凸显个性魅力 ……………………… (270)
第一节　成都城市文化内涵 ………………………………… (270)
　　一　创新创造 …………………………………………… (271)
　　二　优雅时尚 …………………………………………… (272)
　　三　乐观包容 …………………………………………… (273)
　　四　友善公益 …………………………………………… (274)
第二节　成都城市文化的当代表达 ………………………… (275)
　　一　激励文化科技，推动文创产业 …………………… (276)
　　二　丰富文化设施，活跃文化消费 …………………… (277)
　　三　提升文化活力，树立文化品牌 …………………… (279)
　　四　强化文化战略，打造文化标志 …………………… (280)
第三节　成都厚植城市文化凸显个性魅力的路径选择 …… (283)
　　一　增强认知度，提升文化资产 ……………………… (283)
　　二　增强认可度，树立文化形象 ……………………… (284)
　　三　增强文化参与度，激发文化消费 ………………… (285)

第十二章　发展文创产业　壮大文化经济 ……………………… (288)
第一节　文化经济发展对世界文化名城建设的意义和作用 … (288)
　　一　发展文化经济是世界文化名城建设的应有之义 … (288)
　　二　发展文化经济是世界文化名城建设的重要组成部分 … (289)
　　三　文化经济是世界文化名城经济增长的主要动力 … (289)
第二节　成都文化经济发展现状和主要特征 ……………… (290)
　　一　产业规模快速扩大，行业结构不断优化 ………… (290)
　　二　文创产业集聚水平提升，行业示范效应突出 …… (291)
　　三　文创产业发展方式创新，深度融入城市经济 …… (292)
　　四　文创从业人员总体规模扩大，整体素质明显提升 … (293)
　　五　对外文化贸易出口规模扩大，外贸企业数量增加 … (294)

六　文化消费市场繁荣，文创有效供给不断扩大 ………… (296)

第三节　成都发展文创产业壮大文化经济的路径选择 ………… (296)
　　一　构建现代文创产业体系 ……………………………… (297)
　　二　培育壮大市场主体 …………………………………… (298)
　　三　推进文创产业集聚发展 ……………………………… (298)
　　四　加快"文创+"跨界融合发展 ………………………… (299)
　　五　优化文创人才结构 …………………………………… (300)
　　六　进一步扩大对外文化贸易 …………………………… (301)
　　七　繁荣文化市场 ………………………………………… (302)

第十三章　营造文化氛围　塑造文化形象 ……………………… (304)
　第一节　增强文化氛围和塑造文化形象的重大意义 ………… (304)
　　一　文化活力是世界文化名城文化空间生产的动力 …… (305)
　　二　文化消费是世界文化名城城市价值的体验 ………… (305)
　　三　城市文化空间是激发文化活力和消费的关键场所 … (306)
　　四　文化品牌是塑造世界文化名城文化形象的重要元素 … (306)
　　五　文化标志是塑造世界文化名城形象的个性表达 …… (308)
　第二节　成都文化氛围的培育与文化形象的塑造 …………… (309)
　　一　休闲文化空间展现城市文化活力 …………………… (310)
　　二　生活城市为主的文化消费呈现 ……………………… (312)
　　三　塑造"三城三都"城市文化品牌 …………………… (314)
　　四　构筑天府文化特质的城市地标 ……………………… (317)
　第三节　成都营造文化氛围和塑造文化形象的不足之处 …… (319)
　　一　城市文化氛围营造不足 ……………………………… (319)
　　二　城市文化形象塑造不足 ……………………………… (321)
　第四节　成都完善文化氛围和文化形象建设的路径选择 …… (322)
　　一　塑造力拓展天府文化推广，构建国际消费场景，
　　　　进一步营造城市文化氛围 ……………………………… (323)
　　二　借助城市品牌力，加大文化地标建设力，不断

  提升城市形象 …………………………………………（324）

参考文献 ………………………………………………………（328）
  一 国内文献 ………………………………………………（328）
  二 国外文献 ………………………………………………（330）

后　记 …………………………………………………………（334）

上篇　理论篇

土石 運搬車

第一章

引 言

第一节 成都提出世界文化名城建设

　　成都明确提出的"世界文化名城",其实质具有"力求完成世界城市身份确认的文化指标要求"的深刻寓意。何谓世界文化名城?国际学术界相关的研究评述相对少见,即使偶有相关的连带研究,大多也是从世界城市的形态内涵及功能要素方面来顺带论及"文化集聚度""文化产业综合指数"等相关指标的。不过从国外学术界具体的延展研究成效来看,尚未形成直接关涉"世界文化名城"总体目标定位的体系化、系统化的共识成果。国内学术界对于世界文化名城的关注起源于以下背景:伴随着中国城市化进程的不断提速以及文化事业产业迅猛发展的客观趋势,一些超大型城市和大城市把文化发展建设的目标设定在了"建设世界文化名城"上,并且逐渐开始将其作为文化主管部门的一些长远性、方向性工作来推动。为此,国内学术界与文化发展建设主管部门联手对"世界文化名城"展开了相关研究。

　　研究大致依循两种路径:一是对世所公认的世界文化名城纽约、巴黎、伦敦及东京等展开具体考察研究;二是对其他世界城市的文化发展建设情况展开专门研究。尽管人们至今尚未形成有关"世界文化名城"的标准概念表述,但是经过多年的考察和研究,人们对世界文化名城的形态、内涵与特质有了一个大致的认识。按照一些学者的描述,世界文化名城起码具备以下诸方面的总体特征:文化要素集聚、文化事业繁荣、文化产业发达、文化创新活跃、文化体制健全、文化精神强健,并且具备文化影响力、文化包容性和大市民。①

更细化的指标则包括了文化内容生产、文化个人（组织）主体、城市文化标志、文化融资交易、居民文化消费、城市文化节、文化教育培训、文化来源多样、政府文化政策、城市文化辐射凝聚和吸引等。显然，相关的重要指标还可扩展，比如还可以加上文化市场体系发达且充满生机活力、文化中介机构完备、文化职业经理人经纪人云集、文化进出口贸易发达均衡及文化国际交流频繁等多项指标。② 用上述相对齐全的世界文化名城要素指标来为世界上的知名城市打分划级，则基本可以得出亚伯拉罕的结论（见表1-1）。

表1-1　　　　　从文化角度划分的全球城市等级体系

得分	城市
30	纽约
18—21	伦敦、洛杉矶、巴黎、悉尼、东京
12	多伦多
4—7	开罗、香港、卢森堡、马尼拉、墨西哥城、孟买、纳什维尔
1	布鲁塞尔、迈阿密、蒙特利尔、华盛顿

资料来源：Abraham Son M., *Global Cities*, Oxford University Press, 2003.

尽管难以保证上榜城市完全能够符合这些指标要素的要求，但是这些城市在达标上应做得相对更好些。从这里可以看出，纽约、伦敦、巴黎和东京均以高分入表。这意味着，这四个城市不仅是世界城市（全球城市），同时也是世界文化名城。如果单以世界文化名城的相关指标来衡量成都与纽约、巴黎、伦敦和东京之间的比照关系的话，成都究竟处于何种位序呢？总体来说，成都除在极少数指标方面与纽约、巴黎、伦敦和东京四个城市不相上下外，在绝大多数指标方面存在着相当大的差距。

---

① 叶辛、蒯大申主编：《城市文化研究新视点：文化大都市的内涵及其发展战略》，上海社会科学院出版社2008年版，第29—48页。

② 2011年11月中旬召开的上海市委九届十六次全会，提出了与上述概括基本重合的"八个要素"，其中还提到了文化人才荟萃、文化生活多彩及文化生态良好等关键要素。全会强调上海要突出文化创新，不能仅满足于做"文化码头"，更要力争做"文化源头"。

其实，世界文化名城目标的设定和实现，实际上是个任务繁重、用心颇细的系统工程。有鉴于成都与西方发达国家的世界文化名城在国体政体等方面存在着较大差异，所以成都没有必要全部比照西方的指标，而应当在适度吸收国际共性指标的同时，形成足以体现自身独立价值的本土化指标。只有在充分做好目标指标设定的前提下，按照近期、中期和远期规划分步有序地逐项落地实施，才有可能离世界文化名城目标越来越近。

第二节　世界文化名城建设有"他山之石"

从西方发达国家一些重要城市历经一次现代化、二次现代化乃至实施新"城市革命"的发展历程来看，但凡最后跻身世界城市之列的那些区域城市，都经历过了一次、两次乃至三次城市产业结构调整、城市功能空间布局及城市发展模式转型，而且都几乎经历过第一、二、三产业的位序更替升级腾挪，也经历过从城市急速扩张时的画圈"摊大饼"转换为"城市再造"时的组团化多中心排布。产业结构调整和发展模式转型，势必会给包括文化产业及创意经济在内的多种新兴现代服务业带来持续发展的良好契机，同时也会给包括公益性文化事业在内的众多福利性公共产品社会供需服务带来极大的发展空间。在此背景下，世界城市尽管可以在某一特定的行业领域（如汽车、航运、会展等）一展身手、扬名世界，但是它必定会在总体上呈现以下特点：现代服务业的比重基本会超过70%，传媒经济、创意研发、时尚会展、文娱演艺、影视制播、人文旅游、节庆赛事等，会在经济总量上占据相当分量。此外，该城市也会成为区域性城市群龙头，向周边乃至全球产生相对巨大的聚集和辐射效应。这就是世界城市发展的基本规律，成都有理由遵循这一规律。

无疑，世界文化名城是文化发展建设实践的积极成果。这里需要看清一点的是：目前世所公认的世界文化名城如纽约、巴黎、伦敦及东京等，从一般的区域性城市发展为具有全球影响力的世界城市和世界文化名城，既是其城市居民和外来移民长期进行文化创业、多方努力的历代奋斗结果，也是其承续文化历史传统、以开放包容姿态接纳融入人类不同文明的结果。"文化的发展"在某种意义上具有自然积累性、非刻意人为性,"文化的建设"则体现出较为鲜明的人为谋划推动特点。就这四个既有的世界文化名城的发展历程而言,它们几乎从来没有刻意打出要"建设世界文化名城"的鲜明旗号,但经过漫长时期的发展,最终实现了世界文化名城的发展建设目标。这个事实表明:世界文化名城的发展建设一定有其特殊规律,而这一特殊规律又一定是契合文化发展建设的特殊规律的。可以肯定的是:世界文化名城绝对不是自封的,而是别人对其的评价。文化发展建设特殊规律的"特殊"之处就在于:文化既有经济性、商业性的一面,更有人文性、意识形态性的一面。有鉴于此,简单照搬经济发展建设的做法肯定是行不通的。显然,一个城市的世界文化名城身份的最终确立,注定与该城市对那些世所公认的一系列"约束性共性指标"的对标实现直接相关。其余的一些"增效性指标"和"个性化指标"并非不够重要,因为恰恰是这些指标才能确定此一世界文化名城区别于彼一世界文化名城的不同,才能体现出其无可替代的本土化独立价值。总之,成都既然确定要建设世界文化名城,就必须按照相关的特殊规律来开展管办文化发展建设的相关实践。

第三节 以文化发展有序推进成都世界文化名城建设

约瑟夫·奈认为,"软实力"(Soft Power)是一个国家文化与意识形态的吸引力,它通过吸引而非强制来达到预期的效果,它能使别人自愿地跟随你或遵循你所制定的标准或制度来按你的想法行事;而文化是最能够吸引别人的部分。显然,广义的文化,可以将物质文明与精神文明全部包括在内,而约瑟夫·奈这里所指的文化基本被涵盖或重叠在了我们所说的"精神文明"的范畴内。这个"文化"是作为软实力的核心而存在的,但它并不等于软实力的全部,如管理、法律、机制、体制、价值观、传统、道德、教育、体育、国民(市民)素质、人文精神、城市精神、社会环境等诸多方面都是软实力的重要组成部分。假如将软实力落实到具体城市层面,则它注定会与文化发展建设甚至会与世界文化名城建设发生关系。那么成都建设世界文化名城的最终目的到底是什么呢?假如我们需要用一句话来概括的话,则可以集中表述为:就是为了通过全面推进文化发展建设,来促进成都城市软实力的大幅度提升,进而促进城市综合竞争力的大幅提升。因此,从这个角度来看,成都建设世界文化名城需要从以下几个方面努力。

第一,努力提升国际软实力。西方一些战略家早在20世纪末期就指出:随着世界政治、军事及经济格局的发展变化,文化在国际竞争中的地位和作用正逐渐凸显和重要起来。美国《外交政策》杂志2011年第7/8月期封面文章《苏联解体的真正原因》指出,苏联解体的真正原因在于道德和文化等软实力出了大问题。戈尔巴乔夫以"建立一个更有道德的苏联"之名启动历史清算,进而引发国家文化价值认同混乱,导致激进的"休克疗法"以及最终的苏共垮台、国家分裂。近十年来,我们党对于文化的地位和作用的认识,也不断深化,我们已经清醒地认识到文化发展建设对于软实力提升乃至对于国家长治久安的巨大影响。这落实到具体城市,就生发了大力提升城市软实力的诉求。

第二,以文化发展推动新一轮产业结构调整及发展模式转型。文化作为综合国力一个至关重要的组成部分,它不仅在促进产业结构调整、助力发展模式转型方面具有重大价值,而且在提升经济附加值、开拓新的发展增长点方面意义非凡。

第三,满足人民群众日益增长的精神文化消费需求、在更大程度上保障和实现人民群众文化权益。由此看来,成都将自己的文化发展建设目标最终设定为具有客观形态和内涵品质的世界文化名城,无疑是有其重大实践意义的。这里需要指出的是:在成都确立建设"世界文化名城"的总体目标框架后,究竟该怎样认识"跻身世界城市之列""向世界文化名城目标架构迈进"及"全面促进软实力提升"这三者之间的关系呢?我们认为:这三者是相辅相成、合力并进的关系,并不是简单的依次递进关系。我们既不能等成都已经成为世界城市了,再来考虑世界文化名城建设;也不能等文化发展建设对软实力提升产生积极成效了,再去为成都量身定做世界城市和世界文化名城的形态内涵架构。就今后几年成都发展的当务之急而言,以促进文化大发展大繁荣来助力成都"花园城市"建设,将是摆在我们面前最为迫切的任务。

第二章

文化与城市发展

第一节 以文化发展推动城市转型是重要趋势

一 文化成为经济发展新动力

文化有助于改善贫困人群的社会和经济地位。文化创意产业是当前经济领域中发展最为强劲的板块，也是全球经济中增速最快的产业。文化创意产业中相当多的行业是私营企业为主，特别是小微企业和个人业主。文化创意产业能够为中低收入群体创造和提供适宜、体面和相对稳定的工作，取代繁重艰苦的体力劳动工作。鼓励和引导这些企业的发展能够增加城市中低收入群体的就业和收入，对消除城市贫困有积极意义。

文化促进旅游和相关产业发展，对消除城市贫困发挥着重要作用。我国许多城市因为工业基础落后和条件限制，旅游业成为地方经济的支柱。旅游业的发展比工业更易见效，能够在短时期内提升经济和居民收入，增加城市影响力。由于旅游业的经营主体多数是地方居民，扶持旅游业发展不仅有利于继承和发扬地方文化，同时还能提升低收入和贫困人群的收入，改善他们的生活条件。

文化有助于提升经济的竞争力和激发创造性的商业模式。当今全世界的经济处于转型发展期间，文化对于激发新型的产业和行业至关重要。文化与创造性相结合，为创业提供了大量良好的机遇。文化多元性和活力对于城市提升综合竞争力和树立城市品牌，社区提升品质和不断改善意义重大。城市良好的历史文化氛围能够吸引诸多高端产业和专业人士的集聚，特别是科技密集型和创意型产业。文化创意产业作为市场化的行业，私营企业占了主导地位，对繁荣城市经济和社会环境，创造和增加就业岗位，提升人们收入大有裨益。

20世纪后期，随着重工业的退出和产业结构的调整，英国传统大城市普遍面临复杂的经济、社会和生态环境等问题的压力，城市逐步走向衰退。在此背景下，英国提出了"城市复兴"的理念。根据伦敦规划顾问委员会的定义，"城市复兴"指的是以全面和融汇的观点及其行为为导向解决城市问题，为一个地区寻找在经济、物质、社会、自然环境方面得到改善和可持续发展的办法。在英国的城市复兴进程中，文化一直处于核心地位，在城市复兴实践中发挥着决定性作用。利物浦成为英国文化城市建设的典范。利物浦作为英国的大港口城市和老工业基地，在英国产业结构调整中受到了巨大的冲击，如何恢复城市活力成为摆在市政府面前的一大难题。"欧洲文化之都"项目成为利物浦谋求城市复兴的千载难逢的机会。2000年，利物浦申办欧盟"欧洲文化之都"，共投入2亿多英镑用于城市文化和旅游基础设施建设。2003年，利物浦击败了伯明翰、牛津和布里斯托等竞争对手，当选2008年"欧洲文化之都"。在2008年利物浦当选"欧洲文化之都"的一年时间里，旅游人数增加了970万人次，旅游收入增加了7350万英镑，利物浦从工业老城蜕变为文化新都。①

二 文化促进城市可持续发展

（一）文化是城市可持续系统的重要部分

约翰·拉斯金（John Ruskin）和威廉·莫里斯（William Morris）是文化经济学的两位重要奠基人。在英国维多利亚时期，拉斯金在批判功利经济学的基础上，提出了更加注重创造性和包容性人类活动的艺术经济学。根据拉斯金的观点，所有有价值的物品都具有功能性和艺术性两个方面的性质，其中功能性满足人们的消费需求，艺术性则增强人的审美感受。基于这一观点，拉斯金推崇带有"创造力的人类活动"，而不仅仅是"劳动"。同样地，拉斯金思想学派的接班人莫里斯批评了大型机械化工业实行的大规模生产和消费制度，认为它们导致了人的消费的机械

---

① 宋艳琴：《借鉴英国经验推动我国文化城市建设研究》，载《中英"一带一路"战略合作论坛研究文集》，2017年3月，第8页，2018年6月20日，http://www.pishu.com.cn/skwx_ps/。

性,相对缺乏"内在价值"。莫里斯认为应以"人性化劳动"和"生活艺术化"为目标,协调工艺美术运动。随后,格迪斯(Geddes)和芒福德(Munford)开始将拉斯金和莫里斯的思想应用于城市研究。芒福德抨击了目前主宰大都市的货币经济学理论,并提出了更加关注生活和环境的"文化经济学",强调"重建城市以实现人类消费和创造性活动"。

在以上研究基础上,美国城市学家雅各布(Jacobs)开创了"现代创意城市"研究,将擅长产业创新和即兴创意的城市称为"创意城市",并将"创意"视为智慧与创新之间艺术与产业的媒介。从雅各布及其继承者的研究来看,创意城市不仅应在经济、文化、组织、财务等领域创造性地解决问题,而且在一个部分发生变化时,也能快速地实现对现有系统的更新。

从创造性城市理论的一般性观点来看,具有文化创意的城市是城市可持续发展的必要条件,且城市的可持续性包括环境的可持续性、文化的可持续性和经济的可持续性(见图2-1)。本书中日本金泽市案例,通过具有文化创意的生产活动,在城市更新过程中保持了当地经济、文化和环境可持续发展。

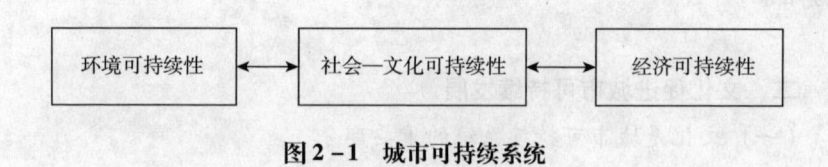

```
┌─────────────┐     ┌──────────────┐     ┌─────────────┐
│ 环境可持续性 │◄──►│ 社会—文化可持续性 │◄──►│ 经济可持续性 │
└─────────────┘     └──────────────┘     └─────────────┘
```

图2-1 城市可持续系统

(二)文化提升城市可持续发展能力

文化是沟通城市发展和环境保护的重要桥梁,强化文化多元性与生态多样性的联系可以保障环境可持续发展。中国传统文化中重视人与环境之间相互尊重的密切关系,对于现在的环境保护和可持续发展具有重要意义。城市规划和政策措施需要充分理解和融入这些传统文化中的要素,以保护环境和促进可持续发展。

文化是提升城市和社区的防灾减灾能力和可持续发展容量的重要因素。传统文化中有很多预测自然灾害的方法与现代的科学技术相结合,对提升预测预防自然灾害很有帮助。各地的习俗中有很多相关知识和一系列应对气候和自然灾害的方法措施,以及对保护和合理利用自然资源的观念和手段,能够帮助人们和所生活的社区更好地适应自然环境,以更环保的方式实现长期的可持续发展。传统的建筑技术和建筑材料能够充分体现地方特色,帮助居民更好地适应本地环境,实现节能环保和可持续的生活方式。

中国传统生产和消费方式,吸收了传统文化中自给自足和克制消费的理念,融合了可持续的生产、消费理念以及对自然资源和环境的合理利用和保护的观念,可以保障农业和食品的可持续供应。需要鼓励各地尽量发展适应本地特色的农业,同时提供和消费适应本地特色的食品,这对于保障城市的农业和食品的供应安全很重要。更是对地方历史文化的一种传承和延续,也是将地方文化与现代绿色环保理念的融合。

三 文化成城市规划基础要素

(一) 文化是城市规划的关键环节

首先文化使城市增加经济实力,提升城市活力和吸引力。通过对城市历史文化环境的保护和更新,可以为居民创造出更多的就业岗位、更高的收入和更适宜的生活环境。城市保护和更新中需要注意充分考虑到文化和社会的网络体系。经济发展和历史环境的商业化不是城市保护和更新的唯一途径。对城市的保护和更新应当着眼于文化和社会的延续性,同时鼓励社区的可持续发展和居民积极参与。在改善居民生活条件和生活环境的同时为他们提供合适的工作和全面的服务。文化是解决快速城市化和城市人口迅速扩张带来的社会隔离问题的关键。通过文化提升居民的社区认同、市民意识和多元融合观念,消除种群分裂和隔离,鼓励政府、社会组织和居民一起创造经济发展机遇,完善社会服务和配套设施。

增强城市空间的文化依托,便于居民沟通,促进群体融合。城市公共空间的品质和开放程度是影响居民生活的一个重要方面。文化是人们与城市融合的主要媒介,同时也是不同人群交流和沟通的主要途径。文化关系到公共空间的品质、人们的感受,是促进公共空间真正有效的重要因素,能提升居民对公共空间的归属感。强化城市空间的文化表现力是树立城市形象和发展旅游业的重要途径。一个城市需要根据地方特色和自身需求协调新建、改造、重建和保护,同时使历史建筑和风貌能够得到最大限度的保护和利用,发挥社会价值和经济价值。以文化为主线,树立一个统一而独立的城市形象,使城市文化和历史得到最大程度的公众认同和保护。

(二)城市文化规划的目标

城市文化规划需要根据自身特色,同时寻求适合自身的个性化定位,以建立鲜明的城市品牌。城市文化建设忽视具体目标的差异,都可遵循相似的原则:(1)形成积极进取的社会价值观,推动不同社会阶层和群体之间的多元价值的理解和融合;(2)推动旅游、创意、演艺、会展、影视、娱乐、出版、休闲等文化相关产业的发展,带动经济发展;(3)使城市物质空间和环境在功能合理的基础上,能够有鲜明的个性特征;(4)提升个人、家庭、社区、社会的素养和生活品质,追求文化上的可持续发展;(5)形成城市鲜明的品牌形象,对游客和人才形成吸引力,成为社会经济发展的基础要素之一。

(三)城市文化规划措施可行

城市文化规划需要切实可行的措施配合,以确保规划的落实:(1)根据文化规划,制定详细的配套政策、项目和服务,以促进文化的发展;(2)政府主导的各阶层、组织、群体之间的充分沟通,鼓励和引导社会积极参与和投入文化建设;(3)政府与社区、机构全面配合,创造和提供给市民培养文化意识、提升文化品质的项目和措施,鼓励全社会文化提升,发展多元和个性的文化特征;(4)采用多种合作伙伴模式培育和发展与文化相关的旅游、创意、演艺、会展、影视、娱乐、出版、休闲等产业,推动文化的产业化,充分实现文化的经济效益;(5)政府主导,社会配合,多种渠道和来源引入基金、奖励和项目以支持文化发展,确保文艺组织和工作者能够切实从中受益。

(四)城市文化规划需要社会合作

文化的建设和推动不仅需要政府部门之间的合作,还需要政府部门同社会组织、市民之间的合作。通过合作推动规划、教育、产业等各方面的进展,吸引投资,提升文化品质,增强经济效益。文化的公共参与可以提升公众对于文化的意识,推动多元文化的发展和融合。同时还可以向社区和市民推广文化信息,强化文化教育和学习,推进文化项目和产业的发展。将社区文化规划与城市规划、社区发展规划结合,把文化与社会、经济、空间结合，使文化的发展充分扎根于社区。在社区层面，将文化与市民活动、项目、设施综合，探索最佳的途径树立社区的独特形象。推动市民和社会的学习氛围和习惯，使城市文化具备可持续发展的基础。

第二节 城市文化与全球城市发展的互动关系

在世界城市享受经济增长的过程中，文化起到了促进全球经济复苏主要动力的作用。文化帮助世界城市解决了各种各样的挑战，包括整合新社区、改善公共空间等。但在此过程中，也产生了一些对文化发展不利的因素，如基础设施过度膨胀、社会不平等、社会同质化风险等。这使得许多艺术家和文化生产者负担不起在城市的生活，经济成功提升了工作和生活成本，反而难以推动文化和创意。在未来世界城市的生活中，文化将会发挥至关重要的作用。而文化如何解决城市环境挑战，城市如何理解文化在市民生活、工作和娱乐方面的作用，文化和市民之间的联系是什么，这些都是城市规划及其政策需要解决的问题。为了可持续地保持经济增长和迎接挑战，有必要将文化作为城市政策的主线，来整合其他的政策领域。

一 文化活力与城市成功携手共进

文化为城市增添了巨大的价值。很多时候这种价值是以非货币的形式存在的，主要是文化体验；也有对周边地区的带动，如百老汇的剧院区，已经成为一个繁荣的文化区域，这些文化单元是组成包容性和创新性城市的基本要素。对于每一个全球城市来说，文化活力是城市成功共有的 DNA；对于成长中的全球城市来说，活泼的文化景象和繁忙的文化生活是经济成功必备的元素。

一是促进文化旅游。文化繁荣最明显的印证莫过于通过旅游业的发展对城市经济财富产生贡献。全球旅游的 1/3 以上是以文化体验为主要目的的休闲活动，伦敦每年文化游客就花费 73 亿英镑（约合 110 亿美元）。这需要保证文化供给的数量和质量，以吸引游客到来、停留，而不是去别的地方。

二是吸引人才。在全球市场中，仅仅有一个好工作是不能满足现代人的需求的，越来越多的人才都渴望拥有多姿多彩的城市生活经历和都市文化体验。他们喜欢过各种节日、穿行于各类俱乐部和艺术画廊、喜欢吃很棒的食物、会见有趣的人，这对于城市创新创意的发展至关重要。

三是形成城市软实力。一些城市已经在思考发展经济软实力，实则是将促进文化发展作为撬动城市经济的重要抓手。例如，台北企业在很大程度上利用了与大陆共享语言文化史的优势，发展对大陆市场的贸易往来。在这个过程中文化无疑发挥了良好的桥梁作用；台北企业也通过产品设计、宣传在欧洲展示中华文化，辅助了中华文化的输出。

二 经济增长对文化发展的多样作用

有越来越多的城市因为经济增长和人口增长而被认为是成功的城市，实际上，高速增长的经济对文化发展未必有利。高速增长对基础设施、社会系统和环境造成压力，可以在相当长的一段时期影响城市的文化归属感。住房需求的快速增长导致房价上涨，城市空间被挤压，用人成本激增，一些人被排除在城市生存门槛之外。同时，城市也丧失了其能够继续成为"拥抱所有人的地方"的功能，城市灵魂出现缺失。此外，水资源短缺和绿色空间不足也是不可回避的问题。

尤其值得一提的是，城市地产开发的高档化，这迫使人们对土地价值上升的兴趣超过了发展艺术和文化生产，直接威胁到城市的创造力。香港、悉尼、伦敦、纽约都曾经遭遇过这样的情境，公寓逐渐取代工作室，银行家逐渐取代艺术家。根据预测，在2016—2019年的4年间，伦敦将失去约30%现任艺术家的工作空间；而在2007—2015年的8年间，伦敦已经失去了35%的现场音乐表演场地。因此，并非发展中国家的城市，即便是纽约、伦敦这样的文化创意发达的大都市，仍然面临着经济增长带来文化衰退的巨大挑战。在以往对于文化环境的营造上，特别注重音乐厅、图书馆等文化基础设施的建造，而在未来，将重点支持非正式文化场景的空间开发，如生存成本低廉的工作区、酒吧和咖啡馆等。需要注意的是，城市必须持有放松对文化监管的态度，否则可能最终丧失城市文化。

三　文化有助于解决世界城市面临的挑战

一些城市的领导层普遍认为，文化有助于解决世界城市面临的各种挑战，可以改善生活空间、连接人群，并支持公共领域的发展。

一是创造更环保的城市发展环境。随着城市继续成长，城市人口越来越多，各种资源分配都显紧张，迫切需要有效保护和利用自然、人文遗产，开发绿色空间，提供高品质生活环境和可持续发展条件。在自然方面，包括减少雨水径流和气候变暖；在社会方面，通过文化活动连接人。对原有功能区的保护性开发是创造更环保的城市发展环境的重要手段之一，墨尔本就曾经尝试过在最大限度保护花园、公园和其他绿色空间的基础上，避免低密度发展和城市蔓延；多伦多则更是将对工业遗址的利用发挥到极致。

二是应对城市多样性的挑战。尽管多元化和多样性是文化的重要特质，但是文化的多元和多样会在很大程度上威胁到本土文化的生存与发展。首尔就有这样的隐忧，其正将自己变成一个多元文化社会，但也有越来越多的本土文化在这一过程中被改变和消失；类似的情况在多伦多也存在，并被称为"多伦多的巴尔干化"（即文化的碎片化）。要避免这一点就要做到很好地平衡传统与现代的关系，或当地与全球的关系。文化可以以迥异的发展方式来应对城市人口增长及其所带来的文化多样性的挑战：怀旧文化通常被用来加强城市的历史身份（如伊斯坦布尔），当代文化则成为现代城市的代言（如纽约）。有时候多元化文化也未必导致本土文化的丧失，比较典型的例子是新加坡，作为多种族聚居和多元文化共生反而成为新加坡的文化特色，从而产生出一种共同的新加坡人的认同感。包容性文化规划可以帮助城市保持其独特的品质，这要求改善型项目应多于设计型项目。新建项目好听的名字和宏大的建造计划可能会产生很好的头条新闻，但往往疏远人民和执行乏力。

一些忽略多样性文化的城市依然有着独特的魅力，最典型的例子是维也纳。维也纳是一个具有悠久音乐历史和传统的城市，但它往往被定义为"资产阶级的""有名望的"和"昂贵的"，这种文化在一定程度上是具有很高排他性的。因此，坚守传统反而成为这些城市文化制胜的法宝。

四 文化是城市政策的黄金线

为了保持增长和应对挑战，一些全球城市纷纷将文化作为城市政策的黄金线，即以文化贯穿城市规划全过程和全领域，文化不再是独立的，而是映射到城市经济、社会、政治、生态的各个方面。文化关乎和渗透到每个公民的基本生存需要，如住房、医疗卫生、教育和公共安全等，因此，文化应该担当起战略性和变革性角色，并与政策敏感地融合在一起，成为城市规划的主线与整合经济、社会、政治、生态的主要力量。有些城市建立了文化与健康和福祉之间的联系：例如，首尔成立了艺术文化基金会，通过特定的文化和艺术活动，辅助公民调节精神情绪，使其生活得更加快乐和健康。遗憾的是，在现实中人们更多的还是以权和利为中心来体现城市的价值观，而非通过文化来衡量。

也有一些成功的案例，许多城市已经在发展战略制定上体现出文化的主线引领作用。阿姆斯特丹为了应对全球化和文化多元化的挑战，调整了城市规划思路，制定了"与全球保持共同心态"＋"坚持本地真实性"的规划主线，并在空间上付诸实施，在城市北部和东南部开展适应文化多元化的"新艺术计划"，在城市西部创造坚守本土元素的"新文化史诗"。首尔作为发达国家城市的后起之秀，为了成为一个真正的世界城市，采取的规划策略是"接近和联系"，即充分利用二战后的快速现代化成就（日新月异的基础设施建设、繁荣的经济发展、快速提高的居民收入等），建立区域—全球经济、文化联系通道，引领首尔进入全球盛世和盛事。新加坡作为人口高度多样化的城市岛国，制定了"每个人都想来新加坡"的发展战略，特别致力于建设城市人才库，优化初创企业和创业者的生存环境，使新加坡成为一个同时受西方世界和东方世界欢迎的国度。为此，新加坡还鼓励多语言的文化交流环境，并在教育、应用和传播上建立起各种语言之间的"代码转换"机制。斯德哥尔摩作为世界上最宜居的城市之一，其在硬件和软件可用设施上要优于其他很多全球城市。但同时，它又是一个极具多元化的城市，几乎三分之一的居民在其他国家有根，加强城市内部联系是其发展的重要任务之一。为此，斯德哥尔摩的发展战略是通过文化规划"建设一个不仅宜居而且可爱的城市"。东京则充分利用其传统文化，致力于"向全世界呈现最好的城市"。

作为一个拥有悠久历史的岛国城市，东京恰到好处地展现了日本的岛国文化，又尽可能多地吸收了西方的文化，在进一步接受和参与世界的同时保持独特和真实。东京自己将文化比喻成葡萄藤，强调传承，又在脉络上兼收并蓄。维也纳则提出让文化"可感知、可接受、可存疑、可讨论"，其核心是"获取"和"参与"城市文化的核心部分（高雅艺术）。例如，儿童和年轻人可免费入场博物馆等公共文化设施；低收入者常年持有一些展览的文化通行证；定期举行大型露天文化活动，或者在社区进行舞台布置，进行小型文化表演。这些措施都旨在改善高文化产品报价可能产生的文化隔离，使维也纳有机会成为一座"全民艺术"的旗舰型文化城市。

第三节 "文化与发展"是"2015年后发展议程"的重要主题

联合国发展署（The United Nations Development Group, UNDG）、联合国教科文组织（United Nations Educational, Scientific and Cultural Organization, UNESCO）、联合国人口基金（United Nations Population Fund, UNFPA）会同其他联合国下属机构以及多个国家，在全世界范围内广泛征求和咨询政府决策者、专家学者、私营机构和企业、社会公众的意见，起草了《2015年后发展议程（Post-2015 Development Agenda）》。《2015年后发展议程》的主题之一就是"文化与发展"，其重点是文化推动城市的可持续发展。现将主要观点整理如下。

一 文化改变城市规划和城市化

（一）文化使城市规划增加经济实力，提升城市活力

全球化使城市的可持续发展、经济公平、消除贫困成为舆论关注的焦点。通过对城市历史文化环境的保护和更新，可以为居民创造出更多的就业岗位、更高的收入和更适宜的生活环境。同时，还可以为城市增加旅游和商业收入，提升城市的活力和吸引力。世界银行2012年的研究报告发现能够成功吸引投资和发展经济的城市都善于充分发掘和利用自身的资源，包括历史文化。针对城市历史街区的保护和更新已在世界多

个城市被证明可以有效地吸引投资和创造就业岗位。城市良好的历史文化氛围能够吸引诸多高端产业和专业人士的集聚，特别是科技密集型和创意型产业。

城市保护和更新中需要注意充分考虑到基于文化和社会的网络体系。大规模地搬迁原有居民会破坏这种网络，对地区造成长期的负面影响。城市保护和更新应避免简单地追求地区的"精英化"和"高端化"，即通过重建和新建引入高收入的外来人群，替代原有居民，改变地区的社会经济文化环境。经济发展和历史环境的商业化不是城市保护和更新的唯一途径。对城市的保护和更新应当着眼于文化和社会的延续性，同时鼓励社区的可持续发展和居民积极参与。在改善居民生活条件和生活环境的同时为他们提供合适的工作和全面的服务。在此基础之上，城市能够吸引和容纳更多的年轻人和中产阶级，改变他们生活和居住在城市郊区的习惯和观念。

快速的城市化以及贫困人口大量涌入城市造成了城市贫民区的大量出现，这个现象在发展中国家尤为明显。解决这个问题，文化是关键。通过文化提升居民的社区认同、市民意识和多元融合观念，消除种群分裂和隔离。同时市政府、社会组织和居民一起创造经济发展机遇，完善社会服务和配套设施，改善建筑和自然环境。

（二）文化使城市空间增强居民沟通，促进群体融合

人们可以通过各种创意方式表达对所居住城市的期望，这是文化赋予的力量。积极主动地参与文化活动可以提高人们的生活质量，创造更多的机遇，更好地实现自身价值。文化是人们与城市融合的主要媒介，同时也是不同人群交流和沟通的主要途径。文化可以开拓城市可持续发展的路径，激励个人和社会的创意，丰富城市和个人的经历，延续历史传承。文化是城市政策的重要因素。城市政策需要尊重社会价值观的多元性、时代性、延续性和包容性，鼓励个人和群体积极参与城市事务的决策和运作。随着城市化的进展，城市规模在不断扩大，人群更加多元，社会的隔离、不平等、贫困、生活环境恶化等社会问题也越来越多。今后的城市政策对此需要重点考虑，将文化作为解决问题的关键因素，在此基础上以社会融合和经济发展为主线，应对各种城市问题和挑战。文化也是城市经济政策和投资战略的重要基础。城市的经济政策需要充分

考虑地方的文化背景，包括社会习俗、历史元素等；在此基础上与地方特色有机结合，这样能够吸引和鼓励居民参与，快速见效。

城市公共空间的品质和开放程度是影响居民生活的一个重要方面。公共空间为人们提供了停留和交往的场所，人们的社交、娱乐、休闲等活动大多发生在公共空间。文化关系到公共空间的品质、人们的感受，是促进公共空间发挥作用重要因素。文化能够使公共空间更加宜人，提升居民对公共空间的归属感。公共空间中的文化设施和元素可以增强空间的吸引力，有助于人们在此更好地活动和交流。城市是历代居民的历史和文化积淀在物质空间上的体现。通过创意的方式表现城市的历史是增强居民归属感、树立城市形象和发展旅游业的重要途径。

（三）文化使城市历史提升为城市形象，强化居民认同

城市的历史是城市区分彼此，形成品牌，吸引投资和人才的重要途径。城市通过不同时代的发展，形成了独特的形象和特征。同时快速的城市化和现代化使许多城市失去了自身的特征和历史印记。居民生活和城市发展需要现代化的建筑和基础设施，而与此同时城市的形象和特色需要保持历史风貌。如何平衡这两者之间的关系对城市是一个不断发展的难题。一个城市需要根据地方特色和自身需求协调新建、改造、重建和保护，同时使历史建筑和风貌能够得到最大限度的保护和利用，发挥社会价值和经济价值。

城市规划需要融入文化的因素，这将对城市的可持续发展形成强有力的支撑。以文化为主线，综合历史保护、城市开发、建筑管理、市政建设，树立一个统一而独立的城市形象。同时政府、规划师、社会团体、企业家、居民等的多方参与、公众咨询、民主决策，可以使城市文化和历史得到最大限度的公众认同和保护。

规划师需要探索和开发更多新的创造性的技术，将文化融入规划全过程和多个方面。快速的城市化使城市政府必须面对大量涌入的各种移民和预料之外的城市化进程。这些移民和原有居民造成城市的拥挤，一起竞争城市的设施和服务、就业岗位、环境空间。同时城市居民通过工作和生活塑造了城市。居民和他们所生活的环境、社区、城市是一个密不可分的整体，他们之间的互动推动着可持续发展的城市化进程。

二 文化助推城市消除贫困

（一）文化有助于改善贫困人群的社会和经济地位

文化创意产业是当前经济领域中发展最为强劲的板块，也是全球经济中增速最快的产业。文化创意产业中相当多的行业是私营企业为主，特别是小微企业和个人业主。鼓励和引导这些企业的发展能够增加城市中低收入群体的就业和收入，对消除城市贫困有积极意义。扶持文化创意产业发展，可以从创意、制作、传播、消费、参与等文化产业链全面强化，创造更多的就业机会。这需要政策、投资和人才多方面的综合投入。

文化创意产业能够为中低收入群体创造和提供适宜、体面和相对稳定的工作，取代繁重艰苦的体力劳动工作。这对提升中低收入人群的收入和生活品质有显著帮助。同时，这些文化创意产业的工作岗位通常可以设置在家中或离家不远的社区，这有助于增强就业人员的安全、家庭和谐和社区归属感。

在经济作用之外，文化还能显著改善贫困群体的社会地位。文化创意产业对社会影响明显，能有效促进社会融合，消除贫困和不平等。强调文化因素的解决途径可以优化消除贫困项目的效果，因为它帮助贫困人群改善自身素质，培训就业技能，增强自信心，创造了就业途径和岗位、良好的社会和经济环境。

地方的发展规划得到落实的一个重要因素就是规划需要与本地社区、居民休戚相关，具有吸引力和可行性。这就需要充分考虑融合地方的文化特色。居民和社会团体对自身的需求理解深刻，能明确评估规划的可行性和实效性。因此发展规划需要吸收归纳本地居民和社区的特色、需求，以实效性为目标。

（二）文化有助于旅游和相关产业在消除贫困中发挥重要作用

旅游产业是当今世界经济的一个重要支柱，每年全球有超过10亿游客。尤其在许多发展中国家，因为工业的落后和不完备，旅游业更是成为国民经济的支柱。在这些国家中，旅游业发达的城市往往成为国家的名片和明星城市，经济繁荣，居民收入和生活水平较高。同时，旅游业的发展比工业更易见效，能够在短时期内提升经济和居民收入，增加城市影响力。扶持旅游业发展需要对城市历史文化遗产进行积极有效的保护，同时鼓励对历史建筑和地区进行针对性的修复和利用。这对历史街区的低收入和贫困人群具有重大意义，不仅能够提升他们的收入，还能改善他们的生活环境。

旅游业发展的另一个要素就是保护和发扬地方特色的文化习俗，这包括手工艺、戏剧、收藏等多方面，这些也是文化创意产业的重要组织部分。从事这些行业的人通常是城市低收入和贫困人群。发展这些行业，可以吸引更多的居民投入，为他们提供体面和更高收入的工作，不仅延续和保护了城市文化，同时对消除城市贫困有重大意义。

（三）文化有助于提升经济的竞争力和激发创造性的商业模式

当今全世界的经济处于转型发展期间，产业结构和经济环境快速变化、竞争激烈，文化对于激发新型的产业和行业至关重要。文化与创造性相结合，为创业提供了大量良好的机遇。文化多元性和活力对于全球化和知识经济时代的经济发展，特别是发展中国家产业转型和追赶发达国家，具有决定性意义。对于城市和社区而言，文化对于城市提升综合竞争力和树立城市品牌，社区提升品质和不断改善意义重大。

文化可以对人们的消费行为和市场需求产生巨大影响，进而激励产生新的产业和商业模式。在物质供应极大丰富的现代，人们对精神生活的多元个性化追求为文化创意产业的飞速发展提供了巨大的市场需求。出版业、影视业、音乐、游戏、休闲娱乐等多种文化创意产业的蓬勃发展正是这种趋势的反映。文化创意产业作为市场化的行业，私营企业占了主导地位，对繁荣城市经济和社会环境，创造和增加就业岗位，提升人们的收入大有裨益。

为了适应文化创意产业的发展，城市文化政策需要充分呼应人们的需求和市场的机遇。作为新兴产业，文化创意产业需要政策的扶持以激发出它的潜力，强化竞争力。同时城市政策还需考虑人们的不同文化表达和心理需求，这能为文化创意产业的发展以及产业与人们的互动提供坚实的基础。为了保护文化创意产业的可持续发展，地方政府需要制定严格的政策保护知识产权和版权，以促进从业人员积极投入文化产品和服务的开发和经营。

三 文化帮助城市应对环境和气候变化

（一）强化文化多元性与生态多样性的联系以保证环境可持续发展

文化是沟通城市发展和环境保护的重要桥梁。传统文化中重视人与环境之间相互尊重的密切关系，对于现在的环境保护和可持续发展具有重要意义，这存在于世界各地的各种宗教、传说、神话、诗歌、小说、戏剧、方言、生活方式等不同文化表现方式中。城市规划和政策措施需要充分理解和融入这些传统文化中的要素，以保护环境和促进可持续发展。传统文化中的文化多元性与生态多样性的内在联系体现在人与自然的联系上，包括食物、药品、建筑、节庆等多方面。

城市社区在生态多样性的保护和可持续发展中起着中坚作用。其重点在于维护和吸取传统工艺、材料和知识，用于保护自然环境和生态。社区和其居民是继承和发扬这些要素的源泉。特别是专业技术人才如本地的农民、医师、渔民等通常掌握了保护环境的观念和技能，鼓励他们传授和发扬他们的技能，对环境保护和可持续发展是重要贡献。对于存在于世界各地的传统文化中的环境保护理念和方式，在各种国际性会议和论坛中已经得到了越来越多的重视。

传统文化，特别是生活方式中对自然资源的利用和使用，对现代社会而言是很值得借鉴的绿色环保和节能途径。世界很多地方的历史传承的自然资源使用和管理方式，无论是以何种宗教信仰或理念出现，都体现了人类历史积累下来的尊重自然，珍惜资源，合理利用的可持续发展观念。这不仅是个人的责任，也是社区、城市的责任。

（二）传统知识和技能有助于抵御自然灾害和气候变化

文化是提升城市和社区的防灾减灾能力和可持续发展容量的重要因素。全球气候变化是当前世界面临的一大难题，它增加了自然灾害发生的概率、频率和影响力。因此提升城市和社区适应气候变化，抵御自然灾害的能力至关重要。传统文化中有很多预测自然灾害的方法值得学习，如针对地震、洪水、海啸等的观察和预测，是历史积累而来并被验证的可靠经验。把这些方法与现代的科学技术相结合，对提升预测预防自然灾害很有帮助。

各地的习俗中有很多应对自然灾害和减轻灾害影响的经验方法。特别是居住在气候恶劣和灾害多发地区的居民，他们在这方面拥有丰富的经验。这包括完整的知识和一系列应对气候和自然灾害的方法措施，以及对保护和合理利用自然资源的观念和手段，如对生态和生物多元化的理解，保护和管理自然资源的技能，观察和预测气候变化和自然灾害的方法等。这些能帮助人们和所生活的社区更好地适应自然环境，以更环保的方式实现长期的可持续发展。

传统的建筑技术和建筑材料能够充分体现地方特色，帮助居民更好地适应本地环境，实现节能环保和可持续的生活方式。应当鼓励各地充分吸收传统的建筑技术和方式，尽可能地就地取材，使建筑体现本地特色，同时绿色低耗。

（三）传统生产和消费方式保障农业和食品的可持续供应

虽然全世界的农业和粮食生产可以为全球人口提供充分的食品保障，但仍有九分之一的全球人口在遭受饥饿。近年来世界的食品供应和消费模式发生了很大的变化，农产品的生产和供应越来越集中到大的跨国企业，同时人们的消费观念、方式、需求和数量千差万别。这些与各地的文化差异密切相关。各地居民的传统、知识、生活方式、环境各不相同，他们对农业的生产观念、方式不尽相同，同时饮食结构、方式也是千差万别。因此需要鼓励各地尽量发展适应本地特色的农业，同时提供和消费适应本地特色的食品，这对于保障城市的农业和食品的供应安全很重要。

传统模式的本地小规模农业生产和供应现在越来越受欢迎，因为这种模式的农业能够最好地适应本地生产和消费的需求，同时产品质量能够得到控制和保障，能够满足现在消费者多元化和精细化的消费需求。这种小规模的生产方式和技术因为遵守和吸收了传统文化的理念，更是对地方历史文化的一种传承和延续。许多地方传统文化中的消费观念强调自给自足和克制消费，融合了可持续的生产、消费理念以及对自然资源和环境的合理利用和保护的观念。吸收和发扬这种观念，不仅是一种文化的传承，也是将地方文化与现代绿色环保理念的融合。

第三章

世界文化名城的内涵与功能

第一节 城市文化

一 文化

联合国教科文组织（2001）对于文化的定义是，社会或一个社会群体所具有的一系列独特的精神、物质、智力和情感特征，不仅包括艺术和文学，还有生活方式、价值观、传统和信仰等。它是对一个社会或社会群体的信仰和价值观所引起的行为和实践的证明和衡量。为了有助于统计考察，主要考虑了两个主要方面：文化领域以及创意与文化的争论。

（一）"文化领域"概念

文化领域的定义可以从许多行业（通常统称为文化产业）开始，因为这些行业可以使用现有的国际分类进行正式定义。一个领域也可以包括适当标题下的所有文化活动，包括非正式的社会活动。例如，电影院统计资料可以包括参加商业电影院和电影制作，也可以包括家庭电影制作和观看。这种非正式的社会活动虽然是文化活动的核心，但更难以使用目前的统计工具来界定。这个领域包括所有相关的活动，无论是经济的还是社会的。

（二）创意与文化的争论

许多国家已经用"创意"来形容这些行业，但创意"行业"中的许多行业可能并不具有创造性。创造力的定义和衡量本身就受到很多争论。创意产业通常涵盖比传统艺术领域更广的范围，例如包括所有ICT行业或研发。该框架通过允许将一些特定的创意产业（设计和广告）作为一个独立的领域来解决这个问题。

二 文化循环

（一）内涵

文化循环包括创造、生产、传播、展示/接受/传承、消费/参与五个主要阶段（《UNESCO 2009 年文化统计框架》），揭示了文化作为一个整体和其中的不同领域的客观发展规律，这五个阶段是周期性循环发展的。文化发展周期概念已被许多城市用以引导和推进文化事业和文化产业的发展。

文化循环（The culture cycle）捕捉了文化创作、制作和传播的所有不同阶段。在这种方法中，文化可以被看作同源过程的结果。这些活动可能会也可能不会被制度化，它们可能会或可能不会受到国家的管辖。包括与市场无关的非正式业余活动和业余活动的广泛概念被称为"领域"，以表明该概念涵盖社会和非市场活动以及与经济和市场有关的活动。

基于领域的观点的发展，允许在生产周期中映射文化的生产和分配过程。文化循环方法是对文化生产和活动实际发生的方式进行概念化的一种辅助手段，并超越了简单的一组领域。建立健全和可持续的文化统计框架的挑战在于涵盖能够创作、分发、接受、使用、批判、理解和保存文化的过程。已经开发了一些方法，可以更全面地扩展文化生产和分配所需的全部活动。这些趋向于分解为五个阶段的生产周期，尽管明显不同的文化形式具有不同的生产周期，但并不是每个阶段都需要相同的投入。

（二）过程

创作：想法和内容（例如雕塑家、作家、设计公司）的创作以及制作（如工艺品、美术）。

制作：可重现的文化形式（如电视节目），以及用于实现（例如乐器制作、报纸印刷）的专业工具，基础设施和流程。

分发：将大量生产的文化产品带给消费者和参展商（例如批发、零售和租赁录制音乐和电脑游戏，电影发行）。通过数字发行，一些商品和服务直接从创作者转移到消费者。

展览/接待/传播：通过授予或出售获取消费/参与基于时间的文化活动（例如节日组织和制作、歌剧院、剧院、博物馆）。传播涉及或可能不涉及任何商业交易并且经常发生在非正式场合的知识和技能的转让。它包括世代相传的非物质文化遗产。

消费/参与：消费者和参与者消费文化产品和参与文化活动和体验（如读书、跳舞、参加嘉年华会、收听广播、参观画廊）的活动。

"文化循环"一词很有用，因为它表明了这些活动之间的相互联系，包括活动（消费）激发创造新文化产品和文物的反馈过程。该模型是一种用于思考文化生产和传播的抽象分析工具，应该将其部分视为敏感模型。实际上，有些阶段可能会混淆。例如，虽然音乐家可以撰写（创作）和表演（制作/传播），但剧作家写作（创作）却很少采取行动（制作/传播）。可以收集原材料（非正式资源投入），使用传统技能（非正式培训）并在路边销售最终产品（非正式分销和零售）的个人工艺品人员在非正式环境中呈现整个周期。了解过程的哪个部分正在被测量是设计干预文化生产的适当公共政策的重要因素。（见图3-1）

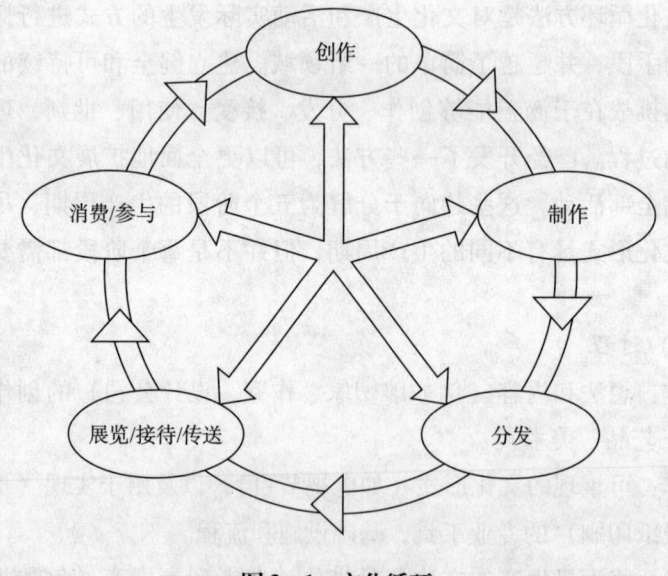

图3-1 文化循环

资料来源：UNESCO, The 2009 UNESCO Framework for Cultural Statistics (Fcs), 2010.

第二节 世界文化名城内涵与类型

国际上鲜见明确以"世界文化名城"作为建设目标的城市，即使以"文化大都市"作为建设目标的也不多。对文化大都市的观察和研究分散于"创意城市""都市文化""全球城市的文化维度""文化产业""创意产业""版权产业"等研究领域，存在于城市排名评价、城市战略报告等之中，因而可以操作性地圈定实际意义上的世界文化名城作为观察和分类对象。

一 内涵

世界文化名城，是文化具有全球影响力的世界城市。

从这个定义来看，世界文化名城具备两方面的前提条件：世界城市；文化具有全球影响力。

(一) 世界城市

如何识别世界城市，是这一命题的重要研究方面，学者们根据自身对世界城市的认识，以及国际经济、政治演变的情况，先后提出了诸多的识别性指标。彼得·霍尔是最早在经济全球化的视野下讨论世界城市的学者，他在1966年提出世界城市概念时，将世界城市的识别性要素归纳为：(1) 主要的政治权力中心；(2) 国家贸易中心；(3) 拥有大型港口、铁路和公路枢纽以及大型国际机场等；(4) 主要金融中心；(5) 各类专业人才集聚中心，信息汇集和传播地点；(6) 发达的出版业、新闻业及无线电和电视网总部；(7) 大的人口中心且集中相当比例富裕人口等。

弗里德曼 (Friedmann, 1986) 对"世界城市"的识别特质作出了经典的归纳性假说，被广泛引用，几乎成为关于"世界城市"特征的理论界共识 (Knox & Taylor, 1995)：第一，世界城市基本位于发达国家：主要集中在美、日、欧国家或地区，也有一些世界城市出现在经济发展水平与美、日、欧接近的所谓半边缘地区 (semi‐periphery)，如加拿大的多伦多和中国香港。第二，世界城市拥有以金融、服务业为主的产业集群：这是世界城市特定的经济产业体系。世界城市多完成了从传统的三次产业组合的产业体系向主要根据要素运用强度组合的产业体系的转变。转变后的产业体系，是以金融、企业总部管理和文化等城市产业为核心集群，以核心—辅助关系建立产业关联，以集群式（Cluster）、圈层式形成空间布局，以服务于世界城市的控制（经济、政治和文化）权力、释放影响力的功能。第三，世界城市对全球经济、文化、生活产生重要影响力：世界城市对全球市场拥有巨大的影响力，这主要体现在对下列指标的评估上——国际市场出现率、跨国公司总部在该市的数量、跨国投资的流量、外贸与运输业的分量、生产与商务活动的集中程度、国际组织各级总部的数量等。第四，世界城市的人口具有鲜明的多样性：人口数量是衡量世界城市的一个指标，但至今没有形成统一标准，也不被认为是认定世界城市的充足依据。但人口多样性（diversity）却是一个重要的衡量指标，虽然也未形成固定标准，但出生地为外国的人口占城市人口的百分比却能够反映世界城市的开放性。第五，世界城市的文化生活呈多元化：这一点与上一点有直接联系，呈现为官方语言的多语种化以及市权力机构对非本土文化的一视同仁，多种族社区"马赛克"式地并存，以及各种族居民对城市公共事务的积极参与等。第六，世界城市权力结构的地方色彩淡化：世界城市过去为世代居住于此的居民提供的特权现在扩及外来人士，移民在城市精英队伍中的比重不断上升，原来城市生活中的地方色彩趋于淡化。

如果把弗里德曼的 6 大假说指标化，大致可以梳理出 7 项指标：（1）跨国公司总部（含地区性总部）；（2）国际化组织；（3）主要金融中心；（4）发达的商业服务部门；（5）重要制造业中心；（6）主要交通枢纽；（7）人口规模。1995 年，弗里德曼将世界城市的判断标准进一步修正为：（1）与世界经济融合的职能；（2）空间组织与协调基点；（3）全球经济控制能力；（4）国际资本积累之地；（5）国际与国内移民的终点。

著名法国地理学家、城市群概念的提出者戈特曼也于 1989 年对世界城市的识别特征提出了自己的看法，他认为判断标准主要为三大方面：（1）人口因素；（2）高等级服务业，或称"脑力密集型"产业；（3）政治权力中心。当然，戈特曼的标准较为简单，也引起了国际学界的争议，但其提出的一些核心要素仍具有参考价值。

在国际学界研究的基础上，1991年，伦敦规划委员会（London Planning Committee）提出了一套关于世界城市发展的综合指标。其中包括：（1）基础设施；（2）国际贸易与投资带来的财富创造力；（3）服务于国际劳动力市场的就业与收入；（4）满足国际文化与社会环境需求的生活质量。

1995年，诺克斯（Knox）以功能分类的方式，提出世界城市的3个判别指标：（1）跨国商务服务，以城市的世界500强企业来衡量；（2）国际事务能力，以非政府组织和国际组织数来衡量；（3）文化集聚度，以该城市的国家首位度来表现。

萨森（1991）特别关注了世界城市中的处于网络等级体系最高端的城市，她称为"全球城市"（Global City），她的研究方法主要是以全球生产服务业的角度来进行全球城市的判定，她对于全球城市的判断指标主要基于：（1）跨国公司总部集聚情况；（2）金融机构状况；（3）相关的企业服务的管理水平。

通过上述回顾与梳理不难看出，尽管学者们对世界城市的判定指标有着不同的侧重，但有一些关键环节仍大同小异，成为较为一致的评判标准。其中包括：跨国公司总部、贸易中心地位、人口规模及流量、国际政治控制力等。应当说，这些要素或指标基本反映了世界城市自身的识别性特点。

（二）文化具有全球影响力

世界文化中心城市（World Cultural Centres，伦敦市政府2008年的《文化审计报告》），首先是世界城市。世界城市中按照功能划分，有世界文化中心。例如，纽约作为世界文化中心之一，世界七大文化产品制造和传播企业时代—华纳、迪士尼、维亚康姆、贝塔斯曼、维旺迪、索尼和新闻集团中的3家（时代—华纳、迪士尼、维亚康姆）的总部在纽约。这些世界文化中心在全球文化中具有举足轻重的地位，同时在全球文化产业链中占据着关键的节点。

评价世界文化中心城市的另一项重要指标就是移民。通常世界文化中心都是具有吸引力的移民城市，造就了多种族、多宗教、多元文化、多阶层的包容性社会，为文化的发展提供了内在的丰富性和生长力。

二　世界文化名城类型[①]

世界文化名城的分类：结合成都"三城三都"建设，按不同的文化主题，研究世界文化名城的分类。

（一）对象选择

基于经验筛选和 MAX 算子的逻辑，在不考虑中国大陆（内地）城市的情况下，选定 35 个城市作为世界文化名城的观察和分类研究对象。这些对象城市除了无争议的 4 个世界文化名城（纽约、伦敦、巴黎、东京）之外，还包括：

(1) 亚洲：首尔、台北、香港、新加坡、孟买、迪拜、曼谷。

(2) 欧洲：巴塞罗那、罗马、米兰、佛罗伦萨、维也纳、布鲁塞尔、柏林、阿姆斯特丹、雅典、圣彼得堡、莫斯科、伊斯坦布尔。

(3) 南美洲：里约热内卢、圣保罗、布宜诺斯艾利斯、墨西哥城。

(4) 北美洲：芝加哥、洛杉矶、旧金山、多伦多、蒙特利尔。

(5) 大洋洲：悉尼。

(6) 非洲：约翰内斯堡、开罗。

（二）分类依据

对上述 35 个世界文化名城的分类研究主要基于四个有递进关系的依据，即主要由影响范围决定的世界文化名城发展空间，主要由经济主维度决定的世界文化名城发展体量，主要由历史影响持续性决定的世界文化名城发展轨迹，以及主要由社会选择决定的世界文化名城发展意志，分别涉及空间、经济、历史和举措四个方面。

1. 发展空间之辐射范围

一个世界文化名城的发展空间，基本取决于它单向辐射的地域经济体规模，由于辐射影响往往呈现渐变，所以辐射区域也因影响程度不同可分为四类，即主影响区域、副影响区域、弱影响区域和微影响区域。以首尔为例，首尔大都市区域人口约 2300 万，占韩国人口的近一半，其主影响区域为韩国整体，发展空间受韩国的经济水平和文化消费及参与

[①] 本部分内容选编自王兴全《解读"国际文化大都市"》，载《上海文化发展报告 (2012)》，社会科学文献出版社 2012 年版。

水平的直接影响,副影响区域为东亚和东南亚,文化跨度较小,文化产品和服务具有较强的传播力;弱影响区域为美国等具有较强经济联系、文化单向跨度较大的地区;其他为微影响地区。这样的四个层次和每个层次的消费力/接受程度决定了首尔作为世界文化名城的竞争发展空间。

2. 发展空间之经济体量

四个层次的竞争发展空间在多大程度上取决于辐射范围的经济体量?对此问题的回答可以截然不同。

第一种观点认为文化大都市是大都市经济的副维度,认为文化附着于经济。如 Abrahamson 所归纳的:"城市的文化层级只是反映了经济层级模式……对政治经济模型的追随者而言,文化霸权是短暂的;文化只能强化而不能塑造政治经济联系,后者才是核心。"比如美国的大都市文化产业一直是在版权产业框架和市场逻辑中发展的,政府的职能在于维护国内国际的知识产权环境,对市场失灵的方面进行干预、补贴和必要组织,主要通过市场机制和竞争环境来保持国家和城市文化的活力和竞争力。

第二种观点与之相反,Horvath 比较了伦敦和巴黎,以及历史上巴塞罗那、威尼斯、罗马面对经济影响快速上升的阿姆斯特丹、佛罗伦萨而能保持文化优势,确认了大都市文化维度的独立性。1984 年开始的欧盟文化首都项目,成为当地文化发展和城市转型的催化剂,体现了文化的主动地位。联合国教科文组织 2004 年设立的创意城市网络,与强调发展的联合国贸发局不同,着重于促进文化多样性的主目标。

第三种观点采取了融合的视角,认为"现代经济产出的相当部分明显带有文化内容的烙印,而文化本身的供给也日益呈现商品化产品和服务的形式……作为生产投入及作为最终产出关键成分的高层次认知和表达内容,完全渗透至供需双方,因而实际上在高级资本主义社会的背景中,文化地理和经济地理之间原则上几乎不可区分"。

3. 发展空间之路径依赖

第四种观点相对比较折中,认为世界文化名城在相当程度上是城市经济维度的跟随指标,但自身路径依赖性强,因而对于城市具有长周期跨期收益的特征。"即使当某生产中心的所有的创意和创新能量都已枯竭,这种竞争优势可以使其生存下去,有时会持续相当长的时间。在许多对此现象的展示性案例中,包括某些长期确立的欧洲陶瓷生产中心,比如伊特鲁利亚(Wedgwood)、麦森或利摩日,其产品已达到某种风格的地位。"再以地中海欧洲国家为例,其历史上的经济繁荣早已不再,但至今仍通过文化观光、时尚产业等支持经济,对就业和文化产生影响。

4. 发展空间之主动发展

其他可能在上述因素之外影响世界文化名城形成和/或发展的变量,主要包括在空间、经济和历史维度所界定的范围内的结构性措施和发展,或是来自官方的积极的文化产业政策,或是来自民间的高度的互动和参与文化,或是来自某种社会偏好的特色文化突出,或是与文化密切相关的信息技术基础设施发达等。

(三)类属识别

基于以上四个维度,可以对之前圈定的35个世界文化名城进行基本分类(见图3-2)。分类可见世界文化名城呈现一定程度的类群发展,以地域性为主,兼受网络联系、经济水平、宗教文化等影响。四个最具影响力的类群分别为美国城市、英联邦城市、欧陆城市和东亚城市,其对应的最重要的中心分别为纽约、伦敦、巴黎和东京,四个城市在不同程度上成为世界文化中心。这基本呼应 Peter Taylor 对一般城市网络的分析。

(四)框架依据

从同心圈模型和文化创意产业链两个维度出发,建构了一个文化大都市的系统图,集中反映文化大都市的特征(见图3-3)。第一个维度包含的是文化内容的四种基本形式,即文字文学、视觉艺术、听觉艺术和表演艺术。第二个维度是这四种基本形式的创意链和价值链的延伸,包括这些文化内容的生产、孵化、传播、展示、融资、交易、消费、出口、活动、教育研究等。两个维度的交叉构成了文化体系的整体结构和世界文化名城的综合定位。如果将文化经济作为文化生产、交换和消费的系统,那么城市就是这种系统的空间载体;世界文化名城在大区域范围内,通过其现实和虚拟空间优势,成为文化价值链的治理和协调者。

第三章 世界文化名城的内涵与功能 / 33

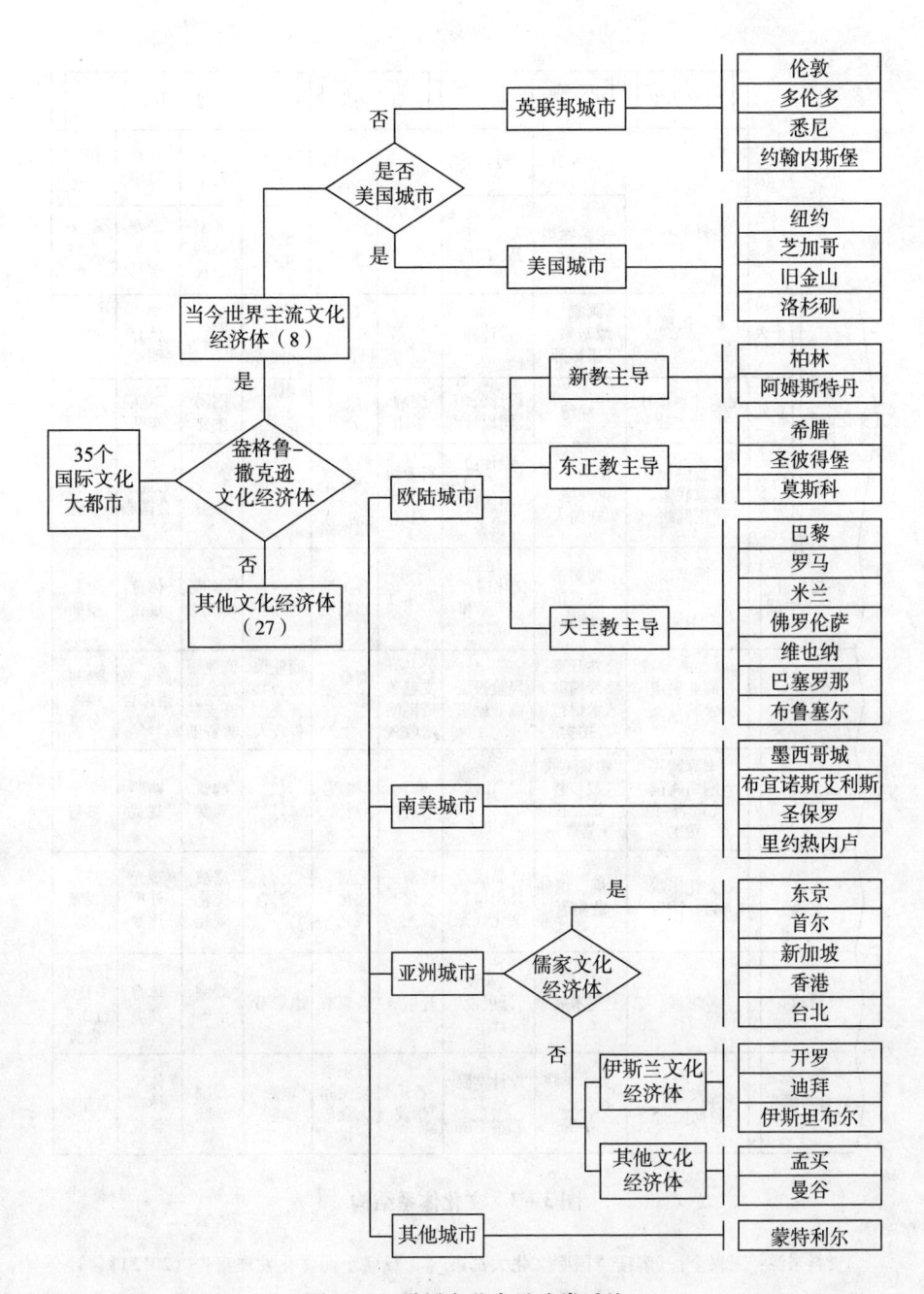

图 3-2 世界文化名城分类系统

资料来源：王兴全：《解读"国际文化大都市"》，载《上海文化发展报告（2012）》，社会科学文献出版社 2012 年版。

		文字为主	造型为主		音乐为主		表演为主			
			艺术类	设计类	古典音乐	流行音乐	大众传媒	表演艺术	体育赛事	民间表演
		文学历史哲学等	绘画雕塑摄影	建筑、城规、动漫、工业品、时尚、网游、玩具			电影电视	歌剧话剧杂技	球赛赛车赛马	街头表演等
文化内容生产	个人	作者、撰稿人、译者	画家、雕塑家、摄影师	设计师	指挥演奏家	歌手作曲家职业人员	演员主持人导演	演员导演等	赛手体育明星	民众
	企业	出版社、报社、杂志社	经纪	设计公司公司设计部	交响乐团	娱乐公司	电影公司电视台	剧团中介	球队车队	自组织
	协会服务	出版协会、作家联盟、评论网络	协会、评论网络、守门人	设计协会、知识产权服务	行业协会评论网络	行业协会评论网络情报网络	行业协会等	行业协会	行业协会博彩	公共设施
传播媒介或展示空间		图书馆书报亭书店	博物馆美术馆画廊	地标文化遗产、产品和游戏	音乐厅	各类演出场所	电视台影院	歌剧院、戏剧院	体育场馆	公共空间
融资交易		商业渠道公共开支	公共开支、慈善捐助、艺术银行、拍卖	风险投资商业融资	公共开支慈善资助演出收入	商业渠道广告收入	商业渠道公共开支广告收入	商业渠道公共开支慈善资助	商业渠道广告收入	参与和分享
消费		书算购买网络阅读（广告+免费）	购买（收藏、装饰、投资）	购买（装饰、使用、娱乐）	购票观赏	购票付费网络	购票观赏	购票观赏	购票观赏	文化参与
出口（交换）		文化影响力，语言	巡展、国外收集者	产品或设计出口、文化观光	巡演、文化观光	巡演、文化观光	文化出口	巡演文化观光	观光外出比赛	观光
活动		书展	美术展	工业设计展设计节	音乐节	音乐节	电影节	戏剧节等	体育赛事	狂欢节节日游行街头表演
教育与研究		大学科研院所	美术学院各类艺术学院	设计学院各类艺术学院	音乐学院	音乐学院民间大众传媒	电影学院	戏剧学院	体校体育学院	自组织

图3-3 文化体系结构

资料来源：王兴全：《解读"国际文化大都市"》，载《上海文化发展报告（2012）》，社会科学文献出版社2012年版。

第三节 世界文化名城的功能[①]

经济全球化推动了国际贸易的迅速发展，同时也推动了劳动分工的国际化和金融、管理、服务业的国际化。在此背景下，国际资本、商品、信息、技术、劳务、人员等生产要素以及金融、法律、管理、研究、开发、设计、物流、通信等生产性服务业向世界一些主要城市迅速集聚，由此促使一些大城市成为全球经济网络中的重要空间节点。这些在全球经济、政治、文化的活动和交流中发挥重要作用的中心城市，被人们称为"世界城市"。

所谓"世界城市"（World City）或"全球城市"（Global City），是指那些在政治、经济、文化上具有全球性影响的大城市，如纽约、伦敦、东京等。1915年，苏格兰城市规划师格迪斯（Patrick Geddes）又提出"世界城市"或"全球城市"的概念。英国地理学家、城市规划师彼得·霍尔（Peter Hall）于1966年对此概念做了经典的解释，即专指那些在世界的经济、政治、文化事务中发挥全球性作用和影响的国际第一流大都市。

世界城市的形成固然要有经济优势、区位优势、城市规模、基础设施、经济服务功能等方面的条件，但也不能忽视文化条件在世界城市形成过程中的重要作用。文化竞争力是城市综合竞争力的重要组成部分。

首先，就城市功能而言，一个现代化世界城市不但需要有高度现代化的城市基础设施和国际服务功能，在生产、流通、消费领域具有显著优势，而且还必须拥有高度现代化的文化设施和文化服务功能，拥有高水平的大学、医院、图书馆、博物馆和各类科学、技术、文化研究机构，拥有发达的出版业、报业、影视传播业、娱乐业，在文化生产领域、文化服务领域、国际文化交流诸方面具有明显的国际地位。

其次，就国际联系而言，一个世界城市不但是国际资本和各国信息、技术、商品的集散中心，是国内、国际经济的最佳结合点，同时也必须

[①] 本部分内容主要参考蒯大申、郑崇选《上海国际文化大都市建设的内涵及其实现路径》，载《上海文化发展报告（2012）》，社会科学文献出版社2012年版。

是国际科技、教育、文化的交流中心,在国际上具有强大的文化辐射力和吸引力。通过世界性的经济、贸易与文化科学的联系,使城市处于国际发展的背景之中,与国际经济、社会、文化的发展息息相关。

最后,就城市形象而言,一个世界城市不但应当拥有完善的法律体系和规范的市场经济秩序,而且还应当拥有高素质的市民、多元化的文化生活、高品位的生活质量、良好的生态环境和鲜明的文化特色,能以自己独特的文化魅力和整个城市的文明程度来吸引国际投资者和国际游览者,并在国际文化交流中不断提高自己在世界上的知名度。

国际上有不少公认的世界文化名城,如伦敦、纽约、巴黎等,但是对于世界文化名城尚无统一的标准定义。总结各个被广泛认同的世界文化名城,它们有两大共性特征,一是是国际大都市,二是有特色的文化辐射力。如纽约的文化多元性,伦敦是"世界设计之都",巴黎是"世界时尚之都"。成都建设世界文化名城,需要同其他世界文化名城比较,目的在于发现不足,扬长补短。首先是从区域性的国际大都市加快向全球性的国际大都市发展。其次是突出自身文化特色,同时推进文化的多方位、全面发展。对于文化的界定,国际上普遍接受联合国教科文组织的权威解释:"社会或一个社会群体所具有的一系列独特的精神、物质、智力和情感特征,不仅包括艺术和文学,还有生活方式、价值观、传统和信仰等。"文化涵盖了若干领域,具有自身特征,同时还具有经济属性和社会属性。如欧盟的"欧洲文化之都",聚焦于城市的文化特色和文化交流,以此契机改造城市的文化基地和设施,扩大城市知名度,促进了文化旅游业的发展;同时吸引了新的投资,促进城市产业的升级和改造。

"世界文化名城"的目标愿景,其核心是"文化名城",标杆是"世界",要用全球最高标准来衡量城市(成都)的文化建设与管理,是文化多样性、文化包容性、公众参与性、文化吸引力、文化创造力和文化影响力的综合。

一 文化多样性

2001年11月2日,联合国教科文组织(UNESCO)第31届大会在巴黎总部通过了《世界文化多样性宣言》。宣言指出,文化多样性对于人类来讲就像生物多样性对于维持生物平衡那样必不可少。2005年10月第33

届联合国教科文组织大会上通过的《保护和促进文化表现形式多样性公约》进一步强调,文化多样性是人类社会的基本特征,也是人类文明进步的重要动力。所谓世界文化名城,有一个重要文化特征,就是人口结构的多样性和文化生活的多元性。纽约是一个典型的移民城市。20世纪80年代,纽约市民使用的语言多达121种。《纽约时报》1997年的一项调查发现,当时纽约市的760万人口中,36.1%的居民出生在国外,其总数达到273.4万人。2000年美国人口普查数据显示,纽约市的800万人口中,在国外出生的仍占35.9%,而美国全国的这一比例为11.1%。各种肤色、各种种族、各种语言、各种文化,共同构成了绚丽多彩的纽约风情。美国学者雷蒙德·D.加斯蒂尔在论述纽约文化时说:"由于具有这样人口或种族的形势,结果纽约市在许多方面比美国其他地区更接近欧洲方式,更多样化,对许多美国人来说,更多姿多彩。"[1] 纽约文化的多样性则使来自世界各地的人们在纽约没有陌生感,既能自如地融入其城市文化,同时又可以保留自己民族的文化传统与习俗。多种族、多文化、多阶层共存,成为纽约文化融合和文化创新的不竭动力。比纽约更有资格被称为"世界上最具种族多样性和文化多样性"的国际大都市是伦敦。人们可以在伦敦发现世界上大多数的宗教、人种、语言和美食。目前在伦敦800万人口中,海外族裔总计200万人以上,200个不同族群的人们在这座古老城市中说着300种语言。最新人口普查数字显示,英国白人首次不再占据伦敦人口大多数,只有45%的伦敦人是英格兰、苏格兰或威尔士白人后裔,有37%的伦敦人出生在英国以外,这表明伦敦人口越来越多样化。另据伦敦发展促进署统计,2011年伦敦的留学生增加近5%,达到了108710人,继续位居全球第一,领先于纽约、墨尔本和悉尼等城市。目前,伦敦的留学生人数超过了伦敦学生总人数的25%,也占了英国全体留学生的近25%。这些国际学生不仅丰富了伦敦的文化多样性,为伦敦带来了人才资源,每年还为伦敦的经济带来超过25亿英镑的收入。

  文化多样性存在、发展的前提和核心是对价值观多样性的尊崇。这些国际大都市在自己的发展过程中体会到,尊重文化多样性,相互借鉴,

---

[1] 卢瑟·利德基:《美国特性探索》,中国社会科学出版社1991年版。

求同存异,是发展本民族文化的内在要求,也是实现世界文化繁荣的必然要求。

二 文化包容性

世界文化名城之"大",在于其具有很强的文化包容性。什么是"大"？有容乃大！世界文化名城无一不具有多姿多彩的文化。事实证明,自由宽松、多元兼容的文化环境,是一个城市各类文化人才集聚和发展的重要条件,是一个城市具有较高国际化程度的重要条件,也是世界文化名城之所以为"大"的重要特征。

2012年伦敦奥运会开幕式让不同政见、不同肤色、不同种族、不同价值观的人站在同一舞台上演出,这的确是一种对不同文化的宽容态度。萨缪尔·约翰逊(SamuelJohnson)说:"伦敦可以包容一切生活。"长期以来,作为世界上最大的城市之一,伦敦将各色人等熔于一炉。"伦敦的城市精神在于它的人文精神和机智风趣,其不仅是人间喜剧的重要元素,更是文化成就不可或缺的部分。伦敦人对别人都非常宽容,他们乐于看见人们各异的性格癖好,有着不涉及价值判断的好奇心。"包容,可以让城市文化更加多元,特别是更能吸引那些生活习性与常人不同的创意人才。纽约的城市精神不仅表现在它的人口构成比例上,更重要的是表现在它对不同文化,尤其是弱势文化的包容和认同上。纽约就是通过它对不同文化传统和习俗的非凡包容力去融化或同化不同的文化,使这些不同的文化成为纽约文化的组成部分,同时也通过吸收其他各种民族文化精华来赋予纽约城市文化以新的活力。

世界上许多城市对文化包容性有深刻认识。新加坡政府1990年2月发表了《共同价值观白皮书》,提出了五大共同价值观:国家为上,社会为先;家庭为根,社会为本;关怀扶持,同舟共济;求同存异,协商共识;种族和谐,宗教宽容。这五大共同价值观体现的一条重要原则,就是文化上的包容性。事实证明,多元文化是文化发展和文化创新的策源地。文化创造力的强弱与多元文化的频繁交流、密切互动紧紧相连,在一个封闭的系统中,是不可能产生伟大创造的。具有宽松、兼容的文化环境,是一个城市各类人才集聚的重要条件,也是世界文化名城形成的重要条件。

三 文化参与性

世界文化名城的文化特征还体现在政府、企业、公众等主体对于文化事业和文化活动的积极参与和推动上。今天的世界文化名城都懂得一个基本道理：社会的和谐发展、政体的有效运行和文化的兴旺繁荣，都有赖于全体社会成员的建设性参与。建设性参与的前提是参与者必须具有基本的价值判断能力和理性，以及履行社会责任的能力。这种理性和能力的培育，是文化的重要功能。联合国教科文组织《公共图书馆宣言》开宗明义那段话阐述的就是这一原理："自由、繁荣以及社会与个人的发展是人类根本价值的体现。人类根本价值的实现取决于公民在社会中行使民主权利和发挥积极作用能力的提高。人们对社会以及民主发展的建设性参与，取决于人们所受良好教育和存取知识、思想、文化和信息的自由开放程度。"

国际上一些大都市在文化建设方面主要是以公众为主体、市场为载体，通过市场化运作。政府更多地是发挥引导、管理和支援的作用，有专门部门负责和协调文化事务。政府通常会制定文化发展规划或战略来发挥对社会的引导作用。如伦敦在 2004 年发布首份文化战略——《伦敦：文化之都》，2008 年发布第二份文化战略草案——《文化大都市——伦敦市长 2009—2012 年的文化重点》，2010 年推出第三个文化战略草案——《文化大都市区——2012 年及以后》。2008 年的《文化大都市——伦敦市长 2009—2012 年的文化重点》主要关注 12 个重点发展领域，其中一个重要发展重点是要打造一个充满活力的公共空间，强调的就是文化的参与性。

四 文化吸引力

当前我国的文化发展主要包括文化事业发展和文化产业发展。城市文化是重要的城市"软实力"。20 世纪 90 年代初，美国哈佛大学肯尼迪政府学院院长约瑟夫·S. 奈教授最早提出"软实力"这个概念。城市"软实力"产生于一个城市的文化吸引力。发挥政府和社会的积极作用，增加公共投入，大力加强文化事业发展。要重点扶持重要新闻媒体、体现民族特色和国家水准的重大文化项目和艺术院团、重要文化遗产和优秀民族民间艺术以及老少边穷地区和中西部地区的文化事业发展。加大对非物质文化遗产和基层文化设施建设的投入力度。保障对公益文化事业的基本投入。美国纽约能成为世界著名的文化名城，源于其文化表现出的强大吸引力，进而推动了整个城市品质的显著提升。国内的上海在打响"上海文化"品牌时，明确提出文化有助于为城市塑形铸魂，提升城市的吸引力、创造力、竞争力。

五　文化创造力

文化创新是文化的生命之源。一部人类文化发展的历史，就是各民族文化不断地从创新中汲取力量、开拓进取的历史。无数事实一再向人们确证：只有不断地创新，才能及时而有效地赋予文化以新的内容和新的时代精神，使其不断地焕发出新的光彩与活力，并由此获得新的价值和意义。世界文化名城作为最具有文化多样性的地方，作为各种文化相互作用最频繁、最充分的地方，理所当然地成为世界文化创造力的中心。

创新离不开多元文化的滋养。伦敦是世界科技创新、艺术创新最活跃的中心之一。很多人惊讶于英国人有那么多新奇想法，教育鼓励创新当然是一个重要因素，但活在伦敦人生活里的世界历史文化所给予他们的灵感、视野和启示，无疑是创新的丰富源泉。英国作家创作的《哈利·波特》《魔戒》风靡全球，英国的剧本和演员是美国好莱坞最重要的资源，伦敦也是好莱坞大导演和编剧最喜欢居住的城市，因为这里是激发创作灵感的好地方。法兰西是一个锐意创新、不拘一格的民族，其首都巴黎更是历史悠久，对世界各国文化兼容并蓄，这种独特迷人的历史文化，使巴黎成为举世闻名的时尚之都、创新之都。巴黎人对时尚和创新的追求体现在大大小小的方方面面。这种崇尚传统又锐意进取的精神特质，深深地影响着整个世界的时尚潮流。

六　文化影响力

一个国际大都市最重要的特点，是它对周边地区和全世界经济社会文化发展的影响力与控制力。世界文化名城的影响力是其文化集聚力、文化辐射力和文化创造力的集中体现。一个城市的经济辐射力、影响力主要表现为对市场的占有，表现为商品、资本和技术的输出。而一个城市的文化辐射力、影响力则主要表现为其拥有多少具有影响力和创造力的文化人,表现为文化产品的传播、文化贸易是否活跃,表现为其他地区对这个城市居民行为方式、生活方式的仿效和思想观念、价值观是否认同。

纽约是美国报刊出版中心,也是世界报刊出版中心之一。具有全球影响的美国第一大报——《纽约时报》和世界财经权威性报纸——《华尔街日报》就在纽约出版,这两份报纸所宣扬的社会观念和经济导向影响全球。纽约出版的三大期刊:《时代》周刊、《新闻周刊》和《美国新闻与世界报道》,是全世界新闻期刊中的翘楚。此外,《纽约时报书评》《纽约客》等文化类刊物,及时向美国人以及世界上众多英语国家读者传达美国文学、艺术以及学术思潮的最新动态。同时,世界上其他国家的报刊也有上千种在纽约发行,从而使纽约成为世界思想文化新潮流和世界经济文化发展走向的"晴雨表"。

第四章

世界文化名城指标体系的构建

文化评价体系的建构,是世界文化名城建设的要件,也日益成为从国际组织到世界城市各类行为主体关注的重要课题。近期,联合国教科文组织、经合组织、欧盟、美国等重要国际行为体,以及伦敦等高等级世界城市对于文化都构建了各具特色的文化评价体系。对于上述各类国际文化评价体系的比较和梳理,有助于我们深入了解国际各界对于文化的解读视角,也能明确城市文化建设需要关注的领域和要素。

文化发展和繁荣程度是评价一个城市的综合发展实力和影响力的重要方面。联合国教科文组织(UNESCO)的《文化统计框架(2009版)》为国际文化比较提供了权威性的方法、定义和分类。伦敦市政府2008年所做的《文化审计报告》对比了伦敦、纽约、巴黎、东京、上海五个世界城市的文化发展。两者为评价和建设世界文化中心城市提供了具有借鉴意义的文化评价指标体系。

从总体上看,对于文化与文化名城的解读主体有多个层次,其中包含国际组织、国家、城市、非政府组织等多种类型。对于文化的解读也有多种角度,特别是从经济、产业角度解析成为重要视角。后危机以来,各类主体对于世界城市的文化发展,出现视角趋于整体性、系统性的趋向。

第一节 UNESCO《文化统计框架手册》

推进各个文化领域的发展是文化建设的主要内容。界定文化领域是为了清晰区分各领域之内的文化活动、文化产品和文化服务。文化产品和文化服务包含了艺术、审美、标志和精神等方面的价值。它们与其他领域的产品和服务的不同之处在于它们所带来的欣赏性和愉悦性造成了不可复制的特性。

文化领域（横向）根据不同的活动、产品和服务可以分为主要领域、横向领域和相关领域。主要领域包括：

- 文化和自然遗产
- 演艺和庆典
- 视觉艺术和工艺
- 图书和出版物
- 影音产品和互动媒体
- 设计和创意服务

相关领域包括：

- 旅游
- 体育和休闲

此外，根据不同的文化发展阶段，文化领域（纵向）可以划分为：

- 物质活动
- 非物质活动
- 教育和培训
- 记录和保存
- 相关设施和支撑体系

纵向领域和横向领域相互交叉和覆盖。

针对不同的横向文化领域，还可以进一步明确各自领域内的生产性文化活动、文化产品和服务、文化产品和服务的国际贸易和交流、各种文化职业。《2009年联合国教科文组织文化统计框架（The 2009 UNESCO Framework for Cultural Statistics (FCS)）》对文化领域定义如下（见图4-1）：

文化领域（CULTURAL DOMAINS）

主要领域：

- **A. 文化遗产和自然遗产**
  - 博物馆
  - 考古和历史遗迹
  - 文化景观
  - 自然遗产

- **B. 演艺和庆典**
  - 演艺
  - 音乐
  - 节日，集会和节庆

- **C. 视觉艺术和手工艺**
  - 精美艺术
  - 摄影
  - 手工艺品

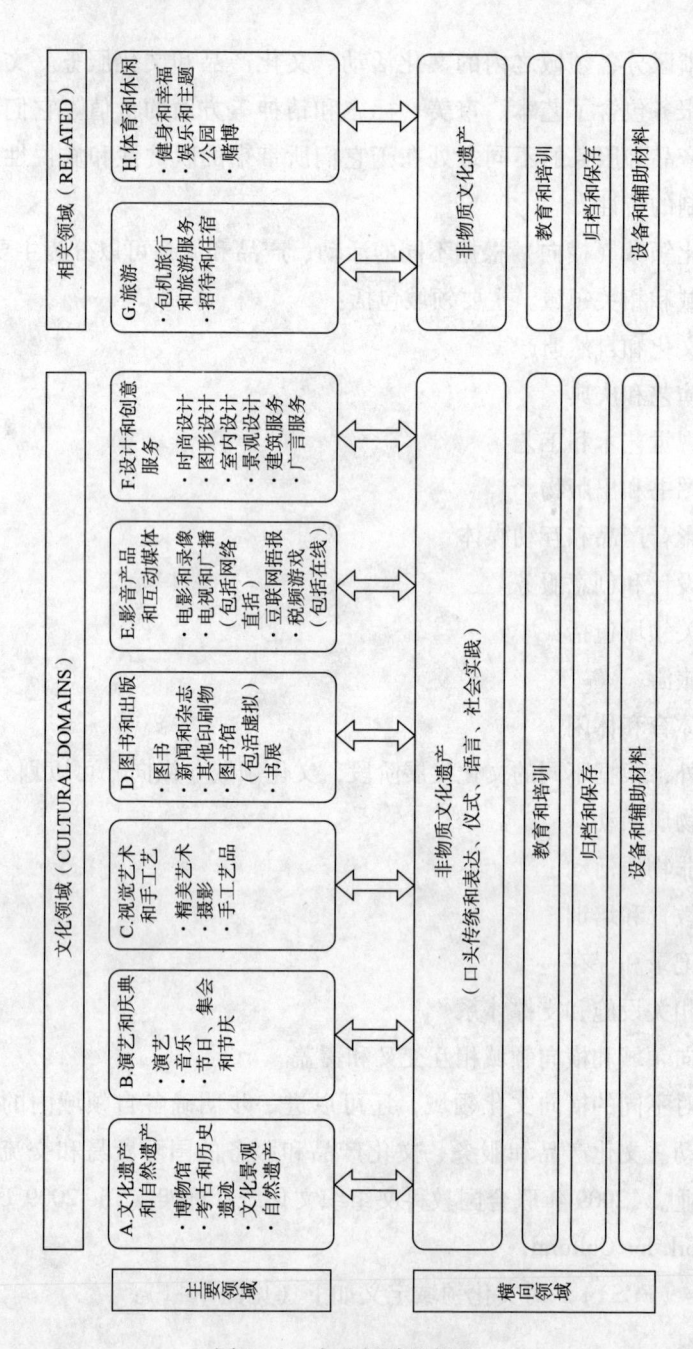

- **D. 图书和出版**
  - 图书
  - 新闻和杂志
  - 其他印刷物
  - 图书馆（包括虚拟）
  - 书展

- **E. 影音产品和互动媒体**
  - 电影和录像
  - 电视和广播（包括网络直播）
  - 互联网播报
  - 视频游戏（包括在线）

- **F. 设计和创意服务**
  - 时尚设计
  - 图形设计
  - 室内设计
  - 景观服务
  - 建筑服务
  - 广告服务

相关领域（RELATED）：

- **G. 旅游**
  - 包机旅行
  - 和旅游服务
  - 招待和住宿

- **H. 体育和休闲**
  - 健身和幸福
  - 娱乐和主题公园
  - 赌博

横向领域：
- 非物质文化遗产（口头传统和表达、仪式、语言、社会实践）
- 教育和培训
- 归档和保存
- 设备和辅助材料

图 4-1 文化领域的划分

资料来源：根据 The 2009 Unesco Framework for Cultural Statistics (FCS) 整理。

一 主要领域

A. 文化和自然遗产

文化和自然遗产领域包括以下活动：博物馆，考古和历史遗迹（包括考古遗址和建筑物），文化景观和自然遗产。文化景观代表大自然和人类的综合作品，它们表达人与自然环境之间长期和亲密的关系。自然遗产由自然特征，地质和自然地理构成以及划定的区域构成。它包括自然公园和保护区、动物园、水族馆和植物园。

与文化和自然遗产有关的活动，包括具有历史、审美、科学、环境和社会意义的遗址和藏品的管理。在博物馆和图书馆进行的保存和归档活动也是这一类的一部分。

博物馆被定义为"为社会及其发展服务，向公众开放，为获取、保存、研究、传播和展示人类及其环境的有形和无形遗产而开放的非营利、永久性机构"。该领域包括的其他形式的博物馆包括生活博物馆，其中包含仍然用于社区和虚拟博物馆的仪式或神圣仪式的物品，这些物品以电子形式（如 CD 或互联网站点）呈现。

B. 演艺和庆典

演艺和庆典包括现场文化活动的所有表现形式。

演艺包括专业和业余活动，如戏剧、舞蹈、歌剧和木偶戏。它还包括发生在当地可以是非正式的庆祝文化活动，如节日和展会。

所有音乐都包括在整个该类型中。因此，它包括现场和录制的音乐表演、音乐作曲、音乐录音，还包括音乐下载和上传在内的数字音乐以及乐器。

C. 视觉艺术和手工艺

视觉艺术是艺术形式，专注于创作视觉性质的作品。它们旨在吸引视觉并可采取多种形式。视觉艺术和工艺领域包括：美术，如绘画、素描、雕塑；工艺；摄影。商业艺术画廊等展示商品的商业场所也包含在这个领域。

FCS 采用了国际贸易中心（ITC）和联合国教科文组织对工艺品或手工产品的定义，这些工艺品或手工产品被描述为："由工匠生产的工艺品，完全由手工或借助手工工具甚至机械手段生产，只要直接工匠的手工贡献仍然是成品中最重要的组成部分。手工艺产品的特殊性源于其独有的特征，可以是功利主义、美学、艺术、创意、文化依附、装饰性、功能性、传统性、宗教性和社会性象征性和重要性的特征。"（UNESCO、ITC，1997）

联合国教科文组织（联合国教科文组织和国际贸易中心，1997）根据使用的材料确定了六大类手工产品：篮子/杂物/蔬菜纤维制品；皮革；金属；陶器；纺织和木材。该指南还指出了补充类别，其中包括工艺生产中的材料，这些材料对于特定区域非常特殊，或者罕见或难以工作，例如石头、玻璃、象牙、骨骼、贝壳、珍珠母等。当同时应用不同的材料和技术时，也会识别类别，并提及装饰品、珠宝、乐器、玩具和艺术品。许多工艺品是工业生产的；不过，FCS 将具有传统特征（图案、设计、技术或材料）的产品视为 FCS 的一部分。当代工艺品不在视觉艺术和手工艺品中，但被包含在域 F 中，即设计和创意服务领域。

D. 图书和出版

该类别代表以各种格式出版：书籍、报纸和期刊。这一类别与1986年 FCS（联合国教科文组织）相同，但它也包括电子或虚拟出版形式，如在线报纸，电子书以及书籍和新闻材料的数字发行。图书馆以及书展，包括物理和虚拟都包含在这个域中。

印刷通常不包括在文化分类或文化产业的定义中，也不是文化活动本身。但是，根据生产循环模型，印刷将作为出版业生产功能的一部分。通过这种方式，FCS 包括主要具有文化最终用途的印刷活动。尝试使用现有的统计分类系统区分这些印刷活动时出现困难。一般而言，与出版业有关的印刷活动作为出版的生产功能包含在书籍和出版社领域，而其他印刷品——商业供应目录的印刷或"快速"印刷——不包括在内。FCS 建议将这些相关的印刷活动放在设备和辅助材料中。

E. 视听和互动媒体

该领域的核心元素是广播和电视广播，包括互联网直播、电影和视频以及互动媒体。互动媒体涵盖主要通过网络或电脑发布的视频游戏和新形式的文化表达形式。它包括在线游戏，门户网站，与 Facebook 等社交网络相关的活动网站以及 YouTube 等互联网播客。然而，互联网软件和计算机被认为是基础设施或工具，并且为了制作交互式媒体内容，应该包含在横向领域的设备和辅助材料中。

互动媒体和软件是重要的活动领域。尽管许多交互式媒体产品和服务具有文化最终用途（计算机和视频游戏，交互式网页和移动内容），但软件行业却无法说明这一点。互动媒体被 FCS 视为音视频和互动媒体领域的一部分。实际上，这取决于所使用的分类系统以及将交互式媒体活动与主流软件和电信活动分离的能力。

交互式媒体可以被定义为互动，当（1）两个或更多的对象相互影响；（2）用户可以改变对象或环境内的用户（玩视频游戏的用户）；（3）涉及用户的积极参与；或者（4）与单向或单因果相反，存在双向效应。

视频游戏及其开发（软件设计）也包含在此类别中，因为它们代表了互动活动。

F. 设计和创意服务

该领域涵盖了物体、建筑物和景观的创意、艺术和美学设计所带来的活动、产品和服务。该领域包括时尚、平面和室内设计、景观设计、建筑和广告服务。建筑和广告是核心文化领域的一部分，但仅作为服务。建筑和广告服务的主要目的是为最终产品提供创意服务或中间投入，而最终产品并不总是文化的。例如，创意广告服务的最终产品可能是商业广告，它本身不是一种文化产品，而是由一些创造性活动产生的。为了避免重复计算，决定将某些设计活动分类为其他类别而不是 F 域。例如，作为遗产一部分的所有建筑物已经在 A 领域的文化和自然遗产中进行了考虑，而交互式设计媒体内容包含在 E 域的音视频和交互式媒体中。

二 横向领域

虽然这些领域可以独立作为独立的领域，但它们被认为是横向的，因为它们可以应用于其他文化领域。

非物质文化遗产（横向文化领域）：

联合国教科文组织"保护非物质文化遗产公约"将非物质文化遗产（ICH）定义为"实践、表征、表达、知识、技能以及相关的工具、物体、工件和文化空间。因此，社区，团体和某些情况下的个人将其视为其文化遗产的一部分"（第 2 条）。

非物质遗产不能被视为文化活动或生产的离散领域，而是可以在所有 FCS 文化领域中体现出来。例如，非物质文化遗产已反映在手工艺或表演艺术中。出于这个原因，它被表示为横向域（见图 4-1）。

非物质文化遗产可以体现的几种非穷举文化实践和活动包括：a. 口头传统和表达，包括语言作为非物质文化遗产的载体；b. 表演艺术；c. 社会习俗，仪式和节日活动；d. 关于自然和宇宙的知识和实践；e. 传统工艺。

存档和保留（横向领域）：

归档代表为后代保存、展览和重复使用（例如保护历史遗迹和建筑物，声音档案和图片库）而设计的文化形式（可移动物体和无形物体）的收集和存储库。保护与保护或保存和管理特定的文化和自然财产有关。

归档和保存活动可以在每个文化领域（作者的手稿、作品的首次表演、音乐会/展览计划）中进行。档案资料也是一个参考点，可以作为新创作的灵感来源。美术、工艺、设计、建筑、出版和视听行业的归档和保存部分可以反过来为新的生产提供创意灵感。例如，历史房屋保存（和展示）建筑；博物馆和画廊保存（和展示）绘画、雕塑、珠宝和其他各种人工制品，其价值主要在于它们的设计属性（例如从家具到汽车）；而档案保存原稿、照片、书籍、电影和广播录音等原始文件。

教育和培训（横向领域）：

FCS 不考虑教育的全部内容，但仅限于传播文化价值或文化技能的手段。学习活动支持文化的发展，理解和接受，包括批评过程（如艺术和舞蹈学校、文学批评）。教育是文化在世代之间传播的过程。这也是人们学习欣赏或形成关于文化活动或产品的价值判断（例如批评）的手段。

文化教育和培训有助于个人获得创造和制造文化产品的技能。它教导人们欣赏消费文化产品和服务的结果或参与文化活动的社会效益。教育还用于在形成社区身份的正式或非正式系统中传播非物质文化。因此，教育和培训在所有文化领域和文化循环的所有部分都起着重要作用。

设备和辅助材料（横向领域）：

这个领域涵盖了"文化产品和活动的工具"。在不同领域定义的文化产品（货物和服务）是与文化内容直接相关的文化产品（产品和服务），而设备和辅助材料与辅助产业以及辅助服务（即使只是部分文化内容）相关，促进或实现文化产品的创造、生产和销售。互联网是分发、生产和传播文化产品和服务的主要工具，因此也包括在这一领域。计算机和信息技术设备也包括在内，因为它们是互联网创建和传播的工具，也是生成许多互动媒体的手段。

三 相关领域

体育、休闲和旅游并不总是被认为是文化活动，但是，它们确实包含文化元素。换句话说，它们代表着可能具有文化特征的活动，但其主要组成部分不是文化的。

G. 旅游业

旅游与其他文化领域在质量上有所不同，因为它不能简单地归类为传统意义上的一个部门，即通过特定的市场或工业产出来衡量。相反，旅游业更好地理解为需求驱动的消费者定义的活动，因此，它与文化部门内的所有其他领域密切相关，因为每个领域都包含由游客定期开展的活动。出于这个原因，目前还有一套行之有效的衡量旅游业经济影响的国际方法。

虽然没有国际公认的文化旅游定义，FCS 提出如下建议："定制游览到其他文化和场所，以知情的方式了解他们的人、生活方式、遗产和艺术，真正代表他们的价值观和历史背景，包括体验到差异。"（Steinberg C，2001）它也可以采取精神旅游或生态旅游的形式。这些活动被视为文化领域，并记入 A、B、C 领域或非物质文化遗产。例如，访问网站或参加音乐会的游客已经包含在文化领域。根据 TSA 方法，旅游统计测量访客对商品和服务（国际或国内）的需求。它包括旅行、住宿和其他费用支出。但是，它也应包括关注访客数量和访问目的的非货币数据。

H. 体育和娱乐

体育：

体育在其更广泛的定义中被认为是 FCS，因为它包括有组织的和/或竞技体育以及健身、健康和身体娱乐活动。专业和业余运动都体现在 FCS 中。

对于一些国家来说，特定体育与它们的文化认同密切相关，因为体育可能与社会结构和传统相关。一个例子可能是日本的相扑。在其他国家，体育运动可能不过是娱乐活动，或者是最常见的体育锻炼。这些强烈的方法差异以及对参与而不是运动作为"文化"的"产品"或"部门"的普遍解释，导致体育被视为一项普通活动。

娱乐：

这个领域还包括娱乐，它被定义为一种娱乐或放松的活动。它包括赌博、娱乐和主题公园等休闲活动。它不包括运动中包含的体育娱乐活动。

赌博：

赌博包括主要提供博彩服务的单位，如赌场、赛马场上的博彩赌场设施、宾果游戏大厅、视频游戏终端、彩票代理机构和非轨道博彩机构。在英国等一些国家，彩票赌博是文化资金的主要来源。

娱乐和主题公园：

这项活动包括娱乐和主题公园以及类似的景点。

四　简单比较

（一）欧洲统计系统（ESS）

将文化经济功能分为7个部分：创新、制造、出版、传播与贸易、保护、教育、管理与规制。（ESSnet Culture，2011）

（二）欧盟的文化产业视角

欧盟是国际多元文化要素集聚的区域，该区域从21世纪初开始就对文化产业的发展给予了高度的重视。欧洲议会在2002年就提出了面向2017年的《文化产业解决方案》（European Parliament Resolutionon Cultural Industries）（2002/2017），其中将文化产业定义为涵盖文化遗产到视听产业等广泛领域的多维度体系。2004年，欧洲经济社会理事会进一步明确文化创意产业的内在结构，具体包括：表演艺术、造型艺术、文化手工业、图书出版、音乐出版、视听媒体、剧场、通信媒体、文化与建筑遗产保护、旅游、博物馆等。

欧洲统计系统（ESS）将文化与创意产业定义为10个领域：历史遗产、文献档案、图书馆、图书与出版、视觉艺术、表演艺术、视听与多媒体、建筑、广告、艺术与手工艺。上述定义主要基于文化的经济功能，包括文化的原创、制造、出版、发行、贸易、保护、教育、管理与规范等功能。[①]

[①] ESS Net Culture, Project ESS Net Culture - Final Report（final draft），Manuscript completed on13 October 2011，ESS Net Culture，Accessed in June 2011，https：//kule. kul. ee/avalik/311011_ CAC_ ettekanded/statistika_ raport. pdf.

| LEG-Culture | ESSnet-Culture | UNESCO, 2009 FCS |

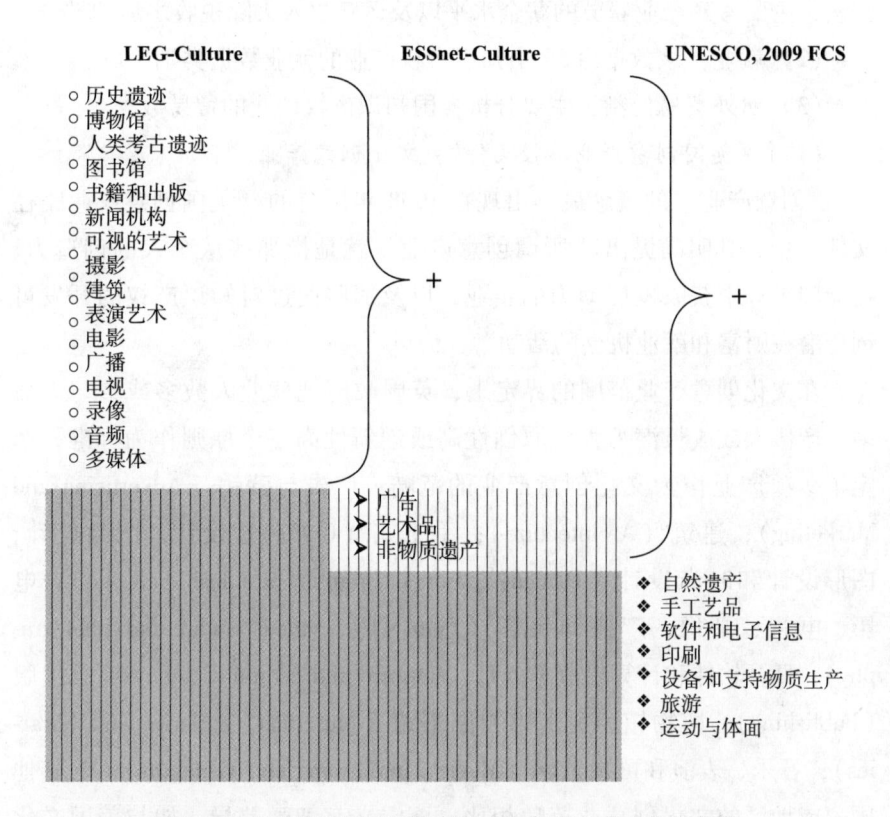

- 历史遗迹
- 博物馆
- 人类考古遗迹
- 图书馆
- 书籍和出版
- 新闻机构
- 可视的艺术
- 摄影
- 建筑
- 表演艺术
- 电影
- 广播
- 电视
- 录像
- 音频
- 多媒体

➢ 广告
➢ 艺术品
➢ 非物质遗产

❖ 自然遗产
❖ 手工艺品
❖ 软件和电子信息
❖ 印刷
❖ 设备和支持物质生产
❖ 旅游
❖ 运动与体面

图 4-2 文化统计框架所涵盖的文化领域与其他框架比较

由于文化产业的发展速度，以及产业体系的边界清晰，以产业角度分析文化的特质与组成结构成为国家层面与国家组织层面对文化的战略设定与统计分析的重要视角。OECD、欧美许多国家在设定文化考察指标体系时，往往以产业分类、产业发展的阶段性对文化要素进行归纳。

（三）国际知识产权组织的文化产业链视角

国际知识产权组织（WIPO）的《知识产权工业的经济贡献统计》报告提出了对于不同国家的创意与信息产业的测度方法。该方法以产权为核心，将文化的产业链划分为四个部分：核心版权产业、相互依赖版权产业、部分产权产业、非专业支持性产业。对于版权产业体系的经济贡献测度主要以三个方面的数据加以对比。

（1）版权产业在 GDP 中的比重，主要以两种方法进行数据分析。其一为产品比较法，主要从对比产值与中间品消耗量得出。其二为收入比较法，主要考察产业雇员的薪金水平以及运营收入去除税收之后的部分。

（2）就业，该数据由59个知识产权产业的就业数据类别组成。

（3）对外贸易份额，主要分析各国知识产权产业的贸易数据。①

（四）《英国创意产业路径文件》：文化创意产业

"创意产业"的概念最早出现在1998年出台的《英国创意产业路径文件》中，其明确提出"所谓创意产业，就是指那些从个人的创造力、技能和天分中获取发展动力的企业，以及那些通过对知识产权的开发可创造潜在财富和就业机会的活动"。

在文化创意产业范围的界定上，英国政府把就业人数多或参与人数多，产值大或成长潜力大，原创性高或创新性高三个原则作为标准，选定了9项产业作为文化创意产业的范畴：广告与营销（Advertising and Marketing）；建筑（Architecture）；手工艺（Crafts）；设计：产品设计、图形设计和时尚设计（Design: product, graphic and fashiondesign）；电影、电视、录像、广播和摄影（Film, TV, video, radio and photography）；IT, 软件和计算机服务（IT, software and computer services）；出版（Publishing）；博物馆、美术馆与图书馆（Museums, galleries and libraries）；音乐、表演和可视艺术（Music, performing and visualarts）。与其他国家或地区的文化创意业范畴相比，该定义有细微差异。如与美国文化创意业相比，多了博物馆以及手工艺等，与我国相比则少了文化创意类的相关制造生产。（见表4-1）

表4-1　　　　　　　　文化创意产业的范畴比较

国家和城市	范畴
伦敦（英国）	广告与营销；建筑；手工艺；设计：产品设计、图形设计和时尚设计；电影、电视、录像、广播和摄影；IT, 软件和计算机服务；出版；博物馆、美术馆与图书馆；音乐、表演和可视艺术
美国	文化艺术、音乐唱片、出版业、影视业、传媒业、网络服务业

---

① WIPO, Guide on Surveying the Economic Contribution of the Copyright – Based Industries, Geneva: WIPO, 2003, http://www.wipo.int/copyright/en/publications/pdf/copyright_ pub_ 893. pdf.

续表

国家和城市	范畴
新加坡	第1类艺术与文化：摄影、表演及视觉艺术、艺术品与古董买卖、手工艺品；第2类设计：软件设计、广告设计、建筑设计、室内设计、平面产品及服装设计；第3类媒体：出版、广播、数字媒体、电影
上海（中国）	第一类文化创意服务业：媒体业、艺术业、工业设计业、建设设计业、时尚创意业、网络信息业、软件与计算机服务业、咨询服务业、广告与会展服务业、休闲娱乐服务业；第二类文化创意相关产业：文化创意相关产业
北京（中国）	文化艺术，新闻出版，广播、电视、电影，软件、网络及计算机服务，广告会展，艺术品交易，设计服务，旅游、休闲娱乐，其他辅助服务9个大类
中国国家统计局	文化产业：新闻出版发行服务、广播电视电影服务、文化艺术服务、文化信息传输服务、文化创意和设计服务、文化休闲娱乐服务、工艺美术品的生产、文化产品生产的辅助生产、文化用品的生产和文化专用设备的生产

第二节　美国《国家艺术指数》

美国《国家艺术指数》是美国艺术家关于美国艺术、文化健康与活力的年度报告，用于衡量美国艺术健康和活力的高度评估指标，由81个被视作同等重要的国家级艺术和文化活动指标组成，设置为2003＝100的基线。国家艺术指数代表了艺术、非营利组织和商业组织、个人艺术家、消费者支出和志愿者参与、支持艺术的慈善事业、创意表达、艺术教育等多元化特征。它是激发公众对艺术价值的对话以及改善政策和决策的一种工具，让更多的人以知情的方式谈论艺术。艺术是一个健康社会的基本组成部分，以美德为基础，这些美德触及个人，社区和国家利益，即使在困难的社会时期也能持续存在：

- 美学：艺术创造美丽并将其作为文化的一部分加以保存
- 创造力：艺术鼓励创造力，这是一个动态世界中的关键技能
- 表达：艺术作品传达我们的兴趣和愿景
- 身份：艺术品、服务和经验有助于确定我们的文化
- 创新：艺术是新想法、未来、概念和联系的来源

- 保存：艺术和文化让我们的集体记忆保持完整
- 繁荣：艺术创造数以百万计的就业机会并增强经济健康
- 技能：社会和工作的各个部门都需要艺术才能和技巧
- 社会资本：我们一起欣赏艺术，跨越种族、世代和地点

艺术行业的健康，以及它们长期坚持的能力，被美国《国家艺术指数》称为艺术和文化的"活力"。美国《国家艺术指数》确定了四种不同的观点或艺术系统的维度：资金流动、组织能力、艺术参与和艺术竞争力。这四个维度是艺术和文化平衡计分卡（ACBS）系统的基础，该系统根据它们适合艺术生态系统观点的位置对指标进行分组，ACBS 是一个描述性模型，而不是预测性模型，并且是一种工具将艺术活力的许多个体指标置于彼此之间的系统关系中。（见表 4-2）

资金流：包括私人和公共对机构的支持，个人艺术家的支付以及艺术企业和非营利组织的收入。所有这些都是为艺术服务付费。

组织能力：衡量艺术和文化体系中的组织、资本、就业和工资水平。能力和基础设施将资金流转化为艺术活动。

艺术参与：衡量这些活动的实际消费，这些活动可能是商品、服务或经验的形式。

艺术竞争力：说明了艺术与社会其他部门相比的地位，并使用了市场份额和经济影响的衡量标准。

表 4-2 "美国文化人"组织《2014 美国艺术指数》的文化统计方法

一级指标	二级指标
资金流 （17 个指标）	音乐作者版权收入、艺术收入、艺术与文化投资、出版业收入、图书码洋、乐器销售额等
容量规模 （15 个指标）	艺术从业者、艺术与文化机构雇员、艺术与文化产业雇员、创意产业就业量、艺术工会人数等
艺术参与 （22 个指标）	艺术与创意产业的个人参与量、专利申请数、个人艺术文化支出、剧院—音乐厅—影院新增就业、艺术志愿者等
艺术竞争力 （27 个指标）	从事个人创意活动的人口比例、私人捐助中的艺术文化份额、个人支出中的艺术文化份额、学位中的艺术文化份额等

资料来源：《2014 National Arts Index》。

一 资金流（17 项指标）

资金流是 ACBS 的第一个维度，由 17 个资金流指标组成（见表 4-3）。这些指标衡量的是进入该行业的收入，主要来自客户、捐助者和公众支持，并用于资助非营利性和商业性艺术活动。指标排序（大致）按照艺术工作者个人收入、商业收入、非营利收入、私人慈善事业和政府资金的顺序排列。

表 4-3　　　　　　　　　资金流指标

序号	指标
1	作曲家和作曲家执行版权使用费
2	艺术职业的工资
3	艺术和文化行业的工资
4	出版业收入
5	书商销售
6	乐器销售
7	记录行业出货价值
8	专辑总销量
9	音乐会行业门票销售
10	创意产品出口
11	艺术和文化非营利组织的收入
12	基金会的艺术和文化资助
13	私人捐赠艺术和文化
14	联合艺术筹款活动
15	联邦政府的艺术和文化资助
16	国家艺术局立法拨款
17	地方政府资助当地艺术机构

资料来源：《2014 National Arts Index》。

二 容量指标（15 项指标）

容量指标有 15 个，衡量的是在美国提供艺术和文化的个人和组织的数量和强度（见表 4-4）。容量也可以通过特定艺术形式（电影和音乐）

达到其受众的渠道企业和非营利组织的资本投资水平,创建支持性基础设施的组织网络以及艺术资产在国民经济中的持久价值。这里大致按照从个人到机构的顺序呈现。

表4-4 容量指标

序号	指标
18	工作中的艺术家
19	艺术和文化职业工作者
20	艺术和文化行业的雇员
21	"创意产业"就业
22	艺术工会会员
23	CD和唱片店
24	独立艺术家、作家和表演者
25	电影屏幕
26	艺术和文化行业的企业
27	"创意产业"机构
28	注册艺术与文化501(c)(3)组织
29	艺术支持组织
30	艺术和文化产业的资本投资
31	对非营利艺术组织的资本投资
32	国民收入账户中的艺术资产(2014年的新指标)

资料来源:《2014 National Arts Index》。

三 艺术参与(22项指标)

22项艺术参与指标,体现了社会和市场中的艺术和文化活动,主要以个人参与的形式衡量艺术活动和经验(见表4-5)。

表4-5 艺术参与指标

序号	指标
33	版权申请
34	艺术和文化的个人支出
35	参与艺术(2014年新指标)

续表

序号	指标
36	在戏剧、乐队、歌剧、百老汇和电影方面的新作品
37	出版关于音乐、戏剧、舞蹈或艺术的书籍
38	为艺术组织提供志愿服务
39	艺术从事志愿工作
40	四年艺术或音乐 SAT 考生的表现
41	大学艺术专业的学生
42	视觉和表演艺术学位
43	非商业电台听众
44	公共电视观看数
45	外国游客参与文化艺术活动
46	纽约百老汇演出观看人数
47	百老汇巡回演出观看人数
48	现场流行音乐观看人数
49	交响乐、舞蹈、歌剧和戏剧观看人数
51	美术馆参观人数
52	歌剧观看人数
53	交响乐团观看人数
54	非营利性专业剧院观看人数

资料来源:《2014 National Arts Index》。

四 艺术竞争力(27 项指标)

竞争力指标有 27 项,用于说明艺术和文化如何与社会其他力量共存(见表 4-6)。当然,其他许多指标都显示了艺术在特定环境中的作用。但是这些竞争力指标有更多的系统性和社会性的指标,显示了更广泛的生态环境中的艺术。

表 4-6 艺术竞争力指标

序号	指标
55	艺术和文化私人捐赠份额
56	大都市家庭对艺术和文化做出贡献的份额
57	艺术和文化个人支出份额

续表

序号	指标
58	国内生产总值中艺术的份额（2014年新指标）
59	所有学位中视觉和表演艺术份额
60	艺术和文化行业雇员的比例
61	艺术和文化职业工作者的比例
62	文化艺术行业的工资总额
63	拥有四年艺术或音乐的SATI考生份额
64	文化艺术产业机构的份额
65	艺术和文化基金会资金份额
66	艺术和文化公司资金份额
67	联邦政府的人均艺术和文化经费
68	联邦国内可自由支配的艺术和文化份额
69	国家艺术机构人均资助
70	国家艺术机构分担国家一般基金支出
71	参加纽约市百老汇演出或参观的人口比例
72	参加现场流行音乐的人口份额
73	参加交响乐、舞蹈、歌剧和戏剧的人口比例
74	参观美术馆人口比例
75	参加歌剧的人口比例
76	参加交响乐的人口比例
77	参加非营利专业剧院的人口比例
78	梅摩西全艺术指数（Mei Moses All Art Index）值
79	美国在世界创意产品贸易中的份额
80	艺术行业的资产回报
81	年终盈余的非营利艺术组织的比例

资料来源：《2014 National Arts Index》。

第三节 伦敦《世界城市文化报告》

文化经济视角容易量化，具有较强的测度可能性，但却容易将文化与其他相关要素之间的互动简化为市场行为。因此，近期部分世界城市以及文化发展处于引领地位的国家，开始对文化的测度方法进行反思与创新。上述行为体在对文化要素进行评估时，采取了"体系化"的视角，即将文化视为一个具有整体性，具备外部影响力的系统与体系，从宏观角度分析文化的创造、投入、运行、产出、影响等综合性行为。伦敦、纽约等世界城市对于文化的视角与国家不同，更多将文化视为一个具有整体性，具备外部影响力的系统与体系，从宏观角度分析文化的创造、投入、运行、产出、影响等综合性行为。在指标的建构方面，往往以文化系统的功能模块作为文化要素归类的标准。

伦敦金融城（Cityof London）发表的《世界城市文化报告2012》，是近期世界城市对于世界文化名城竞争力的较为典型的比较性报告（见表4－7）。该报告以 UNESCO 的文化定义为基础，以"领域"（domains）与"功能"（functions）作为思考文化的两大视角。主要指标的设定原则指向两个主要方面。其一为文化的"供给方"，包括城市文化的"基础设施"以及这些基础体系的主要文化供应；其二为文化的消费与参与方，主要指主要城市文化活动观众与参与者的规模、特点与价值。[①] 该报告选取柏林、伊斯坦布尔、约翰内斯堡、伦敦、孟买、纽约、巴黎、圣保罗、上海、新加坡、悉尼、东京12个城市作为不同区域的典型文化大都市，将各城市文化60类的数据与指标分为六大领域进行比较。

表4－7 伦敦金融城《世界城市文化报告2012》的文化统计方法

一级指标	二级指标
文化遗产	国家博物馆、其他博物馆、画廊、参观博物馆与画廊比例等9项指标
文学文化	公共图书馆、每10万公共图书馆数、图书馆借阅量、人均图书馆借阅量等8项指标
表演艺术	剧院数、剧院表演场次、剧院观众数、每10万人剧院观众人次、音乐演唱会场次、大型音乐会数量等10项指标
电影与游戏	影院数、影院银幕数、每百万人影院银幕数、影院观众数、影院平均观众数、电影制作量、国外电影放映量等10项指标
民众与人才	公立高等文化专业教育机构、私立高等文化专业教育机构、公立艺术与设计专业院校学生数等4项指标

---

① Mayor of London, World Cities Culture Report 2012, 2012 – 8 – 1.

续表

一级指标	二级指标
文化活力与多样性	夜总会—舞厅数量、酒吧数、每10万人酒吧数、餐馆数量、每10万人餐馆数、节庆庆典数、最著名节庆参加人数等12项指标

一 文化供给

（一）文化遗产（9项指标）

国家博物馆、其他博物馆、画廊、参观博物馆与画廊比例、最受欢迎5个博物馆与画廊参观人数、最受欢迎5个博物馆与画廊人均参观次数、世界遗产数、其他遗产与历史遗迹数、公共绿地比例（见表4-8）。

表4-8　　主要全球城市公共文化资源比较（2012）

项目	伦敦	纽约	巴黎	东京	上海
国家博物馆数量	11	5	24	8	27
其他博物馆数	162	126	113	39	87
画廊数量	857	721	1046	688	208
参观博物馆与画廊比例（%）	53.6	43	33		47.5
最受欢迎5个博物馆与画廊参观人数（百万）	25.3	15.4	23.4	9.7	6.6
最受欢迎5个博物馆与画廊人均参观次数	3.2	1.9	2	0.8	0.3
世界遗产数	4	1	4		0
其他遗产与历史遗迹数	18901	1482	3792	419	2049
公共绿地（公园花园）空间比例（%）	38.4	14	9.4	3.4	2.6

资料来源：Mayorof London，World Cities Culture Report 2012，2012-8-1.

（二）文学文化（8项指标）

公共图书馆、每10万人公共图书馆数、图书馆借阅量、人均图书馆借阅量、书店数量、每10万人书店数量、古旧书店数量、出版图书种类（见表4-9）。

表4-9　伦敦与主要全球城市公共文化发展情况比较（2012）

项目	伦敦	纽约	巴黎	东京	上海
公共图书馆数	383	220	830	377	242
每10万人公共图书馆数	5	3		3	1
图书馆借阅量（百万）	37.2	68		112.2	28
人均图书馆借阅量（人册/每人/每年）	4.8	8.3		8.6	1.5
书店数量	802	777		1675	—
每10万人书店数量	10	9		13	—
古旧书店数量	68	99		681	—
出版图书种类	151969	302410		78501	—

资料来源：Mayorof London，World Cities Culture Report2012，2012-8-1.

（三）表演艺术（10项指标）

剧院数、剧院表演场次、剧院观众数、每10万人剧院观众人次、音乐演唱会场次、大型音乐会数量、音乐表演场次、戏剧表演场次、舞蹈表演场次、非专业型舞蹈学校数量（见表4-10）。

表4-10　伦敦及主要全球城市的表演艺术发展比较（2012）

项目	伦敦	纽约	巴黎	东京	上海
剧院数	214	420	353	230	97
剧院观众数（百万）	14.2	28.1	5.7	12	0.6
剧院表演场次	32448	43004	26676		15618
每10万人剧院观众人次（万人）	1.8	3.5	0.5	0.9	0.3
音乐演唱会场次	349	277	423	385	44
大型音乐会数量	10	15	15	15	4
音乐表演场次	17108	22204	33020	15617	2418
戏剧表演场次	11388	11076	10348	8452	—
舞蹈表演场次	2756	6292	3172	1598	1686
非专业型舞蹈学校数量	618	682	715	748	438

资料来源：Mayorof London，World Cities Culture Report2012，2012-8-1.

（四）电影与游戏（9项指标）

影院数、影院银幕数、每百万人影院银幕数、影院观众数、每人观影平均次数、电影制作量、国外电影放映量、电影节数量、最著名电影节观众等（见表4-11）。

表4-11 伦敦与主要全球城市电影与游戏类文化资源比较（2012）

项目	伦敦	纽约	巴黎	东京	上海
影院数	108	117	302		230
影院银幕数	566	501	1003		670
每百万人影院银幕数	73	61	85	25	28
影院观众数（百万）	41.6	58.2		29.3	22.9
每人观影平均次数	5.3	4.9		2.2	1
电影制作量	557	610	575	799	252
国外电影放映量	438	305		358	60
电影节数量	61	57	190	35	2
最著名电影节观众（万人次）	13.2	41	15.2	12.1	26

资料来源：Mayorof London，World Cities Culture Report2012，2012-8-1.

（五）民众与人才（4项指标）

公立高等文化专业教育机构、私立高等文化专业教育机构、公立艺术与设计专业院校学生数、综合性大学艺术与设计学位课程学生数（见表4-12）。

表4-12 伦敦与主要全球城市文化教育与人才发展状况比较（2012）

项目	伦敦	纽约	巴黎	东京	上海
公立高等文化专业教育机构	11	30		30	5
私立高等文化专业教育机构	46	12	73	16	18
公立艺术与设计专业院校学生数	34920	14024		24120	13324
综合性大学艺术与设计学位课程学生数	15745			25444	43501

资料来源：Mayorof London，World Cities Culture Report2012，2012-8-1.

（六）文化活力与多样性（12项指标）

夜总会—舞厅数量、酒吧数、每10万人酒吧数、餐馆数量、每10万人餐馆数、节庆庆典数、最著名节庆参加人数、国际学生数、国际游客数、国际游客与本地居民数量比例等（见表4-13）。

表4-13　伦敦与主要全球城市文化活力比较（2012）

项目	伦敦	纽约	巴黎	东京	上海
夜总会—舞厅数量	337	584	190	73	1865
酒吧数	2143	7224	3350	14184	1320
每10万人酒吧数	27	88	30	108	6
餐馆数量	37450	24149	22327	150510	55614
每10万人餐馆数	478	295	189	485	237
节庆庆典数	478	295	189	485	33
最著名节庆参加人数（万人次）	150	250	150	127	30.6
国际学生数	99360	60791	96782	43188	43016
国际游客数（万人次）	1521.6	838	1330	594	851.1
国际游客与本地居民数量比例（%）	194.5	102.5	112.7	45.1	36.3
数字经济	63	96	52	59	15
软件开发和多媒体设计	88.9	85	81	100	70

资料来源：Mayorof London, World Cities Culture Report2012, 2012-8-1.

二　文化需求

（一）参与是基础

除了不断增加的专门用于休闲和文化的支出之外，人们花在这些活动上的时间也在过去30年中大幅增加。事实上，在英国和其他大多数发达国家或新兴国家，全国时间使用调查表明，与视听媒体（看电视/视频/DVD，收听广播和音乐）相关的活动是人在睡觉和工作之外的时间占最大份额的活动。在英国，这意味着平均而言，2005年，16岁及以上的人平均每天花费157分钟来消费视听媒体。

如表4-14所示，每个城市的人们大部分空闲时间都花在视听媒体上——主要是在家里，或者在旅行时（在收音机和音乐的情况下）。尽管伦敦和纽约的数据具有可比性，但与研究中包含的亚洲城市存在差异，这些城市每天的最高和最低分钟数都达到了最高。西方和亚洲城市之间的区别对于每天阅读的时间也是显而易见的。东京和上海每天阅读的平均分钟数是巴黎、伦敦和纽约的 2 倍。

表 4-14　　五个比较城市选定文化活动的时间使用和参与率

指标	伦敦	纽约	巴黎	上海	东京
（AV）媒体（例如电视，广播和音乐）每天花费的平均时间 –（1）	157	141	N/A	175	137
阅读的平均时间（分钟）（2）	24	20	23	48	53
每个用户每月在线用户的平均时间（小时）（3）	34	31	26	19	19
过去一年曾至少参观一次画廊或博物馆的工作年龄人口的百分比（4）	42%	42%	39%	N/A	28%

（二）文化消费

文化消费主要包括：文化遗产与剧院消费、音像制品和服务消费以及文化活力和多元性的消费等（见表 4-15、表 4-16、表 4-17）。

表 4-15　　文化遗产与剧院消费

指标	伦敦	纽约	巴黎	上海	东京
前五名博物馆和画廊的总访问量（每年几百万）	20.4	8.3	20.2	N/A	6.7
每年参观人均排名前五位的博物馆和画廊	2.7	1.0	1.8	N/A	0.5
主要剧院总入院人数（每年百万）	12.4	12.3	3.4	7.2	N/A
主要剧院每年人均入院人数	1.6	1.5	0.3	0.4	N/A
主要影院每年剧院门票销售总值（百万美元购买力平价）	668	915	126	26	719
主要剧院人均剧院门票销售总值（美元购买力评价）	89.00	111.40	13.56	4.60	57.20

表 4-16　　音像制品和服务消费

指标	伦敦	纽约	巴黎	上海	东京
电影入场总人数（每年百万）	39.8	39.7	27.6	11.7	22.1
每年人均电影入场人数	5.3	4.8	2.4	0.6	1.8
主电影节入场人数（千人）	115	75	70	200	N/A

续表

指标	伦敦	纽约	巴黎	上海	东京
每年电影票销售总值（购买力平价）	190	260	201	27	274
每人每年电影票销售总值（美元购买力平价）	25.35	31.66	17.64	1.51	21.77
计算机和视频游戏每年销售总值（百万美元购买力平价）	533	578	N/A	N/A	767
所有音乐CD每年的总销售额（美元购买力平价）	515	715	223	27	392
所有音乐CD每年销售额的总值（美元购买力平价）	68.61	38.02	19.60	1.51	31.16

资料来源：Compiledby BOP/Experian，2008.

表4-17　　　　　　　　文化活力和多元性的消费

指标	伦敦	纽约	巴黎	上海	东京
主要嘉年华/节日预计出席人数（百万）	2.0	2.5	N/A	0.5	N/A
主要嘉年华会/节日的人数估计为人口百分比	27%	30%	N/A	2%	N/A
每年国际游客人数（百万）	15.6	8.1	9.7	4.3	1.5
每年游客人数占人口的百分比	208%	99%	85%	24%	12%

资料来源：BOP/Experian，2008.

第四节　成都世界文化名城指标体系构建

从以上对国际各类主体文化测度体系的比较与分析中不难看出，国际组织、国家与城市对于文化的特征、结构、作用形成了诸多不同的评价体系，而评价的角度与方法也因外部环境的变化而不断调整。值得注意的是，在诸多指标体系与评价框架中，仍有部分指标与要素反复出现，且在各评价体系中均居于核心地位。在横向比较多种文化框架的基础上，撷取这些多次出现的要素，并进行分类，无疑有助于我们了解国际文化测度的核心要件。

一　文化产业结构的核心要素

对于文化产业结构的界定，各国与主要世界城市的视角虽各有不同，但对于部分产业却有共同的认同。因此，在文化产业的结构方面，综合法国、德国、英国、西班牙、意大利、芬兰、中国香港、新加坡、澳大利亚、加拿大等国家与城市对于文化产业的统计定义的综合分析，从文化产业发展的作用来看，可将文化产业涵盖的各部门分为以下三个领域。

其一，文化核心产业，该部分为多方所共同关注并置于文化基础地位的产业，主要包括建筑、电影与视频、广播、表演艺术（歌剧、舞蹈、节庆）、设计（产品、时尚、平面）、视觉艺术与艺术市场、出版、音乐产业、软件、电脑游戏、多媒体、广告等。

其二，文化支撑产业，该部分为各国、各城市较为重视，且对文化发展起到支撑作用的产业群。主要包括档案馆、图书馆、博物馆、历史遗产与文化空间。

其三，文化外延潜力产业，该部分为对文化发展具有环境塑造作用，或潜力推动作用的产业。这些产业包括教育、培训与咨询、文化教育、娱乐与其他文化活动、园艺与动物园、酒吧、夜店、酒业与食品产业、广播装备产业、体育产业、旅游、玩具与消遣、其他辅助活动、网络咖啡、互联网服务、珠宝与相关产业。

二 文化指标体系的结构特征

在全球各国、各组织、各城市纷繁复杂的众多文化指标中，对于指标性质与重要性的认定，是理解文化测度原则的核心要件。在对于UNESCO、欧盟、OECD、WIPO、英国、法国、意大利、芬兰、美国、澳大利亚、伦敦、中国香港、新加坡等众多国际组织、主要国家以及文化大都市的评价指标与定义进行了横向与综合对比分析之后，我们认为，文化影响力的测度主要可分为以下三类指标群。

（1）核心指标，即多方主体共同用于测度文化影响力与规模的指标群。主要包括文化产业GDP增加值、文化产业GDP、文化产业就业占总就业比重、文化产业就业量、文化企业数量、文化产品/服务国际贸易量。

（2）基础指标，是各类主体较为一致认定勇于分析文化基础与结构的指标群。主要包括：文化产业GDP占总产业比例、政府文化产业支出、文化就业结构、文化产业劳动生产率、文化企业创建率（万人）、文化企业衰亡率（万人）、产出乘数、就业乘数、增加值乘数、税收乘数。

（3）个性指标，指国际组织、国家、城市根据自身发展特点与未来文化发展路径设定的特定指标群。主要包括志愿者数量、剧院数、剧院观众数、影院数、影院银幕数、公立艺术与设计专业院校学生数等。

三 成都世界文化名城指标体系构建要点

(一) 文化发展战略需要从经济导向向体系导向转变

从近期国际主体，特别是伦敦等世界文化名城文化评价框架的变化趋势看，单纯以经济角度解构文化的思路受到了挑战。以体系视角看待、评估、谋划文化发展，是促进城市、区域、国家文化发展的重要方向。中国的大都市在规划、制定文化发展战略时，往往以产业规划的方式进行框架谋划与指标体系建构。这种倾向，有可能使文化发展偏离其应有的多样性、系统性特征，而成为单纯的"文化圈钱工程"。因此，以文化功能为基础，形成体系性的城市文化战略与发展路径，值得中国城市借鉴。

(二) 构建多层次、有重点的文化评估指标体系势在必行

在构建文化评价体系时，应保证共性的评价要素不遗漏，个性评价条件不缺席。评价体系的多层次与重点性、个性化是文化评价有效的重要保障。反观中国诸多大都市的城市文化评估体系，常常千篇一律，将众多指标项简单铺排，未能凸显通行指标与区域特色指标间的关系，更无法完整、深入地反映城市文化的发展特征与趋势。

(三) 注重文化基础要素的积累与培育

世界文化名城与文化强国在构建文化评估体系时，往往将图书馆、博物馆、历史文化遗迹等基础性要素作为重要的评价指标，甚至将档案馆、动物园等传统上不列入文化范畴的机构纳入评估体系。这充分说明了上述在经济上无法盈利的文化基础设施在文化建设方面的重要作用。中国的文化大都市建设，往往更关注能带来收益的文化产业部类，以及场馆等基础性设施的硬件建设，而对于文化基础要素，特别是文化"软财富"的积累缺乏长远规划。综合国际经验，文化基础要素的积累任重道远，应当更多地进行系统规划。

四　成都世界文化名城指标体系构建

（一）"三城三都"的定位

2017年12月，中共成都市委十三届二次全会明确提出，要积极建设世界文化名城、旅游名城、赛事名城，高标准打造国际美食之都、音乐之都、会展之都，有明确的定位和标准，并有相应的措施（见表4-18）。

表4-18　　　　　　　　　　"三城三都"的定位/标准

	定位/标准	成都的措施
世界文化名城	在世界范围内拥有巨大的文化影响力、辐射力和聚集力，在文化保存或文化产业发展等方面具有全球领先优势，文化底蕴深厚的城市	重视城市营销和品牌打造，建设"三城三都"；打造历史文化遗产保护体系；构建"一环、两轴、四线、五片"的全域文化空间保护展示体系
世界旅游名城	城市旅游功能突出、国际化程度高，且在国际上具有一定知名度和美誉度的旅游城市	塑造世界级旅游IP，构建"7+5"旅游产品体系，包括遗产观光、蓉城休闲、时尚购物、美食体验、商务会展、文化创意、养生度假七大核心支撑产品和低空旅游、自驾旅游、医疗旅游、科技旅游、工业旅游五大特色旅游产品
世界赛事名城	拥有国际一流的体育设施，举办若干国际影响力的体育赛事，具有健全的赛事体系和相对发达的赛事产业，体育赛事融入和服务城市发展的作用突出，在国际体育赛事领域具有较强影响力的城市	提出13年的"三步走"的目标；加强与国际合作，提档升级现有国际赛事；打造成都体育竞赛品牌体系；实施体育赛事"一区一县一品牌"计划；兴建一批大型体育场馆设施，形成完备的城市体育赛事场馆体系；打造和引进专业化赛事营运管理实体等
国际美食之都	有高度发达的美食行业、活跃积极的美食机构和厨师，拥有传统烹饪诀窍、方式和方法，举办过美食节、烹饪比赛等活动，注重提高公众对美食的关注度并因此在世界上知名度很高的城市	升级"过节耍成都"品牌；针对国内城市开展定向邀请；策划对"一带一路"沿线国家城市邀约，助力"成都造"品牌塑造和市场推广；深化与国际美食之都的合作等
国际音乐之都	有高度发达的音乐产业、世界知名的音乐作品和音乐人，拥有开放包容的音乐制作环境和浓厚的音乐生活氛围的城市	"东西南北中"五位布局；建设音乐演出汇聚地；构筑原创音乐生产地；形成音乐器材集散地；创建音乐版权交易地等

续表

	定位/标准	成都的措施
国际会展之都	有完备的会展产业体系、高超的会展服务能力和优秀的行业管理能力，在全球范围内极具影响力的会展中心城市	构建"一市两馆、全域多点"的会展发展空间。以发展会展产业生态圈为方向

根据中共成都市委十三届二次全会精神，塑造"三城三都"城市品牌的目的是提升城市文化沟通能力和全球传播能力，但最根本的目的可以归结为提升成都城市的吸引力、创造力和竞争力。[①]

从"三城三都"的定位/标准来看，"三城三都"的指标体系间有着高度相关性。世界文化名城是总概念，包括但不限于世界旅游名城、世界赛事名城、国际美食之都、国际音乐之都和国际会展之都的内容，如图4-3所示。

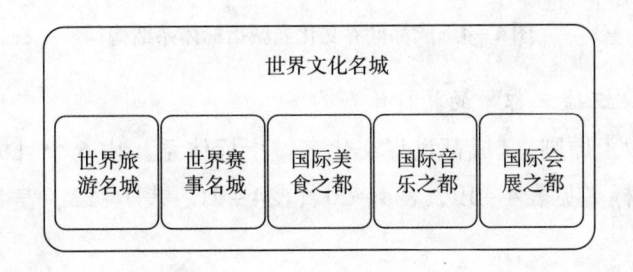

图4-3 "三城三都"关系

（二）指标体系编制原则与结构

短板导向——对标国际找短板、回应诉求找短板。

特色导向——总结成都多年发展中形成的优势及特色。

基础导向——省市的考核指标或约束性指标，是目标完成的前提和基础。（见图4-4）

[①] "中共中央总书记、国家主席、中央军委主席习近平5日下午在参加他所在的十二届全国人大五次会议上海代表团审议时强调，解放思想，勇于担当，敢为人先，坚定践行新发展理念，深化改革开放，引领创新驱动，不断增强吸引力、创造力、竞争力，加快建成社会主义现代化国际大都市。"参见《希望上海有新作为增强吸引力创造力竞争力——习近平参加上海代表团审议》，http：//www.shanghai.gov.cn/nw2/nw2314/nw2315/nw4411/u21aw1211528.html。

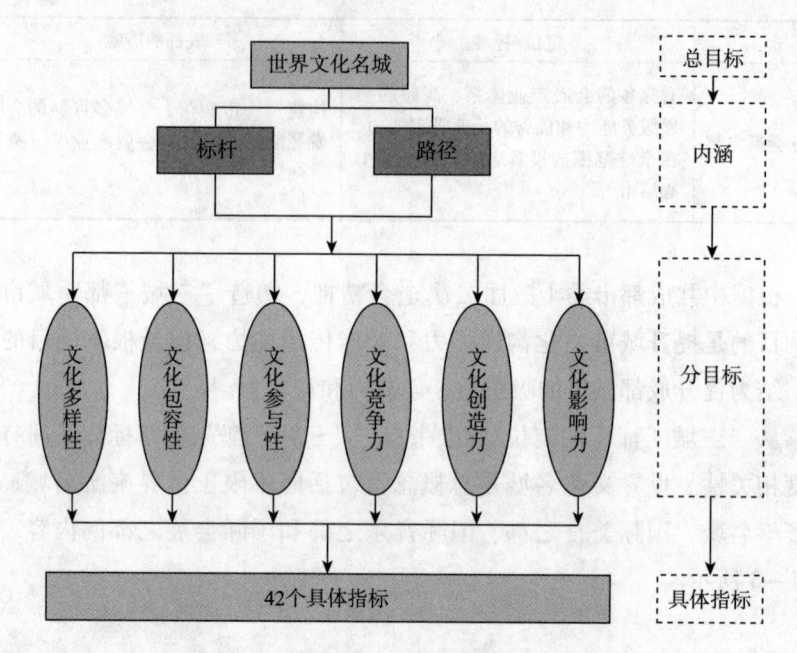

```
                    世界文化名城                          ┌─────┐
                         │                              │ 总目标│
              ┌──────────┴──────────┐                    └──┬──┘
              │                     │                       ↓
           ┌─────┐               ┌─────┐                ┌─────┐
           │ 标杆 │               │ 路径 │                │ 内涵 │
           └─────┘               └─────┘                └──┬──┘
                         │                                  ↓
     ┌─────┬─────┬───────┼───────┬─────┬─────┐
     ↓     ↓     ↓       ↓       ↓     ↓
   文化   文化   文化    文化    文化   文化             ┌─────┐
   多样   包容   参与    竞争    创造   影响             │ 分目标│
    性     性     性      力      力     力             └──┬──┘
     │     │     │       │       │     │                  ↓
     └─────┴─────┴───┬───┴───────┴─────┘
                    ↓                                ┌─────┐
              42个具体指标                            │具体指标│
                                                    └─────┘
```

图4-4　成都世界文化名城指标体系结构

（三）"三城三都"的指标体系

按照以上原则，《成都世界文化名城指标体系》由6个目标层构成，共42个指标（见表4-19、表4-20、表4-21、表4-22、表4-23、表4-24）。

表4-19　　　　　　　　成都世界文化名城指标体系

一级指标	序号	指标项
文化竞争力	1	文化产业增加值（亿元）
	2	文化产业增加值占总GDP比例（%）
	3	政府文化领域人均支出（元）
	4	文化产业劳动生产率（万元）
	5	文化产业就业占总就业比重（%）
	6	文化产业就业量（万人）
	7	艺术和文化非营利组织的收入

续表

一级指标	序号	指标项
文化创造力	8	艺术表演场次（场）
	9	电影制作量（部）
	10	出版图书种类（种）
	11	电影节数量（个）
	12	节庆庆典数（个）
	13	高等文化专业教育机构（个）
	14	艺术与设计专业院校学生数（千人）
	15	非专业型艺术培训机构（如舞蹈学校）数量（个）
文化影响力	16	国际学生数（万人）
	17	国际游客数（万人）
	18	国际游客与本地居民数量比例（%）
	19	文化产品\服务国际贸易量（亿元）
	20	最著名电影节观众（万人）
	21	最著名节庆参加人数（万人）
文化多样性	22	特色餐厅（个）
	23	画廊数量（个）
	24	剧院数、大型音乐厅（个）
	25	国家博物馆数量（个）
	26	遗产与历史遗迹数（个）
	27	电影屏幕（个）
	28	公共绿地（公园花园）空间比例（%）
	29	体育赛事（个）
文化包容性	30	国外电影放映量（场）
	31	餐馆数（个）
	32	舞厅（个）
	33	酒吧（个）
	34	公共图书馆数（个）
	35	国外出生人口数比例（%）
文化参与性	36	艺术和文化的个人支出
	37	基金会的艺术和文化资助
	38	私人捐赠艺术和文化
	39	最受欢迎5个博物馆与画廊参观人数（百万）
	40	人均图书馆借阅量（人册/每人/每年）
	41	每10万人剧院观众人次（万人）
	42	观影次数（场/每人/每年）

表4-20　　成都世界旅游名城指标体系

一级指标	序号	指标项
旅游名城吸引力	1	5A级景区
	2	世界知名主题乐园
	3	国际会展
	4	国际会议
	5	电影节数量
	6	节庆庆典数
	7	国家博物馆
	8	剧院数、大型音乐厅、画廊
旅游名城竞争力	9	国际航班数
	10	轨道交通公里数
	11	五星级酒店数量
	12	国际青年旅行社数量
	13	旅游信息网上发布比例
	14	智能旅游普及程度
	15	每公里拥有公共厕所数
	16	餐饮独特性
	17	多语种景区导引
	18	国际级旅游购物场所
	19	外国人入境旅游便利程度
	20	餐馆数
	21	夜总会—舞厅数量
	22	酒吧数
旅游名城影响力	23	旅游总人数
	24	旅游总收入
	25	国际入境游人次
	26	国际入境游收入
	27	全年旅游总收入占GDP比重
	28	国际学生数（万人）
	29	国际游客数（万人）
	30	国际游客与本地居民数量比例（%）

参考资料：世界经济论坛：《旅游竞争力报告》；河南文化旅游研究院：《国际文化旅游名城研究报告》。

表4-21　　　　　　　　成都世界赛事名城的指标体系

一级指标	序号	指标项
赛事名城竞争力	1	国际体育赛事数
	2	洲际体育赛事数
	3	世界级体育赛事数
	4	国际体育赛场数
赛事名城吸引力	5	品牌赛事
	6	全国性体育赛事占比
	7	国际性赛事占比
赛事名城影响力	8	国际体育赛事参与人数
	9	国际体育赛事转播收视人数
	10	国际游客占常住人口的比重
	11	社区公共运动场
	12	大众健身房
	13	大众健身步道
	14	人均体育场地

资料来源：《上海市体育产业发展实施方案（2016—2020年）》。

表4-22　　　　　　　　成都国际美食之都的指标体系

一级指标	序号	指标项
美食之都竞争力	1	特色餐馆数
	2	美食街
	3	美食节庆
	4	特色烹饪食材
	5	酒吧数
美食之都吸引力	6	轨道交通公里数
	7	五星级酒店数量
	8	国际青年旅行社数量
	9	国际航班数

续表

一级指标	序号	指标项
美食之都影响力	10	餐饮营收占 GDP 比重
	11	烹饪学校
	12	国际烹饪大师数
	13	中华老字号数量
	14	非物质文化遗产数

资料来源：《联合国教科文组织"全球创意城市网络"申请指南》。

表 4-23　　　　成都国际音乐之都的指标体系

一级指标	序号	指标项
音乐之都竞争力	1	音乐产业增加值
	2	音乐演出总产值
	3	音乐版权经纪总收入
	4	数字音乐产业总增加值
	5	音乐从业人员数
	6	音乐从业人员薪资总额
音乐之都吸引力	7	音乐厅数
	8	音乐学院
	9	露天音乐广场
	10	专业音乐教育
	11	业余音乐培训机构
	12	业余合唱团
	13	业余乐团
音乐之都影响力	14	国际音乐节庆数
	15	音乐演出门票数
	16	国际级音乐节庆数
	17	在校音乐国际学生数
	18	外国音乐团体演出场次
	19	外籍音乐人才

参考资料：《纽约市音乐产业体系解构》《联合国教科文组织"全球创意城市网络"申请指南》。

表 4-24　　　　　　　　成都国际会展之都的指标体系

一级指标	序号	指标项
会展之都竞争力	1	品牌展数量
	2	展馆数量
	3	展馆面积
	4	会展项目举办次数
	5	展览公司数量
会展之都吸引力	6	轨道交通公里数
	7	五星级酒店数量
	8	国际通航城市数
	9	国际航班数
	10	机场货物转运时间
	11	会展专业培训机构数量
	12	会展教育及研究机构数量
会展之都影响力	13	国际游客占常住人口的比重
	14	会展直接收入对经济发展贡献率
	15	会展从业人员数量

资料来源：商务部中国会展经济研究会：《2017 中国城市会展业竞争力指数》；徐洁：《国际会展中心城市评价指标体系研究》。

附表　　　　　　联合国教科文组织"全球创意城市网络"申请指南

类别	指南
文学之都	1. 拥有多样化出版项目和出版社，且具有一定的数量和较高水准； 2. 在小学、中学和大学教育系统中，应有一定数量和较高水准的重点关注本土文学和外国文学的教育方案； 3. 营造一个可以让文学、戏剧和诗歌完全发挥作用的城市环境； 4. 具有举办有关本土文学或外国文学重大节庆活动的经验； 5. 拥有收藏、弘扬和传播本土文学和外国文学的图书馆、书店以及公共或者私人文化中心； 6. 在翻译外国和本土不同语言的文学作品方面付出了卓绝的努力； 7. 媒体（包括新媒体）积极促进和加强文学及其作品的市场化。

续表

类别	指南
电影之都	1. 具有与电影相关的如电影工作室，电影景观环境、电影制作室等重要基础设施； 2. 具有连续的电影商业化生产和发行的历史； 3. 具有举办一些有影响力的电影节、选秀或其他与电影相关活动的经验； 4. 具有在本地、区域和国际层面的电影合作交流计划； 5. 具有一定数量的档案馆、博物馆、私人收藏机构和/或电影学院等多种类型电影遗产； 6. 具有一定数量的电影学校和培训中心； 7. 大力推广本地或者本国制作的电影产品； 8. 鼓励学习和共享国外电影知识。
音乐之都	1. 国际公认的音乐创造和活动中心； 2. 具有举办国家级别和国际水准的音乐节庆和活动的经验； 3. 促进各种类型音乐产业的发展； 4. 具有专业性的音乐学校、音乐学院、音乐机构和高等音乐院校； 5. 具有音乐教育的非正式组织，包括业余合唱团和乐团等； 6. 具有为特色和其他国家风格音乐搭建的国内和国际音乐平台； 7. 具有适用于音乐表演和欣赏演出的文化空间，如露天音乐广场。
工艺与民间艺术之都	1. 在工艺与民间艺术领域有悠久的传统； 2. 具有工艺与民间艺术的当代产品； 3. 强力推介手工艺制作者和当地艺术家； 4. 具有与工艺与民间艺术相关职业的培训中心； 5. 致力于提升工艺与民间艺术（包括节庆、展览、展会、市场等）； 6. 具有与工艺与民间艺术相关的基础设施，如音乐厅、手工艺商店、当代的艺术博览会等。
设计之都	1. 具有完善的设计产业； 2. 具有设计和建筑环境支撑的文化景观，包括建筑、城市规划、公共空间、纪念碑、运输、标记和信息系统、印刷等； 3. 具有设计学校和设计研究中心； 4. 拥有在地方和国家层面能够持续开展活动的由大批设计人员、创意者和设计师组成的设计实践团体； 5. 具有举办展览会特别是设计展会和活动的经验； 6. 具有可供设计者和城市规划者就地取材且利用城市/自然环境的机遇； 7. 具有设计驱动的创意产业，如建筑室内装饰、时尚和纺织品设计、珠宝饰品设计、交互设计、城市设计以及可持续设计等。
媒体艺术之都	1. 以数字技术推动文化创意产业较快发展； 2. 媒体艺术成功整合引领城市生活的改善； 3. 民间社会参与推动的数字艺术形式； 4. 具有数字技术发展拓展文化视角的渠道； 5. 具有供媒体艺术家实践的实习项目和其他工作室。

续表

类别	指南
美食之都	1. 拥有悠久的烹饪美食历史，且能体现城市和区域性特征； 2. 拥有许多传统的餐馆和厨师，并具有一定吸引力的美食社区； 3. 用于传统烹饪的作料； 3. 具有本地传统的烹饪知识、实践和方法，以及由此留存并发展起来的烹饪产业/烹饪技术； 4. 具有传统的食品市场和食品产业； 5. 具有举办美食节庆、美食竞赛和奖项，以及其他美食认定方法的传统； 6. 重视环境和可持续利用本地物产； 7. 烹饪学校设置有关保护生物多样性内容的课程，教育机构开设有关促进食品营养的教学，并积极推动公众的美食意识的培养。

资料来源：UNESCO Culture Sector，The Creative Cities Network。笔者自译。

中篇　经验篇

第 五 章

伦敦与欧洲文化名城建设

"欧洲文化之都"是欧盟通过文化活动，用以推动城市发展，树立形象，加强交流沟通，带动经济发展，最终促进欧洲的多元化和一体化。当选"欧洲文化之都"的城市需要按照严格的程序，经过激烈竞争而产生。2013年的欧洲文化之都是法国的马赛和斯洛伐克的科希策。前者的当选是因为文化与经济的平衡，后者的当选是凭借工业城市的文化复兴。"欧洲文化之都"有着复兴城市文化、提升文化设施、吸引国际游客、推动社会交流多方面的积极借鉴意义。

第一节 伦敦"世界文化首都"的定位

一 高度服务化的伦敦经济

（一）19世纪中叶开始经济服务化

根据 Hall（1962）《1861年后的伦敦产业》一书的研究，从19世纪初开始，伦敦的第二产业就业人口就快速下降，逐步从一个工业型城市向服务业型城市发展。到1861年时，其第三产业就业人口的占比达到了61%，成为一个真正的服务经济主导的城市。在19世纪70年代，伦敦服务业得到了极大的发展，成为当时世界上最重要的国际金融中心，由于能为世界大部分地区提供资本、信贷、保险和航运服务，伦敦金融城成为世界经济的清算行。到1900年，伦敦仍然是不列颠地区的最大产业中心，其500万就业人口中约40%的人在制造业或重工业就业。在第一次世界大战前，伦敦经济的服务化水平已相对较高，服务业占比超过60%（见表5-1）。

表 5-1　　　　伦敦与柏林和巴黎的经济结构（1914）

	伦敦	巴黎	柏林
城市人口（千人）	4521	2843	2071
大都市联合区人口（千人）	7251	4090	3626
联合区人口占全国比重（%）	16	10	6
第二产业就业比重（%）	39	43	59
服务业（含交通通信）就业比重（%）	62	57	41

资料来源：Jon Lawrence, Martin Dean, Jean-Louis Robert, 1992.

一个有趣的现象是，从 1861 年到 1951 年的近 100 年时间里，伦敦的就业结构只是略有变化，服务业就业人口在 1920 年时略有上升，到 1951 年时则有所下降（见表 5-2）。与英格兰和威尔士整个国家同期水平相比，领先的时间超过 100 年；1951 年，伦敦第三次产业就业人口比重超过 60%，达到 63.9%，而同期英格兰和威尔士的第三次产业就业人口占比仅 53.6%。其中第一次世界大战的爆发、20 世纪 30 年代经济大危机和金本位全球货币体系的解体，使伦敦的服务经济发展受到了挑战，特别是作为世界金融中心的地位受到纽约、东京等城市的不断挑战，纽约甚至一度超过伦敦成了全球最重要的金融中心。

表 5-2　　　　伦敦就业结构变化趋势（1861—1951）

	大伦敦						英格兰和威尔士					
	1861		1921		1951		1861		1921		1951	
	千人	%	千人	%	千人	%	千人	%	千人	%	千人	%
第一产业	44	3.0	29	0.9	19.8	0.5	2276.9	24.0	2395.9	13.9	1705.2	8.6
第二产业	468.8	31.7	1052.6	32.7	1522.5	35.5	3149.9	33.2	5979.8	34.8	7532.8	37.8
第三产业	903	61.1	2089.5	65.0	2741.5	63.9	3719.9	39.2	8414.1	49.0	10685	53.6
其他	63	4.3	45	1.4	4.5	0.1	346.3	3.7	388.2	2.3	17	0.1
总计	1478.8	100	3216.1	100	4288.3	100	9493	100	17178.1	100	19940	100

资料来源：P. G. Hall, The Industrie of London Since 1861. Routledge, 1962.

(二) 伦敦经济转型的关键时期去工业化

第二次世界大战后,伦敦经济面临了一系列重大的挑战,人口总数和就业人口数的总量都持续下降,就业人口从 480 万下降到 1991 年的 380 万左右,减少将近 100 万,与总人口减少数基本相当。伦敦的经济在 1970 年后,经历大概 20 年的衰退期,就业人口和人口总数均经历了近 20 年的下降期(见图 5-1)。其原因可能有以下三个方面:第一,伦敦的大部分地区都被战火毁坏,包括码头区和金融城的周围很大一部分。尽管金融和商业重建需要大量的劳动力,但劳动力仍优先安排在城市的恢复重建上。直到 20 世纪 50 年代初期,大量重建经济区的物品都没有得到移除。由于大多工业企业的厂房和设备在二战时期被毁坏,因此,这些企业工厂也借此完全从中心城区搬出,从而为中心城区的更新提供了机会。第二,在 20 世纪 50 年代,伦敦经济逐步得到恢复,导致劳工的短缺现象异常明显,因此,鼓励从殖民地迁移过来的劳动力进入伦敦,为伦敦的经济发展提供了大量廉价的低技术水平劳动力。第三,也是很重要的一点是,大英帝国的没落,特别是 1947 年印度的独立,给伦敦的帝国经济带来了很大的影响。

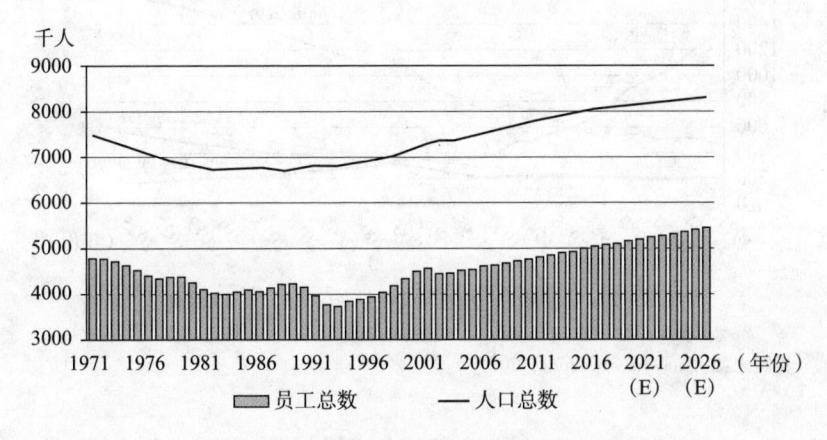

图 5-1 伦敦就业和人口的演变与预测 (1971—2026 年)

资料来源:The GLA'S Data Management and Analysis Group (Dmag) and Volterra Consulting, 2004.

20 世纪 70 年代末至 80 年代初,伦敦开始实施以银行业等服务业替代传统工业的产业结构调整策略,获得了很大成功。产业结构从制造业为主转向以金融、贸易、旅游等第三产业为主，商业和金融服务部门及其他一些高科技支撑的产业创造的就业占到全市的1/3，并且生产出40%的财富。伦敦成为全球第一大国际金融中心，金融业和金融区的发展对大伦敦地区和英国经济发展产生重要的牵引作用。伦敦金融城GDP占伦敦比重达14%，占整个英国比重约2%。经过近20年的发展，伦敦的金融服务、商业服务业也出现了一定程度的疲态。而伦敦对此早有预见，成功借助创意产业实现了城市产业结构的又一次优化和升级。

在战后伦敦经济的恢复过程，来自外部的竞争一直存在。但这个影响并不全是负面的，反而推动伦敦从帝国首都的作用转向了为全世界服务的地位。正如前文所揭示的，伦敦经济转型的关键时期是1970年到1990年的20年。在这个时期内，伦敦的制造业就业人口从近140万减少到1990年的40万，到2007年时，已经只剩下20万的制造业就业人口了，第三产业就业人口比重占总人口比重近90%（见图5-2）。

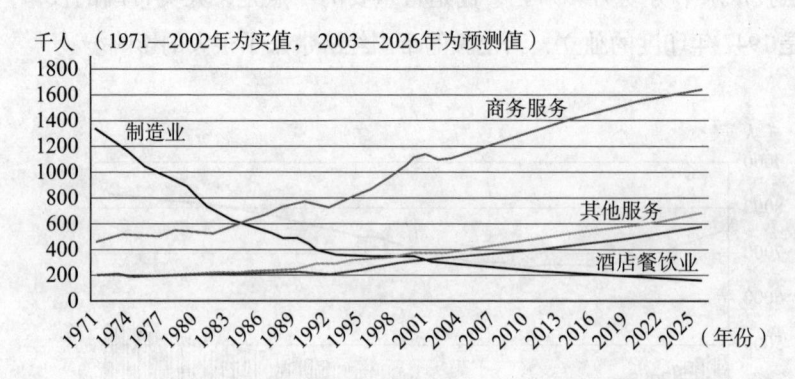

图5-2 伦敦重点行业的就业结构（1971—2026年）

资料来源：Volterra consulting, 2004.

1995年伦敦大约有350万个就业岗位，到了2001年，岗位量已达400余万个。其中各服务行业的就业量分别为：商业和金融服务业130万个；零售、分销和饮食业90万个；公共（政府）服务业80万个；包括创意和文化产业的其他服务30万个。这些产业为1995年至2001年期间的就业增长做出了重大贡献。而制造业、交通通信等行业则持续走低。从总体上而言，伦敦是服务型经济。服务引导的就业增长塑造了新的就业职业结构。其中,商业、金融服务业,以及许多公共(政府)服务业需要报酬优厚、技术先进和思维超前的专业人员,而零售、饮食和个人服务业则需要低工资人员从业。值得一提的是,伦敦24%的就业是兼职性质,1995—2001年兼职就业的增长速度高于总就业增长速度。印刷与出版部门的从业人员占伦敦制造业就业总量的36%。据此,伦敦制造业从业人员集聚于一个部门的情况比英国其他地区突出。

二 极具竞争力的文化创意产业

(一)文化创意产业规模

根据英国文化传媒体育部对创意产业的定义,创意产业是指源于个人创造力、技能与才华的活动,这些活动通过知识产权的生成和利用,可以创造财富与就业机会。创意产业包括:广告;建筑;艺术品古玩;工艺品;设计;时装设计;电影与录像;互动休闲软件;音乐、表演艺术;软件与计算机服务;电视与广播[1]。1997年至今,英国整体经济增长了70%,创意产业增长了90%多,其发展速度远快于总体经济。伦敦的创意产业总值占英国创意产业总值的比重非常大,在2000年就达到了24.68%,到2012年上升到49.8%达到最高比重;而伦敦地区增加值占英国的比重基本维持在21%左右水平,可以发现文化创意产业在伦敦的地位要超过伦敦整体经济在英国的地位。创意产业占地区增加值比重也远高于英国整体水平,伦敦的比重几乎都在10%以上,为英国全国平均比重4.8%的2倍(见表5-3)。

表5-3 伦敦创意产业的增长及占英国比重变化(2009—2012年)

		2009	2010	2011	2012
伦敦	增加值总额(亿英镑)	2821	2957	3149	3256
	年均增长率		4.8%	6.5%	3.4%
	创意产业增加值(亿英镑)	297	317	341	346
	年均增长率		6.7%	7.6%	1.5%
	创意产业占比	10.5%	10.7%	10.8%	10.6%

---

[1] 姚永玲:《关于创意产业的几个问题》,《城市问题》2012年第5期,第34-38页。

续表

		2009	2010	2011	2012
英国	增加值总额（亿英镑）	13450	14007	14416	14759
	年均增长率		4.1%	2.9%	2.4%
	创意产业增加值（亿英镑）	633	659	685	727
	年均增长率		4.1%	3.9%	6.2%
	创意产业占比	4.7%	4.7%	4.8%	4.9%
伦敦/英国	创意产业	46.9%	48.1%	49.8%	47.6%
	地区增加值	21.0%	21.1%	21.8%	22.1%

资料来源：依据 Lara Togni. The ereatice indostius in London. QLA Economics working Peper 70. Greater Loodon Aathonty, 2015 计算整理。

（二）文化创意产业结构

伦敦创意产业已经成为仅次于金融服务业的第二大支柱产业[①]。2012年伦敦创意产业增加值达到346亿英镑，占英国创意产业的比重近一半，达47.6%。其中广告与营销、电影、电视、录像、广播和摄像、出版和音乐、表演和可视艺术等行业占全英国的占比都在50%以上，尤其是电影、电视、录像、广播和摄像以及音乐、表演和可视艺术两个行业的比重超过2/3甚至达到3/4（见表5-4）。

表5-4　　　伦敦与英国创意产业增加值构成（2012）

行业	伦敦 GVA（百万英镑）	英国 GVA（百万英镑）	伦敦占比
广告与营销 Advertising and Marketing	3631	6628	54.8%
建筑 Architecture	1349	3302	40.9%
手工艺 Crafts	159	325	48.9%
设计：产品设计、图形设计和时尚设计 Design: product, graphic and fashiondesign	947	2271	41.7%

---

① 洪涓等、刘甦、孙黛等：《北京与伦敦文化创意产业发展比较研究》，《城市问题》2013年第6期。

续表

行业	伦敦 GVA（百万英镑）	英国 GVA（百万英镑）	伦敦占比
电影、电视、录像、广播和摄像 Film, TV, video, radio and photography	8633	13011	66.4%
IT，软件和计算机服务 IT, software and computerservices	10777	30195	35.7%
出版 Publishing	5341	10616	50.3%
博物馆、美术馆与图书馆 Museums, galleries and libraries	601	2214	27.1%
音乐、表演和可视艺术 Music, performing and visualarts	3163	4175	75.8%
合计	34601	72737	47.6%

资料来源：Lara Togni. The ereatice indostius in London. QLA Economics working Peper 70. Greater Loodon Aathonty, 2015.

（三）文化创意产业与文化创意经济

要探讨伦敦创意产业的就业，需要弄清楚一个基本概念：创意产业就业和创意就业。创意经济就业人口有三种类型[①]：第一类，产业和岗位都是创意性质的就业；第二类，非创意产业中的创意岗位就业人口；第三类，创意产业中的非创意岗位就业人口。而构成创意产业就业人口只包括第一类和第二类。创意经济的概念要大于创意产业的内涵，相应地，其就业人口也较创意产业多。根据英国国家统计局的数据（2014），伦敦创意产业的就业人口等于创意产业中的创意岗位 33.2 万加上创意产业中的非创意岗位 24.4 万，总计约 57.6 万，而创意经济的总就业人数则需要在创意产业就业人数的基础上再加上非创意产业中的创意岗位 22 万就业人数，总计可达 79.6 万（见图 5-3）。

---

① ons, Annual Popolation Survey, 2014.

创意产业中的非创意岗位
24.4万就业

创意产业创意岗位
33.2万就业

非创意产业中的创意岗位
22万就业

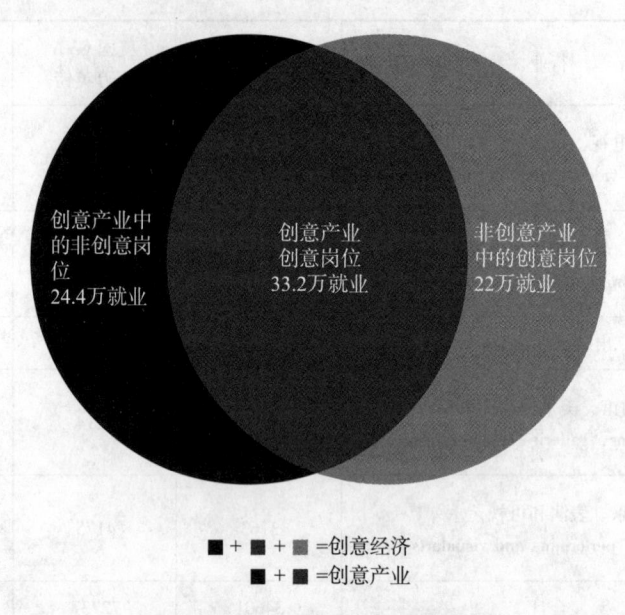

■+■+■=创意经济
■+■=创意产业

图5-3 伦敦创意经济与创意产业的区别与构成（2014）

资料来源：ONS，Annual Population Survey，2014.

伦敦文化产业收入规模较大。创意与文化产业的总收入估计达250亿—290亿英镑。对艺术的商业投资达5290万英镑，信托与基金会的投资达2820万英镑，个人投资1.45亿英镑。2010年伦敦创意经济从业人数为65.8万人。当前英国全部约1100个独立电视制作公司中，近700个（包括几乎所有的大公司）都位于伦敦。伦敦还拥有全国85%以上的时尚设计师，40%以上的出版业从业人员。更为重要的是，伦敦已经成为全球的创意中心，被认为是全球三大广告中心城市之一，三分之二的国际广告公司的欧洲总部都设在伦敦。根据最新的数据，2014年伦敦创意经济贡献伦敦就业比重达到16.3%，相比2011年增长了15.4个百分点，岗位增长到79.58万个，高于金融部门的72.9万个岗位[①]。创意产业的岗位数从2011年的49.7万个，上升到2014年的57.5万个，而创意经济的

---

① Lara Togni. The ereatice indostius in London. QLA Economics working Peper 70. Greater Loodon Aathonty, 2015.

就业岗位上升更快,从 2011 年的 69.0 万,迅速增加到 2014 年的 79.6 万,占所有就业的比重达 16.3%,要远高于英国的 7.4%(见表 5-5)。

表 5-5　　伦敦创意经济与创意产业就业比较(2011—2014)

区域	分类	2011 岗位数(万)	2011 占比(%)	2012 岗位数(万)	2012 占比(%)	2013 岗位数(万)	2013 占比(%)	2014 岗位数(万)	2014 占比(%)
伦敦	岗位和产业都属于创意	29.6	6.7	28.4	6.2	29.1	6.2	33.2	6.8
	创意产业中非创意岗位或未知	20.1	4.5	23.0	5	23.9	5.1	24.4	5
	创意岗位但不属于创意产业或未知	19.2	4.3	19.7	4.3	22.1	4.7	22.1	4.5
	工作和岗位都不属于创意或未知	375.9	84.5	385.7	84.4	393.0	84	407.7	83.7
	亚类:创意产业中的岗位	49.7	11.2	51.3	11.2	53.0	11.3	57.5	11.8
	亚类:创意经济中的岗位	69.0	15.5	71.1	15.6	75.1	16	79.6	16.3
	合计	444.8		456.8		468.1		487.3	
英国其他区域	岗位和产业都属于创意	52.8	2.1	60.6	2.4	59.9	2.3	63.8	2.4
	创意产业中非创意岗位或未知	53.6	2.1	57.2	2.2	58.4	2.2	59.5	2.2
	创意岗位但不属于创意产业或未知	66.8	2.6	66.9	2.6	68.8	2.6	72.5	2.7
	工作和岗位都不属于创意或未知	2394.4	93.3	2391.9	92.8	2420.6	92.8	2457.7	92.6
	亚类:创意产业中的岗位	106.4	4.1	117.8	4.6	118.3	4.5	123.3	4.6
	亚类:创意经济中的岗位	173.2	6.7	184.7	7.2	187.2	7.2	195.8	7.4
	合计	2567.6		2576.6		2607.8		2653.5	

资料来源:ONS, Annual Population Survey, 2014.

三 引领全球文化的城市地位

(一) 丰富的文化资源

伦敦有4项世界文化遗产：格林尼治、威斯敏斯特教堂（英国名人墓地）、伦敦塔和英国皇家植物园；149座纪念碑；143座公园和超过600个的历史广场；200多座博物馆与美术馆，包括数量为巴黎或者纽约两倍的16座国家博物馆；10个全国遗产托管委员会，10个英格兰遗产委员会；拥有1000万件以上的文物，占全英国29%以上的国家珍藏品；480多座体育场馆，游泳池，田径运动场，室内网球中心，滑冰场和人造跑马场；892个保护区；108座剧院和音乐厅，著名的如艾伯特皇家音乐厅（Royal Albert Hall）、皇家音乐厅（Royal Festival Hall）、威格莫音乐厅（Wigmore Hall）；5个世界级的交响乐团，如圣马丁室内乐团（St Martin - in - the - Fields）；2个歌剧院，皇家歌剧院（Royal Opera House）和伦敦歌剧院（London Coliseum）；位于东伦敦和City Fringe全欧洲最大的艺术家集中区域；近400个公共图书馆，如藏有1600万册书和期刊的大英图书馆。

伦敦国家级博物馆有11家，其他博物馆有162家，著名博物馆有30余家，如大英博物馆、国家美术馆、科学博物馆、自然博物馆、军事博物馆、国家海洋博物馆、国家人物肖像画馆，以现代艺术为中心的泰特美术馆、设计博物馆、电影博物馆、伦敦博物馆、伦敦交通博物馆等。大英博物馆（官方称英国国家博物馆）建于18世纪，是世界上最大的博物馆，集中了英国和世界各国许多的古代文物。博物馆内的埃及文物馆，陈列着7万多件古埃及的各种文物；希腊和罗马文物馆，陈列着各种精美的铜器、陶器、瓷器、金币、绘画以及许多古希腊、古罗马的大型石雕；东方文物馆，陈列有大量来自中亚、南亚次大陆、东南亚和远东的文物。馆内还有西亚文物馆、英国文物馆、金币徽章馆、图书绘画馆等。还有世界侦探胜地福尔摩斯博物馆，坐落在贝克街221B号。画廊数量有857家，其中有10家知名艺术馆。除大英博物馆外，伦敦也有许多画廊，如国家美术馆、国家肖像馆、V&A博物馆、泰特艺术馆和多维茨画廊。

伦敦的公共体育馆有219个，内外伦敦分别为67个和152个；游泳池131个，田径运动场33个，室内网球场22个，溜冰场5个，外伦敦的数量都要远多于内伦敦的数量；另外，伦敦有6个顶级足球俱乐部，3个顶级的橄榄球俱乐部和4个板球俱乐部；3个国际顶级体育赛场如Twickenham橄榄球馆，Wimbledon网球场等。

（二）丰富的文化活动

伦敦的艺术、娱乐形式极为丰富。歌剧、音乐剧、古典音乐、摇滚、爵士乐、皇家芭蕾、踢踏舞，应有尽有，而且票价便宜。伦敦剧院有214家，每年剧院观众高达1420万人次，每10万人剧院观众为18000人次。伦敦剧场大体可分为两种，一种是商业性剧院以著名演员演出的著名作家作品为主。最为著名的有国家剧院和皇家莎士比亚剧院。另一种是在小型剧院中可以观赏到一些初出茅庐的作家的创作，剧场气氛轻松愉快。全年音乐演唱会场次达349次，在所有全球城市中仅落后于巴黎和东京。伦敦大型音乐厅有10座，在伦敦欣赏古典音乐会倍感轻松惬意，音乐厅音响效果非常好，音乐会票价却很便宜，每年音乐表演场次为1.7万次，且每年7—9月，伦敦都要举行"古典音乐夏季盛会"，邀请世界著名的指挥家和乐队在皇家艾伯特大厅演出。伦敦有名的音乐厅有伊丽莎白女王音乐厅、艾伯特音乐厅、皇家音乐学院等，其中皇家庆典音乐厅可称为伦敦的顶尖音乐厅。票价以座位及演出者质量而定，大体价格如下：戏剧20英镑，音乐剧30英镑，歌剧或芭蕾60英镑，古典音乐会30英镑，摇滚或爵士乐音乐会25英镑。

传媒。伦敦是全球重要的传媒中心，包括英国广播公司（BBC）和路透社在内的多家电视及广播媒体都在伦敦设立总部，另还有ITV、第四频道（Channel4）和第五频道（Five）等。伦敦金融城的舰队街，是英国报业的集中地，著名的报刊有《泰晤士报》《金融时报》《每日电讯报》《卫报》《观察家报》《周刊》等。

时尚。伦敦是全球最著名的四大时尚城市之一（另有：巴黎、纽约、米兰），世界闻名的哈洛德百货公司就坐落在城中。

音乐。伦敦拥有五个专业的交响乐团：伦敦交响乐团、伦敦爱乐管弦乐团、皇家爱乐管弦乐团、爱乐管弦乐团以及BBC交响乐团。伦敦还拥有举世闻名的皇家大剧院、英国国家剧院和皇家节日厅，以及大量的露天音乐节，如摄政公园的犹太人露天音乐节等。

戏剧。伦敦拥有数十家剧院，主要集中在西区。这其中包括国家剧场、伦敦帕拉斯剧院、阿尔梅迪亚剧院和专门上演莎士比亚戏剧的环球剧场等。（见表5-6）

表5-6　　　　　　伦敦居民参加文化活动状况（2002年）

	伦敦成年人（%）	年参加次数（千）
剧场（Theatre）	43.9	3161
艺术馆/艺术展览（Artgalleries/exhibitions）	34.5	2484
流行音乐/摇滚音乐（Pop/Rock）	22.1	1591
古典音乐（Classicalmusic）	19.0	1368
爵士乐（Jazz）	11.6	835
现代舞（Contemporarydance）	9.0	648
芭蕾舞（Ballet）	8.6	619

注："伦敦成年人"指15岁以上。

资料来源：2001/2002Target Group Index Data，BMR BInternational；Arts Councilof England.

伦敦博物院、档案馆、图书馆每年获得的公共与私人资金支持达5.3亿英镑。伦敦电影产业每年产值达7.36亿英镑。伦敦的影院数为108家，银幕数566张，每百万人影院银幕数为73张（上海仅为28张），影院观众数4160万，电影制作量557部，电影节数量有61个，仅次于巴黎的电影节数量，最著名电影节观众（万人次）达13.2万人次。

（三）全球领先的文化教育与人才培养

伦敦有全球领先的文化教育机构，总数高达57家。其中公立高等文化专业教育机构11家，私立高等文化专业教育机构46家。有全球城市中艺术与设计类最多的在校学生，数量达34920人，还有综合性大学艺术与设计学位课程学生数15745人。伦敦居民用于公共图书馆的年人均花费为20英镑。如，诺丁山嘉年华的收入可以达到9300万英镑。在1998/1999

年度，伦敦接受了大概全英国76%的商业对博物馆和展览馆的捐赠。体育产业创造了47亿英镑的年收入和16亿英镑的年总增加值，大概占整个区域经济的1%。作为世界闻名的旅游休闲城市，伦敦1996年接待的国际游客为1230万人次，国内游客为1290万人次，几近一致，随后的国际游客数基本维持稳定，而国内游客数则迅猛增长到2000年时的1850万人次。随后国际游客和国内游客数量都有所下降，但在2012年国际游客仍高达1521.6万人次，国际游客与本地居民数量的比例高达194.5%，远高于纽约的102.5%和巴黎的52%，以及上海的15%。大量游客为伦敦带来丰厚的收益。1996年，国际游客在伦敦的花费为60.1亿英镑，在2000年时达到最高峰69亿英镑，国际游客的平均每人506英镑的花费量要远高于国内游客的146英镑（见表5-7）。

表5-7　　　　　　　伦敦游客数量及花费（1996—2002年）

	数量（百万）		花费（百万英镑）		平均花费（英镑）	
	海外游客	国内游客	海外游客	国内游客	海外游客	国内游客
1996	12.3	12.9	6007	1633	490	127
1997	12.3	14.4	5993	1768	488	123
1998	12.3	12.3	6298	1848	513	150
1999	13.2	15.5	6708	2066	509	133
2000	13.1	18.5	6901	3070	525	166
2001	11.5	16.9	5845	2995	510	177
2002	11.6	…	5887	…	506	…

注：游客是指在伦敦待一夜及以上的旅游者，为当前价格。

资料来源：International Passenger Survey, Officefor National Statistics；United Kingdom Tourism Survey, sponsored by the National Tourist Boards.

四　21世纪之世界文化首都

在伦敦的文化发展战略中，伦敦被定位为"世界文化首都"（LDA，2004）"全球卓越文化中心"（LDA，2014）。

（一）创意产业发源地：21世纪初的创新战略和文化发展战略

1998年，英国文化、传媒与体育部最早对创意产业做了如下定义：源于个人创造力、技能与才华的活动，而通过知识产权的生成和取用，这些活动可以发挥创造财富与就业的成效。文化、传媒与体育部定义的创意产业主要包括13个产业部门：广告、建筑、艺术品与古董、手工艺、设计、时装设计、电影与录像、互动休闲软件、音乐、表演艺术、出版、软件与计算机服务、电视与广播。2001年，伦敦创意产业的总产出达210亿英镑，约占英国创意产业总产出的1/4。相当于伦敦人均产出2500英镑，而英国的人均产出仅为1280英镑。伦敦创意产业的产出仅次于商业服务业的320亿英镑，超过了其他所有生产产业的产出。2000年，创意产业以52.5万名雇员的就业量排名伦敦各产业第三位，其中包括了在创意产业部门直接就业的人员和在其他产业从事创意型工作的人员（London Innovation Strategy Action Plan）。

2000年出版业从业人员达8.95万人。旅游业从业人员估计达35万人。体育产业大概有5.4万名从业人员。1.4万人在图书馆、博物馆和档案馆从业。估计大约有2.2万人在音乐及相关产业从业。伦敦文化产业的收入是非常丰厚的。创意与文化产业的总收入估计达250亿—290亿英镑。对艺术的商业投资达5290万英镑，信托与基金会的投资达2820万英镑，个人投资1.45亿英镑，在1998/1999年度，伦敦接受了大概全英国76%的商业对博物馆和展览馆的捐赠。伦敦博物院、档案馆、图书馆每年获得的公共与私人资金支持达5.3亿英镑。伦敦电影产业每年产值达7.36亿英镑。2002年赴英国的游客消费额达149亿英镑。如诺丁山嘉年华的收入可以达到9300万英镑。伦敦居民用于公共图书馆的年人均花费为20英镑。体育产业创造了47亿英镑的年收入和16亿英镑的年总增加值，大概占整个区域经济的1%。

（二）创新战略和文化发展战略：打造"酷伦敦"

20世纪80年代，大伦敦管理局被取消，在这期间大伦敦没有相应经济发展战略，直到21世纪初恢复。2003年，伦敦发展局公布了《伦敦创新战略与行动计划（2003—2006）》，其中明确提出了伦敦创新战略的目标：建成"世界领先的知识经济"。针对这一目标，伦敦发展局确定了三个战略重点，每个重点都有若干行动计划加以支撑。其战略重点,一是在伦敦所有组织机构中全面培育创新文化(包括:发扬创新和培育创新者、构建以"知识天使"命名的创新良师益友网络、落实伦敦"青年展望"项目、技能与人员的流动、拟订关键地区和产业部门的创新计划),二是鼓励与帮助伦敦企业实现创新(包括:建议与支持、小企业创新融资、服务于企业的创新中心、企业网络和集群、协同地落实创新政策与措施),三是整合伦敦知识基地资源(包括:贯通获取大专院校指导与支持的渠道、科学园区和孵化器、贯通中小企业与知识基地互通渠道、研究的合作与商业化、种子资本投资与商业化、管理技能)。

文化发展战略:建成具有创造性的世界级优秀文化中心。伦敦市长肯·利文斯通说:"从我当选市长起,我的愿景就是把伦敦建设为榜样式的、可持续发展的世界级城市。而伦敦的文化发展对于实现这一目标至关重要。"继 2003 年 6 月推出文化发展战略草案后,伦敦于 2004 年 4 月终于拟定了城市第一个文化发展战略《伦敦:文化首都(London: Cultural Capital)》。该战略提出要把伦敦建成具有创造性的世界级优秀文化中心,并确立了四个重要目标:发展优秀文化;文化要具备创造性;文化要能被公众接受;文化要体现价值。这些目标必须有文化多样性的支撑,只有保证伦敦的各种社团文化都得以展现,使它们积极融入城市的整个文化生命,才能发展优秀的伦敦文化并保证其质量。

为了推动伦敦的创新与发展,2003 年 3 月,一项旨在把伦敦建设成为"世界知识经济领头羊"的《伦敦创新战略与行动纲要》出台。据称,纲要是要把各个创新主体联合起来支持创新,以此作为推动经济增长的主要动力,创新是经济发展的心脏,它是充分利用集聚在伦敦的各种潜能的关键。

根据战略目标,伦敦发展局确定了三个战略重点,每个重点都有若干行动计划加以支撑。其战略重点,一是在伦敦所有组织机构中全面培育创新文化;二是鼓励与帮助伦敦企业实现创新;三是整合伦敦知识基地资源(见表 5-8)。

表5-8　　　　　　　　伦敦创新战略与举措（2006年）

伦敦远景	三大战略	重点举措
把伦敦建设成为世界领先的知识型城市	在所有伦敦组织机构中培育创新文化	提升创新理念、培育创新人员；构建创新导师网络——知识天使；建立伦敦"青年远见"计划；促进技能与人员的流动；制订主要地区和产业部门的创新计划
	鼓励与帮助伦敦企业实现创新	提供意见和支持；为小企业创新融资；增强企业创新中心服务功能；加强企业网络与集聚；协作落实创新支持
	整合伦敦世界水平的知识基地资源，使伦敦企业受惠	融入高校指导与支持；加强科学园区与孵化器的建设；加强中小企业与知识基地的联系；促进研究合作与成果商业化；促进种子资金融资和商业化；提高管理技能

资料来源：The London Innovation Strategyand Action Plan (2003–2006)。

在纲要出台后，伦敦的创意产业就获得了良好的发展。目前全球超过200家报纸、3500家出版社、1/4知名游戏研发工作室将总部设在伦敦。伦敦因为有着作为历史文化名城的深厚人文积淀，从而迅速崛起为"创意之都"。

第二节　伦敦21世纪"文化大都市"发展战略

2010年11月大伦敦市长颁布第三份文化发展战略规划：《文化大都市——大伦敦市长的文化战略：2012年及以后》。文化战略属于法定的大伦敦八大发展战略之一。该战略认为伦敦仍然是世界上最为重要的文化艺术城市，提出在伦敦作为世界城市的定位里，文化和创意产业起着至关重要的作用，要求文化部门利用奥运会，实施"文化奥林匹克计划"。为此确定了"全球卓越文化中心"等12个重点领域，提出了"增进文化财富和文化多样性"等6条发展思路，出台了"区域文化机构能力建设"等6项政策目标和实施举措。

一 定位与目标

(一)《文化大都市》(2010年版)的城市定位

伦敦作为顶尖的全球城市,同时也是世界文化之都,具有鲜明的文化特质、繁荣的文化产业和强大的文化竞争力。历任伦敦市长都极其关注文化战略规划,先后制定了《文化大都市:市长文化战略的优先责任2009—2012》《通过文化塑造伦敦的公共场所》和《文化大都市2014:市长文化战略的成就与前瞻》,成为支撑伦敦城市文化可持续发展的核心。概括其主要内容包括:保持伦敦世界文化之都地位;拓展伦敦文化的领域;文化教育与技能培训;文化设施、环境和公共领域。

2010年版报告认为伦敦仍然是世界上最为重要的文化艺术城市,报告意识到在伦敦作为世界城市的定位中,文化和创意产业起着至关重要的作用,并主张政府需要持续不断地支持和投资。本轮报告的主要内容有五个部分,第一部分题为维持伦敦文化领域的世界城市地位。概述了伦敦的文化部门的规模和主要特点,并重点介绍了在目前经济条件下面临的最紧迫问题(包括:环境问题、经济发展动力、外伦敦地区的文化发展、伦敦的文化从业人员培训与竞争力、伦敦各区的影院、剧院分布的不均衡等)。第二部分题为拓宽通往卓越的路径。描绘了如何在伦敦市域范围内增加文化提供,以及市民参与存在的主要障碍,以及如何使更多的伦敦人增加享受文化的渠道。第三部分题为教育、技术和职业。阐述了教育和技能的相关内容,以及确保有高质量的教育和技术提供给儿童、青少年以及学生和进入文化部门的职业者。第四部分题为基础设施、环境和公共领域。描绘了如何使伦敦当前的文化硬环境、文化遗产和公共财产得到更好的理解和保护,并提供一套设施能使创意可以尽情发挥创意。第五部分题为文化和2012伦敦。2012年伦敦奥运会和文化部门如何能够推进文化奥林匹克计划,并为女王伊丽莎白奥林匹克公园和更广泛的城市区域留下遗产。

(二)保持伦敦世界文化之都的地位:《文化大都市》(2014年版)的城市文化发展目标

1. 保持伦敦国际文化中心的地位

伦敦是全球文化的动力源和标杆之一。伦敦有着比巴黎更多的博物馆，比纽约更多的剧院，每年举办超过200个节庆活动。伦敦是全球当代艺术和文化创意产业的中心，文化范畴从古典到草根，多元化和兼容性称冠全球。文化已经成为伦敦的核心竞争力之一，维持伦敦文化的全球领先地位是伦敦市政府的战略重点。伦敦文化规划的核心是保持伦敦文化的竞争力、吸引力和创新力，通过良好的环境设施和强大的资金实力，促进文化财产和文化活动持续发展。以市场机制为主，扶持创意产业和项目，繁荣文化市场，推广伦敦的文化产业和品牌以吸引全球受众和资金。

2. 伦敦文化发展所面临的挑战和经济环境

可能对伦敦的世界文化之都地位产生重大影响的长期不确定因素是世界经济形式和结构的根本性转变。同时互联网、电子和数字技术的飞速发展对伦敦的文化创意产业是巨大的挑战和机遇。伦敦市政府的策略是与各种文化机构合作，提升城市对于新的技术、环境和经济挑战的理解和应对能力。大力推广"高科技城市"（Tech City），吸引数字科技类和文化创意类小微企业在伦敦东部形成新兴产业集群。同时伦敦市政府还推广"智慧伦敦"（Smart London），吸引专业人士和学者利用新技术和数据开发各种应用，使伦敦成为更好的生活和工作城市。

3. 向世界推广伦敦

伦敦享誉全球的文化设施每年吸引了数以千万计的海外游客，不仅对经济产生了巨大的效益，更为伦敦的城市形象和品质提供了核心要素。如2007年泰特现代艺术馆（Tate Modern）的参观者超过了500万人次，超过了世界任何一家现代艺术馆。同年大英博物馆（The British Museum）的参观者超过了800万人次。

伦敦的节庆活动也是城市文化的核心要素之一。如2008年的诺丁山嘉年华（Notting Hill Carnival）吸引了超过100万人次的游客。2012年伦敦奥运会期间仅海外游客在伦敦的消费就有约30亿英镑。

伦敦市政府有专门的机构负责伦敦的文化发展，2012年之前伦敦发展局（London Development Agency，LDA）负责伦敦的重要国际节庆活动如伦敦时装周、伦敦电影节等。通过细致的规划、周密的组织和充分的投入，向全球推广伦敦文化正成为强化伦敦国际竞争力的主要途径之一。现在伦敦市政厅全面接管了伦敦发展局的文化职能。

4. 鼓励文化创意产业的发展

文化是伦敦产业升级和吸引海外投资的主要途径之一。其中文化创意产业更是伦敦吸引全球高端人才和投资，保持可持续的国际竞争力的关键。伦敦市政府的策略是设立了推广伦敦委员会（Promote LondonCouncil），通过与各界各行各业的合作，在全世界范围内推广伦敦的文化产业，对伦敦的整体经济带来了积极效果。伦敦文化创意产业的重点在影视、时装、设计等领域。文化创意产业已经成为伦敦经济的支柱之一，吸引了大量的专业人才，输出了高质量的产品和服务。伦敦的文化创意产业在过去二十多年发展迅猛，就业人口超过50万，是为伦敦提供大量就业岗位的主要行业之一，而且未来有潜力创造更多的就业机会。

在过去几年中，伦敦市政府审查和修正阻碍文化发展的政策法规，创造一个轻松和谐的政策环境以鼓励文化发展。政府通过机构调整、资金投入等多方措施，在支持文化创意产业发展方面取得了显著成效。如伦敦市政府对电影产业加大投入，确保伦敦作为欧洲电影产业中心和世界电影产业主要基地。伦敦市政府推动成立了伦敦企业委员会（London Enterprise Panel），其下属的数字、创意、科技小组（Digital, Creative, Scienceand Tech Group）负责协调和沟通伦敦文化创意产业的规划、资金、就业等综合事务。

5. 为文化创意人才提供机遇

能够源源不断地吸引来自全球的人才是伦敦文化创意产业的发展和成功的关键之一。为了保证伦敦文化创意产业的可持续发展，政府与社会组织如创意与文化技能协会（Creative and Cultural Skills）、文化领导力计划（Cultural Leadership Programme）等，以及企业一起，为吸引创意人才提供了多种措施：为在校学生提供职业培训和就业信息；为人才创业提供资金和专业信息；为有志于创意产业的人才提供培训和实习机会；为海外人才在伦敦就业和定居提供信息和帮助。

6. 规划和投入新的文化项目

过去几年的资金紧缩使政府和社会更多地关注已有文化项目。为了更好地推动伦敦文化的发展，伦敦市政府的策略是通过政府支持、规划引导和多方投资，举办更多的项目以促进伦敦的文化、社会和经济发展。因此政府会积极鼓励和支持规划细致、影响良好的文化项目、活动和产业。伦敦文化事务目前主要由伦敦市政厅负责。

虽然英国政府对文化事务的财政资助大幅减少,但是伦敦市政府对于重要的文化事务的财政支持力度不减。如伦敦当前最重要的文化项目之一伦敦博物馆,收藏了超过 100 万件藏品,每年游客超过 60 万人次。其他项目如泰特现代艺术馆等也得到了伦敦市政府的财政重点支持。

7. 吸引公私资金投入文化事业

伦敦文化可持续发展的关键之一就是保障资金投入。政府的公共财政投入是有限的,而且受到全球经济形势的影响,政府的财政支出在削减。社会赞助和捐赠同样受到全球经济不景气的影响而减少。政府的策略是积极鼓励和引导社会和私人资金通过各种形式持续投入文化事业。

因此伦敦文化发展的资金目前主要通过文化创意产业的快速发展吸引全球范围的投资,同时伦敦文化品牌和形象吸引到全球范围内针对文化事业和活动的赞助和捐赠。政府克服财政困难,保持对主要文化活动和行业的启动资金的投入。伦敦的文化组织得到的社会资金自 2011 年以来缓步持续上升。伦敦市政府也在为扶持本地文化创意企业和吸引海外企业而努力。如伦敦市政府鼓励本地企业开拓中东市场,吸引印度电影业来伦敦,这些为伦敦的文化创意产业吸引到了大量的海外投资。

8. 文化的制度化和规范化

伦敦市政府致力于精简政策法规,规范行政流程以扶持文化发展。伦敦市政府努力协调欧盟、英国和伦敦地方的政策法规,行政管理的一致,为伦敦的文化发展提供了一个宽松和有竞争力的环境。如为伦敦每年众多的文化活动和节庆提供快捷的政府行政许可流程,以及适宜的户外集会、停车、配套服务等条件。放宽对街头表演和行为艺术等户外艺术形式的行政许可。放宽海外艺术人士和文化创意人才来伦敦工作、定居、短期停留的签证和出入境管理,并为他们提供便利条件。

二 发展思路与重点领域

(一)《文化大都市》2010 年版

1. 重点领域

《文化大都市——伦敦市长 2009—2012 年的文化重点》主要关注十二个重点发展领域,并在每一领域列举了伦敦市在接下来的 2 年里所要举办的活动。这十二个重点领域分别是：维持伦敦作为全球卓越文化中心的地位；打造面向2012年乃至更久的世界一流文化；加强面向年轻人的艺术与音乐教育；扩大艺术覆盖面，提高艺术参与率；增加外伦敦的文化场所和文化设施；为新人提供发展之路；打造一个充满活力的公共空间；支持草根文化发展；营销伦敦；为创意产业提供有目的性的支持；捍卫文化在各领域中的地位；提高政府对伦敦文化的支持力度。要求文化产业政策实施范围包括：艺术、旅游和体育运动，古迹，伦敦的历史、考古，博物馆和画廊，图书馆，自然的珍宝和古物，广播、电影和其他媒体。

2. 发展思路

从《文化大都市——伦敦市长2009—2012年的文化重点》中可以看到发展文化产业，确立文化城市的重要思路：（1）为了巩固伦敦作为世界之城的角色，应当增加它的文化财富和文化多样性，吸引重要的国际活动，寻求全球性的文化伙伴；（2）增进作为一个多元化和创造性的城市市民在文化认同方面的自豪感；（3）开拓伦敦公共场所，不管是公园、图书馆、街道还是地铁车站，都应该成为人人参与并对城市文化更新做出贡献的场所；（4）通过保证城市的文化生活使所有伦敦人都能够参与并做出贡献，而不仅仅是文化精英的领地；（5）发展旅游战略，以确认文化多样性的重要，使其成为伦敦吸引旅游者的主要特征；（6）在教育领域推动创造性，确保在伦敦成长的年轻人有机会发展他们的创意技能和活力；（7）将创意工业（文化产业）作为催生地方经济发展和社会整合的手段。

（二）《文化大都市》2014年版

1. 消除文化领域中的壁垒

伦敦文化领域的发展壁垒主要体现在三个方面：中心城区与周围地区的文化区域发展不均衡，不同行业的文化领域发展不均衡，不同人群的文化群体发展不均衡。伦敦市政府的策略是鼓励文化机构、政府部门和基金组织协同努力，消除文化领域中的各种壁垒，促进融合。鼓励中心城区周围地区的文化发展，缩小区域差距。鼓励影视、时尚、设计之外的其他文化行业和产业迅速发展，推动文化更全面地发展。扩大文化受众群体，加强文化发展的基础，拓展文化消费的市场。

2. 吸引和培养文化受众

伦敦文化发展的定位是全球文化之都，需要吸引全球范围内的受众，文化品牌和形象得到世界范围内的认可。伦敦市政府的策略是通过与社会组织、行业机构的合作，支持举办高质量的文化活动，吸引来自全世界的观众和参与者。真正做到文化的多元化，不断拓展文化的受众和市场，吸收融合全球范围内的有益文化因素和形式。

3. 交通促进文化发展

伦敦文化的发展与其高水准的公共交通和交通管理密切相关。伦敦市政府的策略是积极改善伦敦交通，为文化发展提供良好的环境。政府致力于不断改善城市交通体系，使之更加安全、舒适、便利、环保、高效。如政府近期的目标是伦敦的地铁系统在周末能够24小时运行。又如伦敦市政府积极推进环伦敦的自行车出行和旅游项目，连接伦敦大部分的文化景点和区域。政府的目标是把交通系统建成促进文化发展的关键设施，同时成为展示伦敦文化的重要环节。

4. 发展与文化相关的服务

如何在财政紧缩的环境下维持甚至提升伦敦的文化水准，是伦敦市政府面临的一个重大问题。政府的策略是鼓励与文化相关的服务业快速发展，以满足人们对生活品质和相关服务的需求。伦敦市政府鼓励伦敦各地区政府通过文化设施联网和强化管理，以提升文化服务和普及，同时精减行政支出。应用高新技术，同样也可以提升文化设施的普及和服务，同时减少开支。此外，将更多的文化设施对公众开放，同时鼓励和吸引志愿者参与服务和管理，既能更好地普及文化，同时也能减少人员和开支。

5. 强化文化的参与和普及

提升本地文化资源的活力是推广和普及文化的一条主要途径。伦敦许多的公立文化设施和场所如大英博物馆等已经免费对公众开放，这对提升大众文化素养有着重要的作用。但是不少文化设施和场所，特别是私人所有的，仍需要收费进入。其中部分费用对大众而言还是不菲的支出。一些文化机构和场所如皇家歌剧院、国家大剧院等，在政府的支持和鼓励下，努力降低收费，普及文化艺术。同时不少剧院、影院还推出了免费的户外放映项目，同步播放剧院、影院内的演出节目，吸引和推广文化。对于行动不便和无法出行的文化爱好者，政府和文化组织提供免费参观券以供他们方便时参观。

6. 推动周围地区的文化发展

伦敦大部分的文化机构和活动都在中心城区，但是60%的伦敦人口居住和生活在中心城区之外的区域。为这些伦敦居民提供匀质的文化服务和推动伦敦范围内更广泛的文化发展是伦敦文化发展的一个重点。其主要途径包括：在中心城区之外的区域提供更多的文化设施，举办更多的文化活动；鼓励和推动这些地区的文化组织和文化产业的发展；组织和吸引更多的游客去这些地区进行文化观光。

7. 支持草根文化

多元化是伦敦文化的鲜明特质。来自市民阶层的平民文化是伦敦文化的一个主要组成部分，也是伦敦文化不断发展和更新的主要动力。许多民间自发形成的非正式的文化艺术形式正是伦敦文化形象的生动代表和体现。鼓励和推动草根文化的发展和融入伦敦城市形象，主要途径包括：鼓励平民文化的表现形式，发展民间文化组织，为民间文化提供表现场所、资金和其他帮助。

三 政策目标与推进举措

（一）政策目标

政策目标1，提升区域文化机构对新技术、环境和经济挑战的理解和应对能力。实施举措：发布绿色创意产业手册，提供有关伦敦商业如何应对环境挑战的实用建议。

政策目标2，在地方、国家和区域各层面推动在文化产业的投资以及商业和个人捐助者等。实施举措：市长应公开地促进为一定数量的文化投资。

政策目标3，支持资本项目，将有助于通过规划政策，宣传和直接投资促进资本的文化，社会和经济生活。实施举措：格林尼治半岛的雷文斯大学为绍斯瓦克的泰特现代美术馆扩建基金提供知识转让孵化作用，重建布里克斯顿市中心。

政策目标4，市长将反对扼杀行业的监管政策，并与各机构密切合作，确保均衡伦敦的文化部门建立监管环境，充分考虑到过度的监管的负面影响。实施举措：哈默史密斯剧院的扩建，将使其能够为更广泛的社区建立一个专门表演艺术的教学和研究中心。与伦敦事件论坛合作，负责审查和安排户外事件，包括街头聚会和游行等。与工业界和监管机构合作，受伦敦的场地和音乐领域审查许可法（2003年）的影响。

政策目标5，通过促进伦敦市政局和公共机构合作伙伴关系，伦敦的文化部门正被逐步市场化，使伦敦能与世界各地的经济利益具有一致性。实施举措：伦敦议会正促成伦敦创意产业国际推广活动的伦敦基金，如伦敦时装周、BFI伦敦电影节和伦敦设计节，战略领先。

政策目标6，确保对伦敦的创意企业和职业人士的支持是高品质的。这包括在适当情况下有针对性的规定，这些规定是合适的主流服务，如伦敦商业联络会。实施举措：主流和具体的业务支持方案，包括商业联络（Business Link）、时尚企业中心、电影伦敦（Film London）等。

（二）实施举措

1. 青少年与文化

高质量的教育对于伦敦文化和文化创意产业的发展至关重要，同时也是伦敦城市竞争力的可持续发展的基础。伦敦市政府的策略是鼓励和引导文化活动吸引青年和儿童参加，以此培养他们对于文化的兴趣。伦敦市政府2013年发布了教育规划，其中特别强调了音乐和艺术的教育培训，同时在学校教育中最大限度地利用伦敦的世界级的文化资源。

伦敦市政府和英国政府合作设立了伦敦优秀学校基金（London Schools Excellence Fund），用以奖励教学优良的学校、课程和教师，同时鼓励学生毕业后在伦敦工作和定居。这个基金促生了一系列针对学生的职业培训计划，其中也包括多个文化艺术和创意产业的培训计划。这些项目帮助教师提升教学水准，同时帮助学生增强就业技能。

伦敦市政府对于学生和年轻人的文化培训体现在多方面。伦敦市最负盛名的青少年文化竞赛是第四基座学校竞赛（The Fourth Plinth Schools Awards）。这项竞赛允许全伦敦的学校和青少年参与，目的是鼓励青少年学习和掌握多种文艺技能如绘画、雕塑、数码影像等。竞赛的所有入围选手将会在市政厅举办公开的才艺表演。2013年该项竞赛共有超过1600名入围选手，他们来自伦敦每一个区。

2. 课外培训

伦敦市政府强化青少年文化培训的另一个重要策略就是制订计划鼓励青少年课外的文化培训。课外学习和培训可以很大程度上缩小不同群体的青少年在学校学习的差距，提升他们的素质和能力。政府鼓励社会组织和团体开办针对青少年的课外补习学校，为青少年提供增强自身学识和能力的机会。

3. 音乐培训

伦敦世界文化之都的一个重要元素就是多样化的音乐，从古典歌剧、交响乐到现代歌舞剧、流行音乐。伦敦市政府针对青少年培训的一个重点就是音乐教育。政府的策略是制定了专门的青少年音乐培训策略，通过计划、建议、演出和培训项目，提升青少年的音乐素养。

2011 年的伦敦第一次音乐教育普查发现总数超过 20 万的青少年接受过乐器培训，其中 75% 以上是在社区接受的学习，但是 90% 的青少年对乐器的掌握只是入门阶段，主要原因是学校和教师数量的不足。伦敦市政府对此高度重视，此后鼓励成立了 6 个社区音乐培训和专业音乐组织的合作项目，得到 25 万英镑的赞助。之后政府设立了一个 200 万英镑的市长音乐基金，专门为青少年学习音乐提供资助。

4. 就业和技能培训

伦敦市政府针对青少年文化培训的政策需要确保是针对实际需求，而且能够产生切实效果的。伦敦在最近金融危机之后的复苏过程中，文化创意产业起到了重要作用，创造了超过 20 万个新增就业岗位。但是文化创意产业也是高度竞争和高技术门槛的行业。因此青少年需要接受更多的专业培训，及时更新自身技能，以应对就业竞争。伦敦市政府的策略是确保针对文化就业和技能的培训能够切实针对伦敦文化创意产业的实际需求。

为青少年创造和提供实习机会和场所是增强他们就业能力的重要途径之一。实习可以为青少年提供学习技能，强化知识，开阔眼界，增加人脉的机遇。通过实习，他们可以获得进入行业的初次机会。伦敦市政府鼓励文化机构、组织和企业为青少年提供更多的实习机会，并提供更多的专业技能岗位给实习生以培训他们切实提升自身能力。同时为实习生提供更好的薪酬和福利，以缩小他们和正式员工之间的薪酬差距。

四 文化设施、环境和公共领域

(一) 文化与城市改造

伦敦市政府明确城市的规划和空间建设需要以鼓励文化发展和繁荣为前提。城市的文化与物质空间密不可分，城市空间的细节如街道、广场、雕像、公园等和各种设施无一不体现了城市文化的品质。政府的策略是确保文创产业成为城市改造和开发规划中的重要环节，同时对当地社区的品质提升有实质性影响。

伦敦市政府推进城市改造的主要理念之一就是通过文化来提升城市品质，优化城市环境，繁荣城市氛围。政府和投资商越来越认识到文化对于城市空间和品质的重要性，与艺术家、设计师、创意组织、文艺社团等密切合作，将文化项目作为城市建设和改造的核心，以此吸引公众的积极参与。这样既提升了项目和城市的品质，同时又保证了公共参与和可持续繁荣。

伦敦市政府对城市的重要地区进行重新规划设计，以期提升城市品质和形象，展示城市文化品质。如对市中心狭窄和交通拥堵的街道进行改造，成为拥有宽阔的人行道和舒适的步行环境的空间。这可以为伦敦每年数以百万计的游客提供良好的环境和深刻的印象。又如，对城市的公共空间进行改造，增强交往、共享、休憩、购物、驻留等多种功能，形成具有文化意义和功能的空间。

(二) 创意空间

伦敦市政府的目标是将住房、改造、环境、经济等重要议题综合处理，以文化为路径贯穿伦敦的发展策略和规划。政府的策略是进行专门的研究和规划，为艺术家提供合适的创作空间和场所。这是为了防止在城市改造和建设过程中，由于物业升值和功能调整，可以作为艺术家创作场所的廉价物业逐步消失。而艺术家的聚集和文化创意产业的发展正是这些地区经济发展和保持活力的关键。伦敦作为全球文化创意产业的中心和视觉艺术的中心，吸引艺术家并让他们发挥各自的才能是关键要素。伦敦市政府在2011年专门邀请艺术家、文化学者以及文化组织、文化创意产业代表，探讨伦敦规划、改造、建设中如何保持文化优先，减少城市改造对文化创意产业和文艺工作者的影响。

伦敦市提供了多种保持城市创意场所的方法。其中之一是为艺术家提供创作场所的专业组织如"顶点工作室"（Acme Studios）与地方政府、开发商合作，通过专项计划，为艺术家提供工作室或创作场所。伦敦市政府的文化部门与经济、建设、商务等部门密切合作，以确保相关政策和规划能够充分考虑和结合伦敦的文化创意空间的需求。

（三）遗产和城市景观

伦敦丰富的历史遗产及其城市景观是城市文化和形象的重要组成部分，它们的价值不仅在于遗产个体，而更重要的是它们所形成的整体风貌和体现的历史积淀。伦敦市政府的策略是不仅通过规划保护伦敦的历史文化遗产，同时希望它们通过规划能被伦敦市民所了解和珍惜。为此政府邀请专家、学者、社会团体、居民等共同商讨城市历史保护策略和规划。

伦敦市许多的文化项目和活动利用城市的历史遗产为基础和重要组成部分。如一项著名的文化创意活动"礼帽游行"（Hatwalk），通过对男女礼帽的回顾和演示，推广了伦敦的时尚设计行业。同时这项活动中，为伦敦的历史名人塑像设计和戴上礼帽。这既宣传了伦敦的历史文化，同时也突出了伦敦的文化创意产业和时尚特色。政府大力支持此类宣传推广伦敦历史文化的项目和活动，鼓励居民和游客发现和了解伦敦的历史、人物和风貌。

（四）公共艺术

伦敦文化发展繁荣的一个重要因素就是公共艺术的蓬勃发展，这也促使伦敦成为全球现代艺术的中心，而且现代艺术与伦敦的文化氛围、城市形象有机融合，相得益彰。政府扶持公共艺术的策略是通过规划和专门项目，鼓励高品质的公共艺术以提升伦敦的城市生活品质。伦敦已成为全球视觉艺术的中心，这很大程度上归功于伦敦众多的艺术人才、著名的艺术院校、高品质的艺术机构和繁荣的艺术市场。伦敦的艺术市场已占全球30%的份额。

英国最大的雕塑竞赛2012年在伦敦的特拉法尔加广场举办。这个竞赛以其高品质、趣味性和争议性闻名，引起媒体和公众的集中关注和广泛讨论。调查显示，超过70%的伦敦市民了解这项竞赛，四分之三的市民赞同在公共空间举办艺术竞赛是对公共空间的有益利用，提升了城市空间的品质，使伦敦更为宜居。这项竞赛十分成功，引发了一系列后继文化活动。其中之一就是将所有竞赛作品举办了一个展览和关于公共艺术的公众研讨会。超过 45000 名观众参观了这个展览，并且和众多知名艺术家和评论家一起热烈讨论了公共艺术的作用和价值。这显示了公共艺术得到了全社会的关注和支持。

（五）节庆和公共空间

伦敦的节庆活动和公共空间密不可分。伦敦每年大量的节庆活动带动了城市活力，推动了社区融合，增强了城市形象，吸引了海外游客。政府的策略是计划资助相当一部分文化节庆和活动，同时鼓励社会各界举办、投资和参与各种文化活动。

例如伦敦市政府在 2011 年支持并赞助了一项关于阿拉伯当代艺术和文化的节庆活动，意在彰显阿拉伯移民对于伦敦的重要性，鼓励他们融入伦敦社会。之后两年，2013 年这项活动再次举行，几乎全部经费来自英国国内和海外的阿拉伯组织赞助。同时活动的组织和举办水准大幅提升，设立了专业的投资和运营团队，举办了超过 50 场的展览、演出、研讨会和系列活动。这给活动举办地、阿拉伯社区和伦敦市都带来了积极的影响。

另一项节庆活动的例子是伦敦市政府推出的"十个文化轨迹"（Ten-CultureTrails）活动，旨在宣传推广伦敦众多的文化项目。这项活动为市民和游客提供了感受和体验伦敦文化精髓的机会，不仅引导他们参观游览伦敦众多的知名景点，还有很多鲜为人知的文化场所。活动中涉及的各景点都备有专门的明信片供游客留念，此外还设计有专门的手机 App 软件供游客下载使用。

（六）文化引导城市空间建设

伦敦的城市空间显示着不同种族、文化、宗教带来的文化多元性和不同时代积淀的历史多样性。伦敦城市物质空间所呈现的文化特色对市民和海外游客有强烈的吸引力。政府的策略是通过文化引导城市规划和建设，对城市进行合理的保护、改造和重建，将文化与城市空间环境有机融合，互相衬托。

伦敦市政府与英国遗产组织（English Heritage）、英国遗产彩票（Heritage Lottery Fund）、伦敦遗产基金（Heritageof London Trust）等多个

文化遗产组织紧密合作，积极发现并更新历史文化遗产的保护方法。同时政府推动保护更多不知名的、地处偏远的历史遗迹和历史建筑。历史建筑和空间保护的重点是为历史遗产提供具有生命力的改造规划。

在保护的同时，伦敦市政府同样认识到城市在不断的发展中，新建筑和空间如何体现时代特征和活力，同时又能与城市历史环境协调融合。城市规划在尊重和保护历史环境的同时，赋予新建筑充分的自由和弹性，以展现伦敦文化的多样性、时尚性和活力。

（七）文化推动社区更新

社区更新需要有地方政府和地方组织的主导，同时吸引有经验的专业人士和社会组织积极参与。多方充分协商讨论后产生综合性的政策和规划以及便利的投资计划，并能协调资金和规划。这些政策规划需要有长远的文化视野，以提升社区建筑、空间、生活品质为主要目标，吸引社区居民的积极参与。社区更新需要有能持续发展的文化内涵，对现有文化设施进行合理改造利用是核心，并重塑本地文化服务体系。

增加文化多元化是社区更新的有益补助，同时要鼓励和增强社区内多元文化、种族和宗教的融合，在此基础上提升本地文化资源的活力。在社区内普及文化教育和培训，提升整体文化素质，强化社区文化特征。

第三节　伦敦文化产业促进政策

一　政策制定理念转变：从公益性到创造财富

英国在全球最早提出"创意产业"概念，也是世界上第一个政府出台政策推动创意产业发展的国家，为创意产业的发展提供了很好的政策框架。政策措施包括：加强组织管理、人才培养、资金支持等方面的机制建设，全面支持文化产品的研发、制作、经销、出口等，逐步建立完整的创意产业财政扶持系统，包括奖励投资、成立风险基金、提供贷款及区域财务论坛等，极大地推动了英国文化创意产业的快速发展。

20世纪80年代前，英国文化政策产生了革命性的改变。在此之前，世界各国的文化政策，其出发点皆大同小异：认为艺术具有教化的功能，精致艺术应该让更多民众认识，以提升国民的素养，促进社会的和谐。80年代，"新公共管理"运动对英国政府产生了巨大影响。政府面对财源之短缺以及民众之抵税行动，不得不效法民间企业，以市场机制来运作。除了在法令、人事方面"松绑"之外，其行政管理之变革尚包括以成果为导向，视民众如市场之顾主，提高政府之行政效率、竞争性与服务质量，以及权力的下放等。当公共行政管理从传统的官僚体制走向企业化时，艺术政策也就不免变得市场导向、以服务经济为宗旨了。

因此，自20世纪80年代起，英国的文化政策出现了迥异于传统文化政策的目标：以创造财富为目的。在这个目标与思维的主导下，文化活动变成了"产品"，观众变成了"消费者"，而政府的艺术补助变成了一种"投资"。艺术界变成了市场，而政府俨然成了大型的艺术企业家，志在经营艺术，创造产值。1982年，大英艺术理事会的高级财务执行员安东尼·费尔德（Anthony Field）表示，艺术理事会补助的剧团将以"最会生财"的团体为优先。1983年，英国媒体理论家尼可拉斯·葛恩汉（Nicholas Garnham）为当时的大伦敦议会（Greater London Council）撰文批评文化政策时指出，过去传统的文化政策都将市场排除在外，但是市场却反映了大部分民众的文化需求。如果政府漠视这主流文化，也就无法了解我们这个时代的文化，更会错失主流文化赋予决策者的挑战与良机。葛恩汉的言论对于后来政府的文化产业投资——例如鼓励以大众兴趣为导向的嘉年华会——有了深远的影响。

由于"新公共管理"强调绩效评量，其影响所及，就是任何政策的推行，都必须仰赖实际而精确的数字来评估其成效。于是，英国的艺术部门便忙于搜集资料，统计、运算与分析，以确保任何中央或地方的文化预算都做有效的运用，并且在经济与社会方面都获得正面的效益。所谓"数字会说话"，而且数字说的话也特别有力。为了证明政府部门投资文化产业的成效，前泰晤士报总编辑威廉·理斯－莫格（William Rees-Mogg）于1985年撰文指出，在1984—1985年间，英国政府在艺术理事会投资了1亿英镑的文化"税金"，回收了25000万英镑，创造了25000个就业机会。

二 管理与扶持政策：建立优质健康的环境

英国政府的创意产业政策，是目前国际上产业架构最完整的文化产业政策。英国的文化创意企业不希望政府干预太多，只希望政府协助建立优质健康的环境，帮助产业的未来发展。

（一）组建新的文化、媒体和体育部，并设立创意产业专门工作组，具体规划和协调文化创意产业的发展

1997年布莱尔政府上台后，创立英国文化、媒体和体育部（Department for Culture, Mediaand Sports, DCMS），内设创意产业工作组（Creative Industries Task Force），大力推进创意产业。在文化、媒体和体育部下设八部分，分别是企业服务局，旅游、图书馆和社区局，创意产业、广播和彩票局，艺术文化局，体育局，战略和公关局，皇家公园署，以及奥林匹克运动委员会。英国文化委员会主要负责海外的文化交流，它不属于文化、传媒和体育部。

（二）规划创意产业蓝图，倡导创意产业的概念，培养公民创意生活与创意环境，发掘大众文化对经济层面的影响力

1998年和2001年，英国文体部（DCMS）两次发表创意产业纲领文件（Creative Industries Mapping Document），提出了创意产业发展战略。如伦敦从最初2004年制定的第一份文化战略规划至今，先后推出了3份战略。2008年公布了第二份文化战略《文化大都市——伦敦市长2009—2012年的文化重点》。2010年发布了第三份文化发展战略规划《文化大都市——大伦敦市长的文化战略：2012年及以后》。

（三）建议各地政府与民间广泛合作，以伙伴关系推动创意产业面临的问题，对创意产业提供补救对策，如保护知识产权、促进文化产品输出、提供从业者教育和训练等

英国文化、媒体和体育部（DCMS）是英国文化创意产业最主要的管理部门和最权威的机构，领导并与英国的其他政府部门、行业组织、研究机构以及下属机构合作，分别负责英国文化创意产业不同方面的管理、促进、协调和发展。

英国文体部DCMS专门实施了"创意产业计划"（Creative Economy Programme）来推动英国文化创意产业的发展，具体包括七个方面，与不同的组织或个人合作实施。

教育与技能培训——英格兰艺术理事会（Arts Council England）；

竞争与知识产权——英国图书馆（British Library）；

技术—英国电影理事会（UK Film Council）；

商务支持与融资——NESTA；

多样化——Rich Mix；

组织架构——建筑与环境委员会；

证据与分析——Paula Crofts 先生，DCMS 首席经济学家。

特别需要指出的是 NESTA—国家科技与文化基金（National Endowmentfor Science, Technology and the Arts），由 DCMS 在 1998 年设立，其资金来自国家的彩票收入，主要用于奖励那些拥有出色创意的人以及他们的创意。NESTA 是英国文化创意产业重要的投资者，尤其关注那些科技与文化相结合的项目。

（四）激发企业参与文化艺术的积极性

为了激发企业参与文化艺术的积极性，英国制定了相应的政策，如"激励企业资助艺术计划"。根据此计划，将企业或私人对艺术活动的投资分为"捐赠"和"资助"两类，捐赠可以享受相应的免税优惠，对于资助，政府则采取"共同投入制"，即政府和企业按照 1∶1 的比例共同出资。

（五）为文化创意产业提供融资支持

英国政府出版了"Banking on a hit"手册，指导相关企业或个人如何从金融机构或政府部门获得投资援助，英国政府还与行业共同推动成立了众多基金，建立政府、银行和行业基金及创意产业之间紧密联系的融资网络，帮助创意产业解决最初的融资困难。另外，在政府融资支持下，英国的私人资金也为创意产业的发展提供了重要融资来源，使银行贷款和私人基金成为英国创意产业融资的主渠道。

目前英国政府对创意企业的资金扶持主要采用两种方式：一是提供信息支撑，为企业提供各地文化创意资金支持的相关机构。二是通过英国科学、技术及艺术基金会为具有创新点子的个人提供发展资金等。

英国文化、媒体与体育部也曾经进行有关资金的研究计划，如针对英国的唱片业者的资金来源做调查，并提供各地可供给创意产业者资金的机构联络方式，指导相关企业或个人如何从金融机构或政府部门获得投资援助。

（六）合理分配和使用文化资金

英国文化发展的资金来源主要是各级政府的文化拨款，以及文化基金会提供的文化投资,此外,彩票发行是英国文化发展的重要资金来源。英国政府文化投资的领域非常明确,且在公共文化和文化产业的投资中,其比重明显倾向于公益性文化。从伦敦市政府2002年的文化投资来看,纯艺术3.2亿英镑,图书馆2.9亿英镑,博物馆2.2亿英镑,公园1.4亿英镑,而电影和旅游则分别是3000万和1000万英镑。也就是说,政府的文化资金主要投向了博物馆、图书馆、公园和艺术,至于电影和旅游等行业,虽然是文化发展的重要组成部分,但其重要性在于资金的产出而不是需要资金的扶持。因此,它们在资金上获得政府的资助与博物馆、图书馆等相比差距惊人,政府对这些文化产业的支持主要体现在政策等方面。

(七)通过外交、对外文化交流以及贸易等手段扩大英国文化在海外的影响,加大国际知识产权的保护力度,重点支持海外市场的开发和文化产品的出口

英国政府为推动文化产品出口,成立了创意产业输出顾问团,对创意产业的发展提供咨询建议,并就促进创意产品出口、打造英国文化产业品牌等提供政策意见。在政府政策扶持下,2006年英国创意产品出口总额达160亿英镑,占当年英国货物和服务贸易出口总额的4.3%。创意产品的国际化帮助英国打造了许多世界级文化产品品牌,如享誉全球的"哈利·波特"系列文化产品等。

(八)伦敦的文化产业政策

伦敦政府充分认识到创意产业对英国文化发展的重要性,除了利用上述英国产业方面的政策以外,还针对目前伦敦创意产业的薄弱环节制定了相关的发展策略。

(1)为了巩固伦敦作为世界之城的角色,应当增加它的文化财富和文化多样性,吸引重要的国际活动,寻求全球性的文化伙伴;

(2)增进作为一个多元化和创造性的城市市民在文化认同方面的自豪感;

(3)开拓伦敦公共场所,不管是公园、图书馆、街道还是地铁车站,都应该成为人人参与并对城市文化更新做出贡献的场所;

(4)通过保证城市的文化生活使所有伦敦人都能够参与并做出贡献,而不仅仅是文化精英的领地;

(5) 发展旅游战略，以确认文化多样性的重要，使其成为伦敦吸引旅游者的主要特征；

(6) 在教育领域推动创造性，确保在伦敦成长的年轻人有机会发展他们的创意技能和活力；

(7) 将创意工业（文化产业）作为催生地方经济发展和社会整合的手段。

三 政策创新：文化核心与融合战略

从世界工业到金融中心，在最近几十年里，伦敦又转型升级为全球的文化中心和创意中心：为全球三个广告产业中心之一，也是全球最繁忙的电影制作中心之一，同时又被称为"国际设计之都"，拥有世界一流的教育和设计机构，构建起了国际上架构最完整的文化产业政策。

（一）推动文化发展战略与城市整体发展战略的融合

伦敦市长为英国的首都发展制定了一系列包括经济、环境、交通和社会的整体规划，这个规划的最终版本将于2011年发布，为伦敦这个创新型巨型城市的战略目标定位是"模范的可持续发展世界级城市"。而文化战略属于法定的大伦敦八大战略（《经济发展战略》《空间战略》《交通战略》《文化战略》《城市噪声战略》《空气质量战略》《市政废物管理战略》和《生物多样性战略》），整个伦敦发展战略是把伦敦打造成为非常热情以及包容的城市，而文化发展战略是要推动伦敦成为一个创造和创新的城市，让伦敦成为更能生活、工作和学习的地点。同时将文化战略与其他各个战略规划结合，通过推动伦敦市长办公室与其他机构项目发展署、伦敦交通署等紧密合作，共同推动文化创意产业的发展。

（二）确立"世界文化中心"的城市文化发展战略定位

伦敦是世界上文化、艺术和知识最为集中和闪耀的中心城市，有经过数世纪和跨越整个国家的艺术品和历史文物、建筑等，引领全球文化发展方向，吸引着全世界最好和最有效的艺术天才、时装、电影、设计、音乐和戏剧家等。为了推动文化创意产业的进一步发展，2004年伦敦发布第一份文化战略——《伦敦：文化之都》，2008年伦敦发布第二份文化战略草案——《文化大都市——伦敦市长2009—2012年的文化重点》，

2010年推出第三个文化战略草案——《文化大都市区——2012年及以后》。这些战略规划的共同目标是，使伦敦的文化具备：多样性，满足各市民群体不同文化需求；创造性，以文化创新作为城市发展的动力核心；参与性，市民人人有机会参与文化活动；价值性，从伦敦市文化资源中获取最大价值。其中，最为重要的是"卓越性"，即推动伦敦成为21世纪世界的文化中心："卓越的创新文化国际中心。"

（三）确定文化创意产业为城市核心产业

20世纪末，伦敦消费的增长和休闲时间的增加成为文化和创意产业发展的沃土，《伦敦市长文化战略》认识到了文化和创意部门在推动伦敦作为世界城市的作用，市政府不失时机地提出当时世界上最完整的文化产业政策：大伦敦市政府（GLA）决定把创意产业作为自己的核心产业来经营，强调减少政府干预，建立了一整套市长和市政府指导下的合作原则，保证文化产业中充足有序的金融支持，也保证伦敦文化产业的不断发展。

（四）组建"伦敦文化战略特别工作组"牵头的多文化部门合作体系

《伦敦文化战略》是市长实现他的文化主张及目标的最主要的手段。此外，市长还针对文化战略的发展成立了一个顾问小组——"伦敦文化战略特别工作组"，人数最多时由25人组成，成员从各类文化部门或机构中抽选出来。伦敦文化战略特别工作组每年举行一次开放的讨论会，邀请部门代表和公众代表参加，市长与区领导、政治家也有常规对话，把地方上的重要文化事务提上议程。除了伦敦文化战略特别工作组以外，还有许多这样的团体和合作机构参与建立统一平台，为伦敦提供战略性的支持。这些团体包括：伦敦居住地合作团体、伦敦"2012文化奥林匹亚"理事会、市文化规划集团、总康乐事务主任协会（CLOA）、伦敦文化进步计划（LCIP）等。这些团队的通力合作保证工作的方案同战略目标在不同领域中都能保持步调一致，而文化部门的利益也能在更大范围的政策方案及伦敦政府各种层次的投资项目中得到合适的体现。

（五）推动城市更新与城市文化发展融合

推动物质环境和文化氛围之间紧密的关联，在城市公共领域的建设和规划中持续地提倡文化的重要性非常关键。"伦敦规划"作为市长的城市空间战略，秉承了这样的目标，提出文化在城市发展中的战略地位，明确指出持续保护伦敦的建成环境，包括地标性建筑，以及那些充满伦敦特色的邻里社区。因此，在伦敦整体文化框架内，伦敦在城市建设过程中，努力将自然环境与人们的建筑环境结合起来，譬如伦敦的一些美术馆、博物馆以及剧场都很好地体现了这一点。此外，政府还大力支持"室外伦敦计划"（London's Great Outdoors）类似的城市设计，以及诸如"优街计划"（Better Streets）和"绿色空间与水体提升计划（Better Green and Water Spaces）"等项目，旨在促进伦敦公共空间的改进，使城市空间更具活力。

（六）拓宽文化工作的领域，实施引领世界文化发展方向的项目

高质量的公共艺术和文化活动可以提升城市的空间品质，大伦敦政府将文化活动作为促进经济发展的重要工作之一，不断举办高质量的公共艺术活动。如，根据建筑和设计行业在英国的重要定位，伦敦支持了伦敦建筑节和伦敦设计节两个大的节日，不仅仅是为了展示伦敦的建筑或者是设计方面的成就，更重要的是要展示伦敦作为一个世界领先的环境城市的理念，并吸引大家关注伦敦的自然环境与建筑环境的结合。再如伦敦的阿可拉剧院，伦敦市长办公室和伦敦发展署都给予了很大的支持，打造了世界上第一个碳中性也就是零排放的剧院，希望能够在打造伦敦绿色文化引领世界绿色文化上起到重要的作用。

（七）吸引公众的参与，并强化文化的教育培训

公众对城市历史保护的理解和参与也很重要。为此，伦敦市长敦促地区性的资助机构与伦敦外围的文化部门合作，敦促本地政府加强文化服务的质量，嘉奖那些加强文化普及性的创意，鼓励免费的文化事件，并致力于"伦敦卡"的开发，旨在促进市民更多地参与文化活动。再如，伦敦政府在遗产保护部门的支持下确立举办"伦敦故事节"，为各种学院机构提供渠道展示它们的历史和收藏，也鼓励伦敦市民更好地享受和了解城市的历史。

与此同时，文化对于伦敦年轻人的发展尤其重要。普及文化教育并非仅仅依靠成立更多的组织或者增加政府项目就能解决的问题，需通过新的战略，以更好地连接现有的项目和活动，建立文化研究部门、学校

和政府之间的联系,以及更好地宣传高质量文化服务。伦敦的许多高等教育机构凭借实力吸引了来自世界各国的学生,而这些学生则为伦敦的创意产业发展提供了智力之源。如,在大伦敦政府的协助下,大力支持伦敦大学的发展,使学校的知识更加开放,并为学生提供更高质量的实践机会,使他们成为伦敦文化发展的中坚力量。

(八)解决中心城区和郊区之间文化发展的不均衡分布

伦敦发现,导致市区与郊区文化活力差异(主要衡量文化艺术设施、创意人士就业和市民文化活动参与率)的主要原因,并不在于设施品质或缺乏投资,而在于公共交通网络不完善和自驾路线标示不清所导致的出行不便。规划拟通过投入新型公交车吸引人们更多使用公交车出行,同时在周末增加往返中心城区与郊区间的公交车、轨道交通班次来提高市郊文化活力。

(九)提出"绿色创意产业手册"方案

认为文化创意产业的耗能和碳排放占比虽然并不突出,但是作为公众关注度很高的产业,在绿色发展方面具有重要的示范性价值。为此陆续出台"绿色音乐""绿色电影""绿色戏剧",以及视觉艺术、时装、旅游等行业的绿色手册,指导行业减排。目前,剧院行业通过更换LED灯,电影制作行业通过更多使用室内布景,博物馆行业通过竞争绿色奖项,已取得示范效果。

(十)文化创意需要商务服务和专业孵化

调研发现大量著名时尚设计人才虽师出伦敦,但往往在纽约、米兰和巴黎等其他城市成就事业。为此,伦敦提出以"时尚企业中心"为代表,为创意人才与项目打造全方位、全过程的孵化器。通过提供创业培训、工作空间、商业顾问和向时尚圈举荐,来培养创意人才的企业家素养,孵化时尚新秀与项目。

总体而言,伦敦的文化创意产业发展政策取得了很好的效果。2007年,伦敦的国内国际旅游人数达2680万,其中国际旅游人数达到1530万,使伦敦成为全球每年吸引旅游参观者最多的城市,相当于纽约和巴黎两城市的总和。伦敦的商业性创意部门对伦敦经济也贡献了巨大的能量,根据2010年GLA公布的官方数据,2007年有38.6万人就业于伦敦文化创意部门,加上间接就业于文化创意部门的 41.1 万人，总共达到 79.7 万，文化创意产业的总增加值达到了 185.45 亿英镑。成为名副其实的世界文化方向的引领者和世界文化的交流汇聚中心城市。

四 伦敦文化创意空间管理

最早提出并推动城市创新发展战略的是英国伦敦，开始于英国政府 1998 年提出的"创新驱动型经济"。此后，伦敦早在 2002 年即提出伦敦《创新战略与行动计划》，此后，为推动伦敦的创新发展，伦敦发展管理局（LDA）制定了一系列跟进的发展战略，并相应成立了若干与城市创新发展相关的管理机构，其中伦敦创意空间管理局（London Creative Space Agency）于 2006 年成立。伦敦创意空间管理局作为伦敦发展管理局的下属机构，专门负责伦敦创新创意空间的管理，有效地推动了伦敦城市创意空间的开发与管理。

（一）创意空间专门管理机构设立背景

1. 伦敦创意产业的飞速发展

英国在 20 世纪 90 年代后，整个经济增长速度不断下降，为了寻找城市新的发展动力，英国政府于 1998 年提出建设"创新驱动型经济"，随即伦敦于 2002 年提出伦敦《创新战略与行动计划》。在政府的大力推动下，伦敦创意产业取得了快速发展。到 2008 年，伦敦创意岗位就业人数达到 64 万，比 1994 年增加了近 1 倍。2010 年，伦敦创意产业的产值超过了 210 亿英镑，根据伦敦投资局（2010）预测，到 2012 年伦敦奥运会时，伦敦创意产业产值将超过 300 亿英镑，并超越金融行业成为伦敦第一产业。为了推动和管理文化创意产业的发展，伦敦成立了文化产业发展管理局。

2. 缺乏创意空间管理专门机构

与多数发展中国家的城市一样，伦敦城市空间的管理也经历了一个从无序到有序管理的过程。为了推动城市空间发展的有序和可持续化，伦敦管理当局于 1970 年专门成立了伦敦城市空间管理局（Urban Space Management）。伦敦城市空间管理局最初设立的目的是推动那些衰退地区和低水平利用空间的经济化更新，以用于零售、工作室和社区使用，其方法包括对开发中土地的过渡性使用。作为一个咨询、开发、管理和投资全方位服务的机构,与中央和地方政府以及英国范围内的建筑商和开发机构一起推动地方的城市更新。从70年代成立至今,其除了提供咨询服务外,共推动了超过40个项目的更新。

在创意产业快速发展的过程中,伦敦当局发现创意产业不断变换的空间格局在对城市空间的转型起到极大的推动作用的同时,创意产业对空间的需求的不确定性增加了创意空间管理的难度。在这样的背景下,为了更好地管理好城市创意空间,改善当前的城市空间管理机构和管理方法不能完全解决创意产业发展需求的状况,成立了新的城市创意空间管理机构——伦敦创意空间管理局。

(二)创意空间管理局的目标与作用

1. 创意空间管理局的成立

创意空间管理局是一个革新的服务机构,由英国(伦敦)艺术委员会(Arts Council England)和伦敦发展署(London Development Agency)提供资助于2006年成立。并由城市空间管理局(Urban Space Management)和文化产业发展局(the Cultural Industries Development Agency, CIDA)联合运营。

设立之初的主要目的是政府希望创意空间管理局的相关服务,能为空置房屋的业主和创意专业人员搭建沟通的桥梁,从而在伦敦寻找可用于工作、展览、表演或彩排的潜在可用空间。

2. 创意空间管理局的运营

创意空间管理局(2006—2008)是一个由文化产业发展局和城市空间管理部门联合资助所诞生的一个机构。文化产业发展局和城市空间管理部门联手促成创意人才和房屋所有者之间的互动和交流,以满足他们各自不同的需求,即一方需要空间,一方出售或出租空间。这可在创意空间管理局一些成功的研究案例和一本实用指南(指导人们如何寻找创意空间)中获得大量的案例细节。

3. 创意空间管理局的目标

发布于2006年7月的创意空间管理局的目标——倡导对空置建筑的短暂利用。即通过为房屋业主或其代理人与需要空间的创新人才和组织建立沟通桥梁,从而确保空置房屋的暂时利用。

创意空间管理局提供的服务包括:一张不断更新的伦敦可资利用空

置房屋的清单和便于使用的明细表以帮助人们在其创意空间之外获得更多的事实信息。因此，创意空间管理局的一个主要任务是推动伦敦城市空间管理局和伦敦文化产业发展局的通力合作。

在这个合作框架中，伦敦城市空间管理局的角色是直接联系有意向将闲置房屋用于创意空间的物业业主，并与他们签约成为"空间合作方"，同时在他们制定闲置房屋的暂时使用条款时提供合理框架性的建议，以及让空置房屋的业主直接与那些经过文化产业发展局筛选的创意组织联系。而文化产业发展局将会不间断地对闲置房屋进行维护以供创意人员居住和使用。

4. 创意空间管理局的作用

通常而言，创意企业虽然不能够支付全部的市场租金，但是它们对空置房屋的使用仍能给业主带来诸多有益之处，其中包括：闲置资源在改造之前的利用；对于业主是很好的公关机会；给予了空置房屋的未来发展一个积极信息——艺术活动能为建筑添彩；有助于"地标制造"——让一些地方在地图上显示。虽然不是所有的地方和全部的业主都能享受以上所列的优势，但是对于公有和私有部门的物业业主来说，目前正在探讨的企业社会责任的议题和从公众与房产市场视角阐述的对于空置房屋的负面新闻报道正在直接影响着他们的形象和行为。

（三）创意空间管理局的举措

1. 协助文化产业发展局开展工作

创意空间管理局作为文化产业发展局与城市空间管理局的联合运营机构，成为文化产业发展局推动创意产业发展很好的帮手。由于文化产业发展局通过其所涵盖的服务：信息提供、商业支持、专业规划培训、提供沟通和展示创意的平台以及创造新岗位，帮助了数以千计的创意个人、公司和艺术机构。因此创意空间管理局能够为任何一个创意人员、公司或是艺术机构提供实际的帮助。包括以下几个方面。

（1）发布信息：在创意空间管理局的网站和定期的电子报上刊登最新的创新事件，提供一个接触最新创意的渠道。

（2）商业支持和专业规划：借助专业顾问和产业专家，给创意空间管理局的培训课程提供实际指导。

(3) 沟通和展示的机会：通过创意空间管理局举办的活动聚集创意人才，分享知识，构筑联系渠道，让更多新的市场和陌生的观众接触到创新人士的作品。

(4) 文化出品和授权：创意空间管理局与领先的组织机构建立了新兴的合作伙伴关系，如东伦敦设计展、伦敦城市大学和 BBC 伦敦，从而更好地实施人才战略：培养人才、授予资格和持续发展。

2. 展示伦敦各区的创业创意发展计划

创意空间管理局为普通老百姓和政府间搭建了一个很好的联通渠道，能很好帮助政府特别是文化产业发展局开展工作。比如，当前创意空间管理局向创业者推荐了"创新企业家商业计划"，创新企业家商业计划由文化产业发展局运作，陶尔哈姆莱茨地方政府资助。该计划旨在为参与者提供机会，实现他们的从想法到商业计划草案的设想。

该计划提供 5 天的培训计划：前四天密集培训，首席专家们将会讲授有关商业计划、市场营销、展示以及广告促销的课程；第五天举办一个主题为"新一代创业者"的人气聚会，现场有一组年轻的成功创业者探讨他们是如何将梦想变为现实的。现场的参与者有机会向成功小组推销或是展示他们的想法或商业理念，而一个推销或展示成功的幸运儿将会获得 500 英镑作为自己创业之旅的启动资金。对于居住或是工作在陶尔哈姆莱茨的人们，创意企业家计划完全是免费的。而下一次项目的信息，网站会进行实时更新的通知。

3. 基金资助

伦敦创意空间管理局资助和批准的创意均考虑了当地艺术家或是当地艺术组织的利益。到目前为止，伦敦创意空间管理局已经资助了 92 项与创意相关的活动，主要包括：观众拓展（1 项），即英格兰艺术委员会——观众聚焦基金；奖励（8 项），如明斯特伯爵夫人音乐信托及 Leverhulme 信托艺术组合等；BME（1 项），Calouste Gulbenkian 基金；资本融资（7 项），如漫画救济补助金和土地援助团体等；慈善（16），如建筑业和地产业慈善团体（CRASH）与 Paul Hamlyn 基金会教学计划等；社区艺术（24 项），如 Alec Dickson 信托和 Calleva 基金会；核心资助（1 项），如乡村首都伦敦孵化器计划；创意产业（2 项），如微型商业启动基金；舞蹈（2 项），如 Lisa Ullmann 旅行学者基金等；残疾人艺术（5

项），如 Calouste Gulbenkian 基金会等；教育（12 项），如教育捐助基金会和平等慈善基金会等；环境（7 项），社区植树计划和女王伊丽莎白二世田野挑战计划等；欧盟（1 项），如 2007 欧盟多媒体计划；电影及新媒体（4 项），如多媒体"121 视听"计划等；政府（4 项），如商业发展基金等；卫生与艺术（4 项），如心脏健康捐助基金等；文化遗产（9 项），如 WREN 文化遗产保护基金等；个人（4 项），如 Alec Dickson 信托基金；国际（9 项），如欧洲青年基金会等；文学（2 项），如 MSE 慈善会等；主要基金团体（7 项），如居民健康信托基金小额捐助计划等；多维艺术（14 项），如 Andrew Lloyd Webber 3200 万艺术基金会等；音乐（9 项），如青年音乐艺术家奖等；老年人（5 项），如 Percy Bilton 慈善基金会；奥运会（1 项），即 2012 变动地区捐助基金；表演艺术（4 项），如 BBC 表演艺术基金和 Fidelio 信托捐赠计划等；研究（2 项），如 ESRC 联动社区项目等；科学与艺术（2 项），如 2011 PRISM 捐赠基金会和友好信托艺术奖等；培训（1 项），如 MSE 慈善会；视觉艺术（6 项），如 B&Q 废品捐助计划和 FLAMIN 生产计划等；弱势群体（21 项）：Alec Dickson 信托基金和欧洲青年基金会等；青年艺术（26 项），如 Ernest Cook 基金和希尔顿社区基金会等。

第四节 "欧洲文化之都"计划

"欧洲文化之都"也称为欧洲文化首都，是欧盟发起，授予经过激烈竞争而被挑选的欧洲文化城市的一个荣誉称号，前身是欧洲文化城市。自 1985 年开始以来，每年都有一两座城市荣获这个称号，在享受称号的一年中，该市不仅有机会展示本市、本地区具有象征性的文化亮点、文化遗产和文化领域的发展与创新，而且吸引欧盟其他成员国的艺术家、表演家到该市表演和展出。这些城市也利用文化之都之际彻底改造自己的文化基地和设施。通过举办文化之都活动，扩大了这些城市的知名度，吸引了更多的游客，促进了文化旅游业的发展，同时吸引了新的投资，也提高了就业率。更重要的是，它把欧洲人紧密地连在一起。20 年的实践证明，这一活动的影响力无论对于获得称号的城市还是整个欧洲都是巨大的。"欧洲文化之都"计划自实施以来，已经成功塑造了众多的欧洲明星城市，这些城市利用此契机彻底改造自己的文化基地和设施，通过举办文化之都活动扩大城市知名度，促进了文化旅游业的发展；同时吸引了新的投资，促进城市产业的升级和改造。最重要的是，欧盟"欧洲文化之都"计划将欧洲人通过文化紧密地凝聚在了一起。"欧洲文化之都"已经成为欧盟最成功和最受欢迎的一项活动。

一　历史演变

（一）历史

欧盟的"欧洲文化之都"（European Capital of Culture，亦称"欧洲文化首都"，缩写"ECOC"）计划是 1983 年 12 月由原希腊文化部部长 Melina Mercouri 邀请当时欧共体各国文化部部长于雅典聚会时提出，旨在通过该计划使欧盟成员国交流与分享不同国家的文化，拉近欧洲人民的关系，形成具有多元文化特色的"欧洲共识"。

"欧洲文化之都"提案于 1985 年正式实施，该计划的实施过程可分为两个大的阶段，即 1985—2004 年的第一阶段；以及 2005—2019 年的第二阶段。其中，第二阶段被纳入欧共体文化合作行动计划"Culture2000"架构之下。

（二）演变

"欧洲文化之都"这一活动始于 1985 年 6 月 13 日。当时的欧共体部长理事会根据希腊文化部部长 Melina Mercouri 的提议而决定举办的。那时的欧洲还处在被冷战分割的时代，两个阵营里的人们交流还相当困难。这一活动的宗旨是用文化作为桥梁，把欧洲人连接在一起。宣扬欧洲共同文化价值，让民众广泛参与，促进欧盟成员国及城市之间文化交流，体现欧洲多语言特性，宣传欧洲文化的多样性和整体性，并鼓励欧洲文化与世界其他文化的对话。最初活动的名称是"欧洲文化之城"。这一名称用到 1998 年，于 1999 年更名为"欧洲文化之都"。第一届"欧洲文化之城"选定在希腊雅典举行。目前已将举办国排列到 2020 年，基本上是每年从东、西欧国家中各选出一个城市来共同举办。其中 2000 年有 9 座城市被选为"欧洲文化之都"。（见表 5-9）

表 5–9　　　　　　　　历年的"欧洲文化之都"

年份	国家	城市
1985	希腊	雅典
1986	意大利	佛罗伦萨
1987	荷兰	阿姆斯特丹
1988	西德	西柏林
1989	法国	巴黎
1990	英国	格拉斯哥
1991	爱尔兰	都柏林
1992	西班牙	马德里
1993	比利时	安特卫普
1994	葡萄牙	里斯本
1995	卢森堡	卢森堡
1996	丹麦	哥本哈根
1997	希腊	萨洛尼卡
1998	瑞典	斯德哥尔摩
1999	德国	魏玛
2000	冰岛、挪威、芬兰、比利时、捷克、波兰、西班牙、法国、意大利	雷克雅未克、卑尔根、赫尔辛基、布鲁塞尔、布拉格、克拉科夫、圣地亚哥—德孔波斯特拉、阿维侬、博洛尼亚
2001	荷兰、葡萄牙	鹿特丹、波尔图
2002	比利时、西班牙	布鲁日、萨拉曼卡
2003	奥地利	格拉茨
2004	意大利、法国	热那亚、里尔
2005	爱尔兰	科克
2006	希腊	帕特雷
2007	卢森堡、罗马尼亚	卢森堡、锡比乌
2008	英国、挪威	利物浦、斯塔万格
2009	立陶宛、奥地利	维尔纽斯、林茨
2010	德国、匈牙利、土耳其	埃森、佩奇、伊斯坦布尔
2011	芬兰、爱沙尼亚	图尔库、塔林
2012	葡萄牙、斯洛文尼亚	吉马良斯、马里博尔
2013	法国、斯洛伐克	马赛、科希策

续表

年份	国家	城市
2014	瑞典、拉脱维亚	于默奥、里加
2015	比利时、捷克	蒙斯、比尔森
2016	西班牙、波兰	圣塞瓦斯蒂安、弗罗茨瓦夫
2017	丹麦、塞浦路斯	奥胡斯、帕福斯
2018	荷兰、马耳他	莱瓦顿、瓦莱塔
2019	意大利、保加利亚	
2020	罗马尼亚、塞尔维亚、爱尔兰	

二 实施选拔

(一) 实施

"欧洲文化之都"的评选必须依照固定的民主程序：即欧盟成员国每年向欧洲议会、部长理事会、欧盟执委会及区域委员会提名一个或数个次年"欧洲文化之都"的候选城市，同时还必须提出一个符合欧盟文化合作精神的文化发展计划。候选城市名单由执委会特别小组在参考欧洲议会提案后加以审核，最后由部长理事会参考执委会提出来年的"欧洲文化之都"。如果"欧洲文化之都"的所在国不是欧盟成员国，则需要欧盟部长理事会全体通过才可获选。第一届"欧洲文化之都"是希腊雅典。

"欧洲文化之都"的评选大致历时6年，在评选后期，"欧洲监理委员会"（专家由欧盟任命）发挥了很大作用，其协助、监督和指导被选城市制订一个详细的活动计划，并确保该计划充分体现"欧洲范畴"（即"全欧意识"，既要突出欧洲文化的多样性，又要体现其共性）的影响力，特别要充分体现文化的附加值；同时，敦促每个文化之都尽力达成下列目标：促进艺术活动的发展；鼓励文化领域的跨越国界合作；保证文化艺术人才的自由流动；利用多媒体或多语言发展亲民艺术；鼓励欧洲文化与非欧洲文化的交流；发掘和保护文化遗迹；提升城市生活质量。

在选举"欧洲文化之都"的过程中，欧盟十分注重参选城市的文化特色，除选出雅典、巴黎等拥有高度文化艺术成就的大都市外，还有西班牙的萨拉曼卡（Salamanca）、奥地利的格拉兹（Graz）等一些名不见经传的小城市，往往因为其独到的文化特色及其详密的文化发展计划而当选成为"欧洲文化之都"。应该说,"欧洲文化之都"计划给欧洲许多不知名的小城市带来了文化和经济大发展的新契机。例如,萨拉曼卡利用其富有名望的大学、建筑、文化遗产,将城市建构成了"思想、集会、知识的城市";格拉茨在担任"欧洲文化之都"的12个月中,举办了108个项目,共计6000个文化活动,迎来了300万游客,是当地人口的12倍,旅馆客房使用率也增加了近30%。

对于大城市而言,"欧洲文化之都"计划往往产生经济上的放大效应,推进全民性的文化运动,或是直接助推了城市的发展转型。例如,里尔在当选"欧洲文化之都"的当年其主要景点的游客人数增加10倍;仅上半年时间,参加各项文化活动的人数为750万,展览会、音乐会和剧院共卖出150万张门票,来自700所学校的3.9万中小学生参加了900个活动项目。鲁尔则将其工业遗迹连成了一条"工业文化游览路线",将被联合国教科文组织收录为世界文化遗产的埃森关税联盟煤矿和焦炭场以及杜伊斯堡风景园等包括在内的主要的景点串联成了一条长达400公里的游览路线。

（二）选拔程序与评价

1. 选拔程序

"欧洲文化之都"是欧盟授予经过激烈竞争而被挑选的欧洲城市的一个荣誉称号,前身是欧洲文化城市。自1985年开始以来,每年都有一两座城市荣获这个称号,在享受称号的一年中,该市不仅有机会展示本市、本地区具有象征性的文化亮点、文化遗产和文化领域的发展与创新,而且吸引欧盟其他成员国的艺术家、表演家到该市表演和展出。

欧洲文化首都经历了25年的发展,每个文化都市的旅游事业和经济发展潜力都大大增加,同时也促进了城市的社会凝聚力,改善了城市形象。一些原本名不见经传的小城也因此而成为欧洲闻名、在某些方面具有国际文化水准的城市,对宣扬欧洲维度（非国家和城市维度）文化产生了深远的影响。

1999年之前"欧洲文化之都"的前身"欧洲文化城市"的选拔程序是首先由各国提名推荐,最后成员国一致同意的城市被授予"欧洲文化城市"的称号。然后,欧盟委员会每年向举办"欧洲文化城市"活动的城市拨款。2004年前（含2004年）的"欧洲文化之都"都是通过这个程序选拔命名的。

1999年，欧盟对选拔程序进行了修改，欧盟委员会推荐举办国，欧盟理事会决定。举办国将候选城市上报欧盟委员会，欧盟委员会推荐给欧盟理事会，取代了原来的政府间提名。然后由欧盟理事会决定每年举行"欧洲文化之都"活动的城市，取代了原来的所有成员国一致通过的做法。这样可以使每个成员国都有机会举办该活动。欧盟委员会的提名推荐要考虑评选委员会的意见。评选委员会由7位有名望的文化专家组成。另外选拔工作要遵循选拔标准。2005年至2009年的"欧洲文化之都"是按照这个程序选拔的。非欧盟成员国的欧洲国家也可被选为举办国，但首先要申请。

2005年5月30日，欧盟委员会提出了选拔"欧洲文化之都"的新程序建议。新规定鼓励成员国组织申报举办"欧洲文化之都"活动的城市进行全国性竞选。为管理好竞选，建立一个由欧盟和举办国任命的"混合"专家评选委员会。评选分两阶段。第一阶段在举办欧洲文化之都活动的前6年开始，经过两年的评选，欧盟理事会决定被选城市。剩余的4年为第二阶段。在第二阶段里，"欧洲监理委员会"协助、监督和指导被选城市制订一个详细活动计划，该计划要充分体现"欧洲范畴"和影响力，特别是其附加值。"欧洲监理委员会"由欧盟任命的专家组成。新规定更加明确了举办活动的标准。如果举办城市在筹备阶段符合活动标准和目标，特别是体现了"欧洲范畴"的给予奖励。用奖励的办法替代原来给拨款的办法。新规定从2007年开始生效。

新规定将使选拔程序更严格、更透明，加大竞争性，提高评选委员会的作用。增加监督阶段，可以使评选标准更加明确。新规定同时还特别强调举办"欧洲文化之都"活动要有全欧意识即"欧洲范畴"（The European Dimension）。"欧洲范畴"的内涵是举办国和非举办国的各级文化机构的文化工作者、艺术家和城市间要加强合作，突出欧洲文化的丰富多彩性，同时体现欧洲文化的共性。要使举办城市居民和外国游客对活动产生兴趣，给举办市的文化发展带来长久的推动力。以此为目的，被选市精心设计活动方案，全力投入准备工作。

2. 评价指标

一是，文化的活力和可持续性。这一指标往往反映在主办城市的创意经济体量上。包括：能提供什么样的文化；有什么样的创意产品；相关部门与组织机构的数量；有多少文化设施与就业机会；文化部门的技能性开发；能够为城市文化系统提供的资金投入；以及与文化相关的区域、国家和国际帮助的多寡。

二是，文化的可获得性和参与度。包括：什么是文化供给，如何增大文化供给；什么人在消费文化，为什么消费，从中获得什么收获。这些依赖于对文化活动参与者与非参与者的人口学与地理学统计和评估。此外，该指标还非常注重特定的亚文化及其参与群体和探索经验，对参与者的文化价值观、欣赏水平变动、文化兴趣和参与动机都十分关注。

三是，文化的认同、印象及地位。关注主办城市的文化感知及其在"欧洲文化之都"年度活动中的变化情况。导致这些变化原因可能是：当地社团的行动、来访游客和本地居民的作为、城市的地方认同感和自信度。

四是，主办城市申办计划的哲学基础与执行能力。该指标关注"欧洲文化之都"计划管理和发展的组织过程和哲学基础，关心各利益主体的参与度及文化网络的创造。同时，也考虑到了"欧洲文化之都"活动可能对举办城市管理水平和文化部门产生的各种影响。

五是，主办城市的"欧洲维度"。主要考察主办城市的"欧洲文化之都"计划是否服务于欧洲的文化战略，包括：主办方与其他欧洲国家合作的组织活动；主办城市市民在"欧洲文化之都"活动中的参与度和交流活力；从欧洲其他国家来的游客和艺术家的数量；旅居欧洲的非欧洲居民的感知上的变化等。

六是，经济的影响。包括："欧洲文化之都"活动对整体经济及关键经济部门（例如，旅游）的影响；对当地经济产生的更加深远影响，如对外来投资、就业和创造就业机会的影响，以及对当地商业密度与服务质量的影响。

（三）历届入选城市

"欧洲文化之都"的成功取决于许多因素，包括城市准备的主题、资金确保、组织治理、涉及面甚广的文化运营方案和设计方案等。每一个

"欧洲文化之都"都离不开高质量的文化主题设计,这是确保城市文化长期嵌入政治意图和区域发展战略的基本要求。在调查中,每一个成为"欧洲文化之都"的城市都对自己的文化都市发展历程进行了回顾和总结,综观其成功要素,体现在以下诸多方面。

从 1990 年开始,为了扩大"欧洲文化之都"计划的影响,欧盟于 1990 年进一步提出了"欧洲文化月"的计划。两个计划的实施方法是类似的,但参加和参选的对象已不再局限于欧盟会员国城市,而是扩展到中、东欧国家;盛大文化活动的周期也由一年缩短为一个月。1992 年,波兰的克拉科夫(Cracow)当选为首届"欧洲文化月"的举办都市。

除调整欧洲文化活动的范围和周期外,欧盟还通过搭建信息网络平台,扩大活动影响,将各届举办"欧洲文化之都"的活动经验快速地、最大限度地展示出来,以供未来主办城市做参考,或给其他的文化都市提供文化发展规划的策划依据。

延伸的"欧洲文化之都"计划极大程度上带动了欧洲城市的文化建设,许多城市通过文化展演厅的设立或整修,或是通过与城市文化相结合的节庆活动和艺术展演,吸引了来自欧洲大陆和其他大洲的艺术团体、文化研究人员、文化工作者和旅游观光客,在为当地带来巨大经济收益的同时,逐渐定位并发展了自己的文化特色。

值得注意的是,"欧洲文化之都"是一项意义深远的行动计划,其实现并非仅仅依托各类艺术节或是嘉年华会等艺术形式的文化活动。重要的是,该行动计划使得欧洲地区不同民族和国家的人民借此计划得以彼此对话、讨论以及高度互动参与,在丰富、拓展欧洲公民文化生活的基本目标基础上,更是达到了促进欧洲人民相互了解、进而尊重彼此文化的高级目标。(见表 5-10)

表 5-10　　　　　历届"欧洲文化之都"和未来备选国

年份	"欧洲文化之都"
1985	雅典(希腊)
1986	佛罗伦萨(意大利)
1987	阿姆斯特丹(荷兰)

续表

年份	"欧洲文化之都"
1988	西柏林（西德）
1989	巴黎（法国）
1990	格拉斯哥（英国）
1991	都柏林（爱尔兰）
1992	马德里（西班牙）
1993	安特卫普（比利时）
1994	里斯本（葡萄牙）
1995	卢森堡（卢森堡）
1996	哥本哈根（丹麦）
1997	塞萨洛尼基（希腊）
1998	斯德哥尔摩（瑞典）
1999	魏玛（东德）
2000	雷克雅未克（冰岛）、卑尔根（挪威）、赫尔辛基（芬兰）、布鲁塞尔（比利时）、布拉格（捷克）、克拉科夫（波兰）、圣地亚哥—德孔波斯特拉（西班牙）、阿维尼翁（法国）、博洛尼亚（意大利）
2001	鹿特丹（荷兰）、波尔图（葡萄牙）
2002	布鲁日（比利时）、萨拉曼卡（西班牙）
2003	格拉茨（奥地利）
2004	里尔（法国）、热那亚（意大利）
2005	科克（爱尔兰）
2006	佩特雷（希腊）
2007	卢森堡（卢森堡）、锡比乌（罗马尼亚）
2008	利物浦（英国）、斯塔万格（挪威）
2009	林茨（奥地利）、维尔纽斯（立陶宛）
2010	鲁尔区（德国）、佩奇（匈牙利）、伊斯坦布尔（土耳其）
2011	土库尔（芬兰）、塔林（爱沙尼亚）
2012	吉马良斯（葡萄牙）、马里博尔（斯洛文尼亚）
2013	马赛（法国）、科希策（斯洛伐克）
2014	默奥（瑞典）、里加（拉脱维亚）
2015	比利时、捷克
2016	西班牙、波兰

续表

年份	"欧洲文化之都"
2017	丹麦、塞浦路斯
2018	荷兰、马耳他
2019	意大利

雅典（1985）：最成功的部分始终是音乐。音乐是一种大家都可以理解的语言，因为选择了音乐的主体，使得雅典的戏剧、舞蹈和电影文化也得到了普及。

佛罗伦萨（1986）：最成功的部分是展览。展览的举办方是多元化的，不仅有所在城市的展览市文化中心，还有国家估计办公室，甚至与佛罗伦萨的双生城市联合举办。

格拉斯哥（1990）：最成功的部分是文化资本。文化资本的成功运作使所有的文化要素凝聚在一起，其中最主要的是平衡预算、保证资金的可持续使用。

安特卫普（1993）：最成功的部分是夏季活动的成功举办。由于安特卫普特殊的地理环境，城市的许多机构在夏天都会歇业。通过在夏天举办包括皇家豪华表演在内的精彩节目，为整个城市的旅游、经济带来活力。

里斯本（1994）：最成功的部分是满足观众需求的展览。十分顾及游客的喜好，提出高质量的展览方案，既包括国际当代艺术、公共艺术展览，也包括游客感兴趣的新城市路线标识的展览。

塞萨洛尼基（1997）：最成功的部分是一切展示城市生活和设计创意的东西。塞萨洛尼基作为东西文化的桥梁，对犹太文化（例如迁徙文化）的展示十分成功。此外，还有三大核心展览——梅丽娜梅尔库丽事迹展（对欧洲文化首都的思想的回顾）；贝尔奖获得者希腊诗人埃利蒂斯奥德修斯展；来自阿索斯山的珍宝展。

斯德哥尔摩（1998）：最成功的部分源自"Arranger 2000"的一个项目计划，该计划本来专注于建立开放的国际作家的阅读和辩论平台，后来发展为一个"儿童文化支撑系统"，并形成了一个一公里长的活动聚集地。

魏玛（1999）：最成功的部分在于"东西诗集工作室及乐团"，这一机构目前已经成为中东地区促进和平与增进交流的信使与名片，也反映了欧洲新的扩大版图。

布鲁塞尔（2000）：最成功之处只有一点并且影响至今——Zinneke游行。

赫尔辛基（2000）：最成功的部分是整个城市的总动员，有些让人意想不到的和非主流的公众提议最终都成了活动的热点。

克拉科夫（2000）：最成功的部分在于公众的参与。整个节日被定位于精英文化的展示和高端文化活动，引入了一些人们渴望接触的精品文化节目，吸引了10万人之众。此外还有诗会，每个诗会有500—600人参加。包括诗会在内的许多文化活动都选择在较小的、非正规的地方举行，以确保更多人的参与。

圣地亚哥（英）（2000）：最成功的部分是"千禧节"的举办。文化活动主要集中在8个部分，文化对话、戏剧、世界各地文化展示、歌剧、古典音乐、舞蹈、爵士乐和展览，其中最重要的是拉丁爵士音乐节。

布鲁日（2002）：最大的成就在于VanEyck展览，吸引了约35万游客；音乐厅几乎场场满棚。通过文化节的举办，使得布鲁日这一原本十分保守的城市变得非常开放。

萨拉曼卡（2002）：最成功的部分是展览（特别是当代艺术展）以及在广场和街头举行的音乐活动。

格拉茨（2003）：最成功的部分是奥地利的特色——"山的回忆"。除了山文化，格拉茨的大型公共设施如大钟塔影、广场升降机顶部圣母玛利亚雕像等，文化活动期间有12万游客排队参观这些大型的设施。

里尔（2004）：最成功的部分毫无疑问是里尔公民对文化节的深度认同。每个人都讨论并参与，只要在网站上注册就可以获得各种文化活动的细节信息。里尔的成就在于，没有专门去打造一个文化庙会，相反却接手各种废弃的工业场所，在开放的空间举办艺术项目。2004年这样的场所有12个，到2013年活跃的还有7个。

科克（2005）：最成功的部分在于邀请和起用了大量年轻艺术家。我们对一些旧的场所包括修车铺进行了修缮，开辟为新的艺术场所，并保证2007年后继续有这样的场所更新。同时，我们针对年轻人的计划扩大了"孩子"这一团体的范围，为一些"大孩子"（25—40 岁年龄范围的年轻人）定制了合适的电子音乐和戏剧等艺术商品。

锡比乌（2007）：最成功的部分在于对公共空间的开发和利用。由于独特的建筑遗产财富，锡比乌是欧洲城市中最适合开发文化公共空间的城市之一。市政府将这一点作为文化发展战略的一部分，在开幕和闭幕活动、户外庆祝活动等环节利用公共空间提供了多种公众参与形式，成功地吸引了公众的极大关注，有超过 10 万多人参加各类公共文化场所的艺术活动。

利物浦（2008）：最成功的部分在于以下四点，一是利用城市的知名度，举办了一些有影响力的文化活动，如 MTV 大奖赛；二是制订了"创意社区计划"，分四年规划执行，目的是将社区重新带入城市文化活动的主战场；三是将文化活动作为解决城市社会问题的主要工具之一，例如，通过电影、舞蹈、戏剧和音乐来教育年轻人远离酒精和药物，不滥用刀枪；四是积极参与了 2008 年欧盟的跨文化对话主题活动，并制订相应的创意社区和志愿服务计划，以支持社区的文化参与，并鼓励关键社会问题的理性对话。

斯塔万格（2008）：最成功之处在于三点，一是，成功地建立了斯塔万格与欧洲以及国际艺术家和本地艺术家之间合作伙伴关系，开辟了一个全新的世界思想和理念共享的文化平台；二是，由于挪威有独特的海岸风景线，斯塔万格将自然风景融入了挪威文化的灵魂，有关挪威自然风光的戏剧和音乐应运而生；三是，利用挪威的高纬度高寒特点，设计了终极滑雪者等活动，并编排了相关的音乐和电影。

林茨（2009）：最成功之处在于两点，一是利用"欧洲文化之都"的契机提供了为时一年、紧密组织、艺术性强的系列文化节目，由此而突破了以往必须依靠旅游旺季举办文化活动的局限。这一举措不仅吸引了大量的本地居民参与文化盛会，也将奥地利的游客顺便吸引了过来。二是开发了 Hhenrausch（惊险林茨）项目，邀请参与者登上林茨的屋顶，感受天地之间的艺术，并对城市建设提出个人独到的见解。

维尔纽斯（2009）：最成功之处在于举办了一些公众感兴趣的特殊的系列性文化活动，同时吸引当地和外国媒体的关注，如令人印象深刻的开幕节目、马路音乐节、文化之夜等。

（1）马赛——文化与经济的平衡。马赛是法国最古老的城市，第二大城市和最大海港，普罗旺斯大区首府，城市人口123万。马赛港年货运量一亿吨，是法国对外贸易最大门户。"欧洲文化之都"2013年的节目表将以三部曲形式呈现："马赛—普罗旺斯欢迎全世界"—"天空下的马赛—普罗旺斯"—"千面马赛—普罗旺斯"。"马赛—普罗旺斯2013"上演400多场戏剧、音乐、舞蹈、电影和街头表演以及80多场展览，其中60多个活动在马赛新开放的文化场所举办。第一部曲"欢迎全世界"在建于20世纪90年代的欧洲地中海街区集中向世界展示地中海城市的文化理念和创造精神；第二部曲"天空下的马赛"将跨越整个普罗旺斯区展示法国南部多彩的文化遗产；第三部曲"千面马赛"将展示马赛前卫多样的文化特色。整个节目表的安排都旨在支持当代创作，通过在街区、学校举办的活动和大量免费活动鼓励更多观众的参与。组织者期望2013年集中而广泛的文化活动将为该地区带来的活力和诸多正面效应能得以扩展和持续。

（2）科希策——工业城市的文化复兴。科希策位于斯洛伐克东部，是斯洛伐克第二大城市。科希策建于9世纪，是欧洲著名的历史名城，中世纪以手工艺品著称。城市以文艺复兴时期的巴洛克建筑闻名，保存诸多14~15世纪的建筑古迹。二战之后，成为捷克斯洛伐克的铁路枢纽和大型工业基地。该市以及附近建有大型冶金联合企业，生产多种钢材，同时还有重型机械制造、采矿、食品加工、服装、木材加工等工业。科希策作为2013年"欧洲文化之都"，焦点是从工业城市向文化创意之都的转型。科希策2013年"欧洲文化之都"具有多元内容的文化旅游项目将贯穿全年，包括音乐会、研讨会、讲座、演出、影视和展览等活动，300多个文化盛典。

三 实施经验

（一）复兴城市文化，更新城市形象

利物浦在以2008年"欧洲文化之都"为契机，推行"文化立市"，大规模建设和更新公共文化设施建设，举行了7000多场活动。利物浦也借此从"工业城市"转型为"文化之城"。85%的居民感到城市更宜居了，他们还变得更加热爱文化艺术，博物馆和画廊参观人次增加了10%。

格拉斯哥作为苏格兰的工业基地，由于重工业的衰退，20 世纪七八十年代陷入经济危机。1990 年，格拉斯哥获得"欧洲文化之都"的称号，舆论的大力关注带领这座城市重回公众视野。城市通过文化活动建立一个全新的城市形象，新建的文化设施改善了城市环境，大型文化活动吸引游客纷至沓来，带动经济复苏，文化创意产业更是大规模发展。之后，它还获得了"建筑和设计之城""欧洲体育之都""音乐之都"等称号。

（二）提升文化设施，推动文化发展

"欧洲文化之都"活动中最令人瞩目的关键点就是大力推动公共文化设施建设。2011 年"欧洲文化之都"芬兰古城图尔库，对自然和人文景观集中的特色地带加以规划和更新，建成了"图尔库城市公园"。约 9000 平方米的活动主场馆洛戈莫展览中心由废旧厂房改建而成，投入不多但文化效果显著。2001 年"欧洲文化之都"鹿特丹，成立了大量的文化组织机构，至今仍运作顺畅。其中如"儿童艺术实验室"和"斑马别墅"项目组织机构仍在为孩子们提供着优质的艺术教育和熏陶服务。

作为 2004 年的"欧洲文化之都"的里尔是法国近代的工业重镇，其老城被誉为"欧洲建筑的活化石"。里尔美术馆在法国有仅次于卢浮宫的馆藏，鲁本斯、毕加索画展和波尔藏帕克建筑作品展等当年举办的活动让游客惊艳不已。城市对年久失修的名胜古迹总投入 2000 多万欧元进行修缮，被整修一新的废旧厂房至今仍是市民聚会或演出、展览等文体活动的场地，为当地居民的文化发展注入了活力。

（三）吸引国际游客，带动产业发展

城市当选"欧洲文化之都"后，欧盟专家参与制定的活动方案会详尽推介当地文化亮点和欧洲文化的丰富多元性。通常一年中会举行数以千计的文化活动，包括几十个国家艺术家和著名艺术团体，视觉艺术展览、音乐会、戏剧、文艺表演等文化活动可以荟萃欧洲乃至世界最新创意和各国各民族的传统文化精华。城市知名度大幅提高，吸引大量游客到来。游客带动了城市的旅游、消费和其他相关产业，有时甚至拉动就业和整个经济。通常获得"欧洲文化之都"的城市当年的旅游业以及相关产业会获得大幅提升。

2003 年奥地利的格拉茨（GRAZ）在担任"欧洲文化之都"的一年中，举办了 6000 个活动和 108 个项目，迎来了 300 万游客，当地旅馆客房使用率比上年上升 25 个百分点。2004 年的"欧洲文化之都"里尔主要景点的游客人数增加 10 倍，过夜游客至少翻一番。举行活动的前六个月统计数字是：参加活动人数为 750 万，展览会、音乐会和剧院共卖出 150 万张门票，来自 700 所学校的 3.9 万中小学生参加了 900 个活动项目。里尔还受益于媒体的宣传，约 1000 家广播和电视公司参加了报道，3000 多名记者写出成千上万篇报道里尔文化之都活动的文章刊登在世界报纸和杂志上。

（四）推动社会发展，促进文化交流

2001 年"欧洲文化之都"鹿特丹的一个意外收获是打破了荷兰社会文化之间的隔阂。文化交流、融合与新思维，对于人口和文化构成复杂的荷兰尤为重要。人们开始拥有更具创造性的思考力，这对于任何城市的文化发展都至关重要，因为它为文化带来了新的基因。这也是"欧洲文化之都"活动的目的。同样，2011 年"欧洲文化之都"塔林通过文化活动，让爱沙尼亚人接触了世界上远至拉美、非洲多国的民族文化，对他们的思想观念造成了深远影响。"欧洲文化之都"是一个名副其实的荣誉称号，它在欧盟的不断完善和扶持下更富有生命力和魅力。它对欧洲的团结合作、文化发展和经济繁荣所做出的贡献是不可低估的。

第五节　欧洲文化创意产业集群建设*

欧洲是全球公认的文化创意和科技创新的领先区域。欧洲 30 国的文化创意产业的就业规模达 640 万人。主要的文化创意产业集聚区拥有欧洲最高的繁荣水平。大的城市区和首都城市基本主宰了文化创意产业，超级集群有伦敦和巴黎，米兰、马德里、巴塞罗那和罗马紧随其后形成 25 个关键文化创意产业集群地区。同时，中小地区基于追赶效应，拥有最高的产业增长率。

在欧盟统计中，文化产业和创意产业合称文化创意产业，主要涵盖广告、建筑、广播媒体、设计、游戏软件和新媒体、电影、经典艺术（文字、视觉和表演艺术）、图书馆博物馆和文化遗产、音乐、摄影、纸

---

* 本部分主要参考了欧盟报告：Dominic Power, "The European Cluster Observatory Priority Sector Report: Creative and Cultural Industries", *Europa Innova Paper*, No. 16, 2011，特别致谢。

质媒体和工艺品生产。欧盟 30 国的文化创意产业的就业岗位规模达 640 万人。①

一 欧洲文化创意产业发展依托繁荣大都市

欧盟的文化创意产业和地区繁荣之间有着高度的相关性。在欧盟，文化创意产业集聚度高出平均水平的多是属于是经济繁荣程度最高的地区。（见图 5-4）这不仅意味着文化创意企业和人才为繁荣地区的市场所吸引，而且文化创意企业和人才本身也是欧洲最富裕地区经济的重要组成部分。

本地文化创意产业就业占地区总就业比例

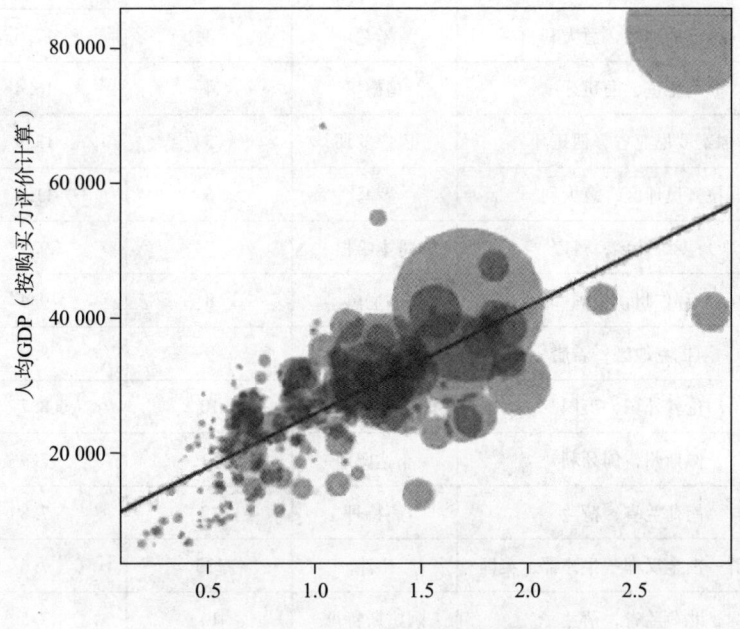

图 5-4 文化创意产业与经济繁荣的关系

资料来源：引自：Dominic Power, "The European Cluster Observatory Priority Sector Report: Creativeand Cultural Industries", *EuropaInnova Paper*, No.16, 2011, 图 1。

---

① 遗憾的是，目前欧盟研究统计还没有覆盖独立文化创意工作者的情况，而此类人员在文化创意产业中恰恰是一个相当普遍的情况。比如在瑞典，92000 个文化创意主体中有超过 82% 的是个人独立经营，而在瑞典整个经济中个人独立经营的比例与此相比要高将近 9 个百分点。

在欧洲，文化创意产业就业最集中的都属于主要的城市化地区。当文化创意产业化后，它的基本规律是既被动吸引也主动集中于城市化地区。而且具体文化领域的产业化程度越高就越倾向于集中在大城市地区。（见表 5–11）

表 5–11　　　　　欧洲 30 国文化创意产业集群前 25 位

集群地区	核心城市	文化创意产业集群排名	文化创意产业就业（万人）
巴黎大区，法国	伦敦	1	27.9
伦敦内城，英国	巴黎	2	24.0
伦巴的地区，意大利	米兰	3	17.6
马德里，西班牙	马德里	4	16.4
加泰罗尼亚省，西班牙	巴塞罗那	5	13.9
拉齐奥地区，意大利	罗马	6	11.4
丹麦统计区，丹麦	哥本哈根	7	9.9
拜仁州，德国	慕尼黑	8	9.4
阿提克地区，希腊	雅典	9	8.8
伦敦外城，英国	伦敦	10	8.7
佩斯州，匈牙利	布达佩斯	11	7.9
南荷兰省，荷兰	鹿特丹	12	7.8
贝克群—白金汉郡—牛津郡，英国	牛津	133	7.6
北荷兰省，荷兰	阿姆斯特丹	14	7.5
安达卢西亚，西班牙	塞维利亚	15	7.1
科隆，德国	科隆	16	6.9
斯德哥尔摩，瑞典	斯德哥尔摩	17	6.8
里斯本，葡萄牙	里斯本	18	6.8
柏林，德国	柏林	19	6.6

续表

集群地区	核心城市	文化创意产业集群排名	文化创意产业就业（万人）
威尼托，意大利	威尼托	20	6.1
下萨克森州，德国	汉诺威	21	5.9
达姆施塔特市，德国	达姆施塔特	22	5.9
皮埃蒙特，意大利	皮埃蒙特	23	5.8
艾米利亚—罗马涅大区，意大利	博洛尼亚	24	5.8
萨里—东西苏塞克斯，英国	布莱顿	25	5.8

资料来源：整理自：Dominic Power, "The European Cluster Observatory Priority Sector Report: Creativeand Cultural Industries", *EuropaInnova Paper*, No.16, 2011, 表1。

但是，文化创意产业并非城市发展必然的副产品，其就业和整体竞争力同城市的（人口和市场）规模并不简单相关。文化创意产业属于知识驱动行业，因此主要为特殊人力资源市场和集群所吸引。当然，大城市所拥有的劳动力市场和各类产业集群的整体规模，有利于支撑文化创意产业上规模。

文化创意产业为本地就业市场第一大产业的城市有斯德哥尔摩、布拉格、伦敦和罗马。文化创意产业在本地就业占比特别突出的欧洲上规模城市[1]还有阿姆斯特丹、柏林、法兰克福、英国苏塞克斯的布莱顿、布达佩斯、海牙、里斯本、牛津。尽管大城市地区趋于主导文化创意产业，但是以巴拉迪斯拉瓦为代表（欧盟内按人口排名仅第223位，按文化创意产业就业占比排名第12位），反映了欧洲的一些小地区也能在文化创意产业领域表现出高活力。

二 欧洲文化创意产业的个性化增长

文化创意产业不像出口导向产业那样具有独立运行规律，而是对于本地区的经济具有根植性和相互依存性，但其增长节奏也并不必然同本

---

[1] 指总人口或文化创意产业就业规模排名欧盟前25位的城市。

地整体经济周期完全吻合。2003—2008年，有11个欧洲国家的文化创意产业数据反映，其增长甚至同整体经济增长具有类似放大器的特点，即整体经济发展好，则文化创意产业发展更快；整体经济发展停滞，则文化创意产业发展收缩得更严重。但同时，还有13个欧洲国家文化创意产业则呈现同整体经济反周期或无相关的运行情况，提示文化创意产业也可能同整体经济没有必然的相关性。甚至意大利在同一时期（2008年），不同地区的文化创意产业增长情况也迥异，既有4个地区文化创意产业经历高度增长，同样也有4个地区的文化创意产业经历收缩。

（一）文化创意产业在欧洲各国的产业地位

欧洲小国比大国趋向于有更高的文化创意产业就业占比，体现出在本国更高的产业地位。欧洲10个文化创意产业占比最高的国家中，只有荷兰和英国两个国家的人口超过1000万。大国文化创意产业就业占比普遍较小的原因可能是大国能够在文化创意产品供应方面更好地达到规模经济；也可能是由于小国独特的语言和文化传统很难通过进口文化创意产品或服务来满足，以及需要花更多的人力资源来供应符合当地需求的产品或服务。总之，无论国家大小，都需要有一个文化和传媒机构基础，以确保能够提供无法通过外部引进来得到满足的原生性文化产品和服务的基本供应。

文化创意产业的就业增长的数据也支持欧洲小国以及相对小规模地区。整个欧洲范围内有数据可查的129个地区中，2003—2008年，有59个文化创意产业呈现增长，有70个文化创意产业呈现收缩。在以文化创意产业就业增长率衡量的前25个地区中，有19个地区的文化创意产业增长率超过本地区产业增长的平均水平，其中以塞浦路斯呈现25.8%最高的年均（2003年至2008年）文化创意产业增长率；奥地利、比利时和意大利进入前25位的地区分别达到6个、5个和4个；波罗的海沿海国家爱沙尼亚、拉脱维亚、立陶宛也整体进入前25位。当然需要指出的是，25个高增长地区中的大多数是中小规模地区，就业增长率最高的是塞浦路斯（25.8%）、斯洛伐克（25.6%）、立陶宛（11.5%）、拉脱维亚（9.8%）。这些地区往往文化创意产业的平均发展基础较低，高增长更多是追赶效应的呈现。

(二) 欧洲文化创意产业集群的地区分布情况

文化创意产业是个笼统的概括。决定文化创意产业内不同细分行业竞争力的知识需求、工作方式、商业和组织模式以及消费界面可能都有巨大差异。这也导致了每个行业的竞争力既分享一些共通之处，又表现出各行业独特的集群动态。

整体而言，巴黎、伦敦、米兰、马德里、巴塞罗那和罗马是欧洲最重要的文化创意产业就业中心。其中，伦敦和巴黎又是遥遥领先。

纸质传媒业是就业意义上欧洲最大的文化创意产业，总就业超过207万人，占整个文化创意产业就业的32.3%。前20位的集群就业都超过2万人，伦敦内城、巴黎大区、伦巴的地区（首府罗马）都聚集了超过5万个岗位。

广播电视业集群从业规模普遍较大，超万人的地区有伦敦内城（超过3万个从业人员）、马德里、巴黎大区、拉齐奥、加泰罗尼亚、科隆和布加勒斯特市及郊区县。

广告集群主要是位于巴黎大区、伦敦内城、马德里、伦巴的地区、加泰罗尼亚地区和丹麦、杜塞多夫和汉堡，从业者都超过1万人。

软件业，巴黎大区以超过28000个从业人员远远领先于其他地区集群。从业人员超过5000人的地区有南荷兰省（首位城市鹿特丹）、斯德哥尔摩、爱尔兰、法国罗纳—阿尔卑斯大区（首府里昂）和马德里。

艺术和文学创作集群主要是位于巴黎大区和伦敦内城，其从业者都超过万人，此外，里斯本大区、伦巴的地区、拉齐奥地区、加泰罗尼亚地区（首府巴塞罗那）和匈牙利 Közép – Magyarország 地区（首府华沙），其就业数也在5000人以上，都超过全欧洲该行业总就业的2%。

设计行业排名前10的集群中，有半数在意大利，分别是伦巴的地区、艾米利亚—罗马涅大区（首府博洛尼亚）、威尼托大区（威尼斯城所在区）、皮埃蒙特区和托斯卡纳地区；有4个在英国，分别是伦敦内、外城，贝克群—白金汉郡—牛津郡，萨里县—东西苏塞克斯；还有1个是西班牙的马德里。除伦巴的地区超过万人外，其他地区平均就业都在几千人。

游戏出版行业是就业规模相对较小的行业，就业超过千人的两大集群分别是巴黎大区和斯德哥尔摩，其他进入前10的地区集群从业人数多在150—350人，分布在多个国家。

(三) 文化创意产业集聚的"价值链位置决定"规律

文化创意产业价值链的不同位置上呈现出不同的集群趋势。文化创意产业中的生产和制造活动趋向于地区集中，最为集中的文化创意产业是专业化制造或出版行业，如游戏、录音、影视。类似的还发生在软件和音乐出版、新闻社和乐器制造行业。这些产业的发展需要而都得益于集聚。在文化遗产、教育、图书馆和文献行业的机构和组织也呈现高水平的集中。根据对欧洲17国的129个地区的考察，极端高度集聚集群（行业基尼系数高于0.5）依次是电脑游戏出版、磁带光盘制造、数据记录媒介的复制、影视录像产品分销、影视录像产品后期制作、历史建筑场所和观光点的运行、门户网站、新闻社、电视节目制作与播出、文化教育、图书馆及文献活动、录音和音乐出版、其他软件出版、乐器制造、广播、报纸印刷、博物馆、艺术场所运作、影视录像产品制作。此外还有22行业的基尼系数也在0.2—0.5，也属于高度集聚行业。

在价值链上更接近于消费者的活动表现出最小的集聚度。消费者和最终用户导向的文化创意活动少有地区集中的，如书店、影院和展览空间。需要随时随地提供服务或投入的行业也是如此，如印刷、编程、拍照、出版或媒体的前端服务，这些行业在欧盟尺度上可能呈现出有限的集聚态势，但在所在的地区内部具体位置上则出现明显的集中，即集中于购物区和剧院区。

(四) 文化创意产业内部行业间的协同共生关系

七大文化创意次级行业中，巴黎大区有6个行业进入前10，伦敦内城有5个行业进入前10，罗马所在伦巴的地区有4个行业进入前10。这种文化创意产业的次级行业之间呈现出比邻而设或密切协同的趋向是比较显著的。根据对欧洲266地区设计、广告艺术、游戏和广播电视4个行业的共生关系研究发现：广告和游戏出版行业比邻度最高（集群位置相关度达0.34），广告行业和广播电视行业也具有高比邻度（集群位置相关度达0.29），艺术家和文学家与广播电视比邻（集群位置相关度达0.17）、设计行业趋向于同广告行业比邻（集群位置相关度达0.15）。这种关系提示了不同细分行业间的企业正向协同性。比邻而设有利于增加商业竞争力和雇员劳动生产率。这对于地方政府设计相应的集群政策具有启示意见。

（五）文化创意与科技创新的协同可能

一般认为知识和创新会从文化创意产业向其他经济领域溢出，文化创意有可能与科技创新呈现协同发展关系。以科技创新领域测度创新能力的通行指标"创新记分牌"来分析，在欧洲创新记分牌得分最高的10个创新地区里，其文化创意的产业占比的确都高出平均水平。这提示了高能级科技创新地区对于文化创意产业有更大吸引力，或是文化创意产业对于地区科技创新形成实际贡献。另一项数据（专利数）也的确反映了在文化创意产业和传统创新间存在关联。但此类文化创意和科技创新的关联并非绝对的或是直接的。创新记分牌排名前10的地区中，只有巴黎大区和慕尼黑2个地区同时进入文化创意产业集群就业排名前10位，有7个科技创新前10地区甚至没有进入文化创意就业排名的前25位。

同时，在标准的创新表现测度同文化创意产业增长之间则没有发现直接的联系。比如西北欧的各地区在知识创新方面非常突出，几乎占据了欧洲区域创新记分牌（RIS）得分最高的前10位。但这些地区中的各自文化创意产业经历就业增长和收缩的正好各占半数，而且即使是同处一国（瑞典、德国）的几个地区也是增长的与收缩的兼有。因此，具体地区的代表知识创新能力的创新记分牌得分并不能有效指示该地区文化创意产业就业情况。（见表5-12）同样，专利数也非文化创意产业发展的适当指示性指标。原因是大量的文化创意产业产出的知识、商品、服务和商业模式无法简单化为专利保护。其他类型的知识产权保护和开发机制，如版权，对于文化创意产业更显重要性。

总之，当前的区域创新评价都趋向于强调地区的高科技水平，但各地区的文化创意产业是否也依赖于此类的创新系统来保持自身的创造力其实并无定论。文化创意产业趋向于在大都市或各国首都集群；而这些大都市或首都在科技创新能力方面倒少有突出表现。

表5-12　地区创新记分牌前10位地区及其文化创意产业年均增长

	创新记分牌得分（RIS得分）	文化创意产业就业年增长率（%）
	反映科技创新能力	反映文化创意产业增长
斯德哥尔摩，瑞典	0.90	2.2

续表

	创新记分牌得分（RIS得分）	文化创意产业就业年增长率（%）
	反映科技创新能力	反映文化创意产业增长
哥德堡，瑞典	0.83	-1.4
慕尼黑，德国	0.79	0.8
赫尔辛基，芬兰	0.78	2.7
卡尔斯鲁厄，德国	0.77	-0.4
斯图加特，德国	0.77	-1.4
马尔默，瑞典	0.76	0.2
巴黎大区，法国	0.75	-1.3
乌普萨拉，瑞典	0.74	-3.0
柏林，德国	0.74	1.9

资料来源：Dominic Power, "The European Cluster Observatory Priority Sector Report: Creative and Cultural Industries", *EuropaI Nnova Paper*, No.16, 2011, 表7。

三 对文化创意产业发展以及集群培育的启示

当前非常关注文化创意产业的发展，特别强调以园区为载体塑造文化创意产业集群。欧洲的文化创意产业及其集群经验，尤其是其中的规律性线索特别值得我们借鉴。

（一）文化创新产业对于地区发展具有重大战略价值，需要得到高度重视

欧洲的实践反映，不仅是在一些中小地区或城市，文化创意产业在经济增长和就业促进方面发挥重大作用，而且在一些大都市（伦敦和罗马），文化创新产业同样可以担当起本地就业市场第一大产业的责任。但是，文化创新产业作为一项对于产业发展规律的新认识，还存在不同的行业范畴认识（见表5-13）。但是文化创新产业绝不是简单对既有行业的重新排列组合，而是基于对一组行业运行规律的新的深刻认识。

表 5–13　　主要国家/地区文化创意产业（事业）构成分析

产业	法国	德国	英国	西班牙	意大利	芬兰	中国香港	新加坡	澳大利亚	加拿大	出现频次	产业类型
建筑		x	x	x	x		x	x	x	x	8	核心产业
电影与视频	x	x	x	x	x	x	x	x	x	x	10	
广播	x	x	x	x	x	x	x	x	x	x	10	
表演艺术（歌剧、舞蹈、节庆）		x	x	x	x	x	x	x	x	x	9	
设计（产品、时尚、平面）		x	x		x	x	x	x	x	x	8	
视觉艺术与艺术市场		x	x		x	x	x	x	x	x	8	
出版	x	x	x	x	x	x	x	x	x	x	10	
音乐产业	x	x	x	x	x	x	x	x	x	x	10	
软件、电脑游戏、多媒体			x	x	x	x	x	x	x	x	8	
广告	x	x	x		x		x	x	x	x	8	
档案			x	x	x					x	4	支撑产业
图书馆			x	x	x		x			x	5	
博物馆		x	x	x	x		x			x	6	
历史遗产与空间			x	x	x		x			x	5	
教育、培训与咨询				x		x				x	3	
文化教育											0	
娱乐与其他文化活动						x					1	外延潜力产业
园艺与动物园				x		x					2	
酒吧、夜店					x						1	
酒业与食品产业					x						1	
广播装备产业				x		x					2	
体育产业				x		x					2	
旅游					x						1	
玩具与消遣					x						1	
其他辅助活动				x		x					2	
网络咖啡，互联网服务							x	x			2	
珠宝与相关产业							x				1	

资料来源：笔者整理。

(二) 文化创意产业的"价值链位置决定"规律提示了我们在集群设计、筛选中的策略

位于价值链前端和中段的文化创新活动，相对更有条件使用集聚方式达成规模经济；而接近于消费者的终端环节则不具备集聚的条件。这一规律一方面展示了文化创新集群建立的可能性，另一方面提示了文化创新产业并非赢家通吃，各级地区、城市都有机会取得某种程度的发展。而且欧洲的经验显示，中小地区或城市考虑到其文化创新产品和服务需求可能的独特性，同时需求市场又偏小达不成规模经济，无法通过外部引入来满足，反而获得了超常的本地文化创新产业发展机遇。总之大小城市在文化创新领域都存在大发展大繁荣的机遇，但其发展策略一定是不同的。

(三) 文化创新产业内部不同细分行业间的共生关系已得到欧洲文化创新集群数据分析的充分肯定

目前我国各城市在文化创新集群部署中比较强调各个园区之间的特色化、差异化，企图推动每个园区都彰显不同的集群特色，这看来未免太过机械。基于文化创新行业间共生规律，这一策略甚至可能不利于具体行业发挥共生协同效应。

(四) 文化创意与科技创新协同关系的复杂性特别值得关注

一般意义上，文化创意和科技创新的相关性已得到欧洲经验的肯定。但是这一对硬创新和软创新之间是否直接相互影响，相互影响的具体通道机制是什么，并无定论。这一差别在有关知识产权方面的情况特别突出。文化创意和科技创新都是关键的知识产品生产活动，因此都适用于知识产权保护。但是，文化创意主要的获利方式是版权，而科技创新主要的获利方式是专利，这样两者的具体促进与保护方式实际上是有相当差异的。目前在中国的实践中，注意了推动文化创新与科技创新的协同，特别提出科技文化融合发展战略思路。尽管这在基本理念上没有问题，但是应防止在操作中将硬创新的管理推动模式"硬"套在软创新活动上，结果是软创新"硬不起来"，甚至也不需要"硬起来"，真的"硬起来了"便走向了僵化。特别是在设计、游戏软件和新媒体等体现文化创意与科技创新高度嫁接的新兴文化创新行业，需要文化管理部门和产业、科技管理部门认真探索合理的管理与扶持。

第六章

纽约与北美文化名城建设

第一节 纽约:所有纽约人的文化规划[①]

一 纽约文化发展的历史

纽约是世界经济运行最重要的枢纽之一,也是美国的经济、金融中心,保险、金融、房地产和商务服务产业高度集中的城市,全球控制力和影响力是纽约成为全球城市的保证。与此同时,民族的多样性与文化包容性造就了纽约"文化之都"地位,形成世界城市核心魅力之源。移民造就了纽约城市的商业精神,推动城市人口结构的优化,移民之间跨越文化的交流最终形成纽约的多元文化风貌,奠定了纽约多元文化的基础。从历史进程来看,纽约城市文化的发展具有深厚的社会经济背景,探讨纽约社会经济与城市文化之间的历史发展关系,对于成都城市文化建设具有重要启迪意义。

(一) 19世纪末之前——通过文化建设塑造社会"共同价值观",推动种族、社会融合

该阶段是纽约城市社会经济包括文化艺术初步发展的阶段。整个美国,先后经历了独立战争和南北战争两件大事。在两场战争中,纽约及纽约人民都发挥了重要的作用并付出惨痛代价。但独立战争使纽约人形成了联邦的观念,南北战争则使得纽约取得更广阔范围的市场,逐步由英国镇变为美国城进而演变为一座现代化的大都市。之后,更多欧洲移民、加勒比移民以及黑人的涌入,使城市基于宗教、种族、生活习惯及

[①] 本节三、四和五部分内容主要来自 Create NYC 2017。

社会价值观等方面的冲突日益突出。此外,包括政治压迫、社会犯罪、房屋建设、居住环境、城市供水、火灾防治等一系列社会问题,都使得纽约城市的发展面临极大困境。通过塑造一种共同的社会目标,借以鼓励纽约不同种族、团体之间的合作已成为纽约迫切需要进行的课题任务,文化建设成为重要手段。

至1830年,曼哈顿在商业、工业及金融业方面都已经成为全美第一,此后又在1860年之前的30年间取得文化艺术的主宰地位,包括公共图书馆、大众报纸、艺术绘画、建筑设计、音乐与戏剧等都因为多元化移民和其他众多的社会问题而蓬勃发展。在文化成就方面,1869年,民众提出纽约应该建设和保留一座自然历史博物馆建筑,并由民间委员会来收集藏品和运作机构。富有远见的城市领导者同意这个建议,并通过与私人部门的合作最终成立现在的美国自然历史博物馆。到19世纪末,同类艺术馆如大都市艺术博物馆、斯塔藤岛艺术和科学学院、纽约植物园及布朗克斯动物园都相继建成。1898年,纽约艺术委员会成立,由11个成员组成的小组对城市不断增长的艺术、建筑以及城市风景设计等工作进行展望,以期对未来发挥指导作用。

(二)20世纪上半叶——大萧条时期通过文化建设培育民众应对危机信心

该阶段是纽约城市快速发展的阶段,但文化建设在该阶段并没有得到快速发展。在该阶段,全球先后经历了第一次和第二次世界大战,战争导致更多欧洲移民迁至纽约,包括许多技术人才和艺术人才。在该阶段,纽约逐渐成长为世界最大的城市。由于两次世界大战都远离美国本土,同时战争需求刺激了纽约制造业发展,因此,尽管20世纪二三十年代发生于西方的资本主义经济危机对纽约的影响同样存在,但经过几年的改革,纽约经济便很快得到了恢复。

与此同时,城市管理者开始对道路、卫生、公园、码头、机场等工程进行大规模建设,最突出的是城市地铁系统的建设,使得城市交通更加高效。此外,如梅西百货商店、纽约证券交易所、纽约椭圆形露天赛马场、大都会塔楼、中央大火车站、阿波罗剧院、纽约医疗中心、现代艺术博物馆、纽约市博物馆等商业和历史建筑都建成开放。城市商业持续繁荣,新兴产业在纽约层出不穷,电影产业在20世纪初得到起步发展,纽约大学、哥伦比亚大学、纽约市立大学等得到快速扩张,纽约公共图书馆的建设也具有重大影响,所有这些都显示出纽约经济优势的狂热。

在文化成就方面,1934年,纽约市长Fiorellola Grardia组建了一个市立艺术委员会,在大萧条时期帮助政府推动纽约民众的文化生活建设。艺术委员会利用就业管理部门、突然事件救助局的资金及其他一些项目的资助进行运作。1943年,纽约市创建城市音乐歌剧中心,该中心作为市立剧院为"数十万民众提供了聆听最好的音乐和歌剧的机会,并且能够承受的价格"。纽约城市芭蕾舞团和纽约城市歌剧院最后都成为城市剧院中心的组成部门。

(三) 20世纪50年代至2006年——大力投入现代文化产业发展与设施建设,建成全球文化繁荣之都

该阶段是纽约城市快速成长为全球城市、现代文化产业得到快速发展的时期。战后纽约的制造业活力十足,港口的发展使得纽约成为全国的商业首都和交通中心,移民快速增加。在该阶段,纽约移民主要来自加勒比海诸岛、中东和东亚,纽约人口从初期近800万快速超过1000万。人口的持续激增使得纽约遭遇住房危机,郊区化发展迅猛,城市迅速进入一个规模扩大、空间重组的时代。在社会经济发展方面,尽管纽约先后经历20世纪50年代的城市社会危机和70年代的城市经济和财政危机,到80年代,纽约市完全苏醒,尤其是以金融业、房地产业以及证券保险业等为首的生产性服务业在90年代和21世纪初期的快速成长,使纽约城市的影响力随着全球化的发展遍及全球。经济的快速发展直接推动了纽约的城市经济、城市建设、城市文化、城市社会等都进入了快速建设和完善的阶段。

在文化成就方面,该阶段纽约市文化产业和文化事业都得到快速发展,特别是政府直接成立文化事务部,直接推动城市文化发展和设施建设,并在资金、建设、土地等各方面给予巨大支持,纽约市文化产业与文化事业呈现出勃勃生机。特别是80年代之后,纽约在文化产业方面的投资不断增长,而且在1997年后呈现加速态势。1998—2001年,文化产业平均每年的投资超过3.5亿美元,大约是1982—1997年年均投资的2倍多;2002—2005年,文化产业年均投资更是超过4.5亿美元。这些资

金大多用于城市文化设施的新建、更新及扩展改造，文化项目的支持、文艺演出等，包括博物馆、动物园、植物园、剧院等设施以及音乐、歌剧、舞蹈等艺术演出。其中曼哈顿是最重要的投资地。（见表 6-1）

表 6-1　　20 世纪 50 年代以后纽约市重大文化事件与成就

时间	重大文化事件与成就
1959 年	作为纽约市的最高奖，汉德尔奖主要授予那些对城市创意和文化生活做出突出贡献的个人
1960 年	1960 年纽约政府购买卡内基大厅使之避免毁坏； 提供资金资助中央公园 Delacorte 剧院的建设，为纽约莎士比亚节提供免费的剧台表演； 政府出资进行文化艺术项目策划
1962 年	设立文化事务办公室以推动城市文化生活，Dowling 被委任为该没有薪酬的部门的执行者，其他六位职员通过市长办公室来支付薪水。 文化事务办公室收到第一笔城市资助的运作预算和项目资金，城市开始支持布鲁克林交响乐团学校音乐会、Metropolitan Opera 和在 Prospect Park Summer Theater 举行的室外夏天表演等免费文化节目
1965 年	在 Flushing Meadow Park 为世博会建设的场地设施被转为文化利用，包括现在的昆西博物馆、纽约科学大厅、昆西植物园以及林肯中心的纽约国立大剧院
1966 年	拓宽文化事务办公室的管理范围，不仅限于表演艺术，另外还包括文化机构、博物馆、动物园、图书馆、植物园及剧院
1967 年和 1968 年	城市文化事务办公室成为新成立的公园、娱乐和文化事务管理部门（PRCA）的部门，并搬迁至中央公园的 Arsenal 大厦
1974 年	作为市长文化政策委员会的主席，Segal 出台一份关于艺术和文化对三角地区经济影响的报告，建议成立一个独立的文化事务部，以及成立市长文化事务顾问委员会
1976 年	在市长 Abrahamd Beame 的领导下，文化事务部成为一个独立的机构； 15 个文化机构入驻城市所有的办公楼或基于城市财物支持而发展，这些机构和一些城市所有的文化机构共同成立文化机构联合体； 市长艺术和文化奖正式设立

续表

时间	重大文化事件与成就
1977年和1978年	文化事务部管理联邦资助的综合就业与艺术家培训计划，是20世纪30年代以来除就业管理部门以外最大的国家资助艺术家就业计划，在整个城市中雇用600名艺术家提供文化服务，另外还为包括国家资助艺术家就业计划中的300名雇员提供维修、保护以及文化机构中的其他岗位工作； 该计划于1980年实施
1980年	文化事务部将总部移至哥伦布岛前现代艺术长廊，在那里运作一个长廊空间并且第一次发起了一个室内文化展； 由艺术桥梁管理的艺术展览项目，成为文化事务部第一次瞄准的资助项目以推动文化教育活动，为经过选择的38个社区艺术组织提供了资助； 由文化事务部发起一项免费资助项目，资助68个艺术组织在超过30个公园进行了97场免费演出，资助费用从500美元到2500美元不等
1984年和1985年	文化事务部收到配套拨款以管理大纽约地区艺术发展基金，为地方艺术组织提供资助来培养艺术团体
1987年	两项为文化组织发起但没有列入城市预算的项目开始实施：艺术发展基金（由区县领导人和城市理事会联合成立的机构来决定资助对象）和项目发展基金（基于竞争力和评审团审议来决定资助对象）
1996年	Chapin专员联合Annenberg基金会制订计划以提升公立学校中的艺术教育，通过1200万美元的挑战基金为杠杆撬动3600万美元的基金总量； 为感谢私人资金对艺术教育的支持，Giuliani市长在教育委员会的预算中拿出部分资金设立艺术计划基金
2000年	以地球和空间为对象的Rose中心在美国自然历史博物馆开张，并成为纽约最受欢迎的文化符号
2003年	文化发展基金（CDF）替代两个主流基金区县艺术发展基金（ADF）和竞争项目发展基金（PDF）成为最重要的文化资助项目； 犹太人文物博物馆开启82000平方英尺Robert M. Morgenthau Win的开业，这是自"9·11"事件以后曼哈顿下城的第一座新建筑，并且成为中心城区更新改造的有力象征
2004年	学校与非营利的艺术社区团体合作制定纽约艺术教育与学习的蓝图，并公开发行； 视觉艺术和音乐作品发行，舞蹈和剧院作品在2005年发行，曼哈顿现代艺术博物馆重新开张，这些计划得到政府6500万美元的资金支持，成为城市投资非市属设施文化计划的重要标志； Bloomberg市长设立设计与建设优秀奖，鼓励政府机构努力为公共社会服务工作

续表

时间	重大文化事件与成就
2005 年	在规划 26 年之后,作为履行 Bloomberg 就职演说中的承诺之一,Christo 和 Jeanne-Claude 的公共艺术计划:"大门",将中央公园改造为藏红花颜色构造的河流
2006 年	文化事务部检查部门史上最大的预算,并重新部署 Surrogate 庭院大院的重建工作。该大院面对教育部总部并且可以俯瞰市政厅公园和弗利广场

二 纽约文化发展的政府作用

(一) 纽约文化发展得益于政府的大力支持

纽约市支持艺术和文化有着悠久历史,在美国是无与伦比的。1869年,美国自然历史博物馆通过城市政府与私人居民之间的独特合作关系而建立。到 19 世纪末,这一模式推动形成了大都会艺术博物馆、史坦顿岛艺术与科学学院、纽约植物园和布朗克斯动物园。政府的支持十分明显,纽约市提供土地和资金用于建设设施,还支付动力、照明和一些运营开支(主要用于维护和安全),当然私营非营利组织负责运营文化组织。最终,这些组织被称为"文化机构集团"(Culture Institution Groups, CIG)。

在 20 世纪里,接受城市资助的文化组织的数量在不断增加,1899 年有 6 个,到 1936 年还有 4 个。虽然许多早期的 CIG 成员是作为公共机构建造的,但大多都是改建项目。例如,1943 年菲奥雷洛拉瓜迪亚市长就把一个市中心的会议大厅改造为纽约市中心,一座市政剧院,它提供了"数十万人……有机会以他们能够承受的价格听到最好的音乐和戏剧"。卡内基音乐厅是另一个纽约中城的改建项目。长岛的 PS1 当代艺术中心原先也是一所废弃的学校,被一个民间艺术团体改建后,1982 年成为 CIG 成员后,成为主要的城市资源。

20 世纪 60 年代和 70 年代,纽约市对人口结构的变化开始做出反应,并试着在曼哈顿下城地区建立艺术和文化地标,包括布朗克斯艺术博物馆、牙买加艺术与学习中心、哈莱姆博物馆工作室和埃尔博物馆(El

Museo del Barrio)等。到 1975 年文化部（DCLA）正式成立时，CIG 有 15 个成员。当前，CIG 由全市 33 个机构组成，城市的文化项目资金每年流向 900 多个非营利组织。

纽约在文化支持机制方面开展了许多其他创新。1976 年，非营利组织"艺术材料"①（Materials for the Arts，MFTA）诞生于回收运动兴起的时候。20 世纪 70 年代末和 80 年代，个人艺术家开始成为 DCLA 新的关注焦点。在纽约市财务不稳定的情况下，文化事务专员 Henry Geldzahler 于 1977 年管理联邦资助的"综合就业和培训法案艺术家项目"（CETA），这是自 20 世纪 30 年代 WPA 以来最大的政府资助的艺术家就业项目，在全市范围内雇用 600 多名艺术家提供文化服务，以及 300 名 CETA 员工在文化机构获得维护、安全和其他职位。1982 年，爱德科赫市长颁布了"艺术百分比法"，该法要求合格的城市资助建筑预算的 1% 用于制作公共艺术品，2017 年"艺术百分比法"首次得到更新和扩展，以增加每年的佣金和艺术家费用。在 20 世纪 80 年代，DCLA 通过诸如艺术曝光计划和免费参与计划、艺术发展基金和计划发展基金等计划，以支持艺术教育和社区组织的节目制作。所有这些计划一起推动了 2003 年成立的文化发展基金，该基金现在通过同行评议小组流程每年向 900 多个非营利文化组织颁发奖金。

如今，纽约市的艺术和文化投资是全美最大的，DCLA 每年为近 1000 家非营利性文化组织提供支持。在 2017 财政年度，DCLA 为艺术和文化提供了超过 3.3 亿美元的费用和资本，这是其历史上最大的预算。在 2018 财政年度的预算，这一数字攀升至 3.6 亿美元。而且 DCLA 并不是唯一的，还包括各种各样其他城市政府机构（从教育部到卫生部）都积极支持艺术和文化发展。

（二）纽约文化的政府投入在美国处于第一位

人们惊叹于纽约文化世界的规模：博物馆、音乐厅、动物园、花园、剧院、俱乐部、节日和公共艺术遍及城市的每个角落。当然，纽约文化的发展，私营部门的支持是巨大的，大量个人慈善事业和基金

---

① "艺术材料"是纽约首屈一指的再利用中心，向拥有艺术节目和公立学校的数千家非营利组织捐赠不需要的用品。

会的总部都位于纽约市。当然,纽约公共财政的支持也是数一数二的:纽约文化事务部(DCLA)是美国的城市或州艺术委员会中规模最大的,只有联邦政府在文化上的投资超过纽约市。除了DCLA的预算费用远超其他城市外,文化领域的社会资本也非常巨大,为超过200个团体提供了数以亿美元计的支持。DCLA的竞争性拨款计划,每年通过同行小组过程奖励数千万美元,覆盖所有纽约市的数百个组织。纽约文化事务部还让艺术家进入市政府参与事务处理,让创作实践来解决棘手的市民问题;对文化价值的理解扩展到超越其无可否认的经济价值,以及它对我们社区和社会结构带来的难以置信的益处;开始努力为艺术家建造经济适用的住房和工作空间,以便他们继续在纽约生活和工作。

纽约市对艺术和文化的投资也扩展到DCLA之外。纽约的图书馆系统为纽约所有社区提供服务,并大多成为文化交流的社区中心。纽约拥有世界知名的学院和大学,纽约市教育局(DOE)是当前美国最大的学校系统,每年投入数亿美元用于艺术和科学教育。2014—2017年,纽约学校有310名新的全职认证艺术教师,并增加了现任主管部门的艺术教育经费。艺术材料项目(DOE,DCLA,卫生部)和SU–CASA老龄创意项目(市议会,DCLA,老龄事业部)等机构间合作进一步加大了对文化的支持,并将艺术融入其他重要城市服务。

市议会作为合作伙伴对艺术和文化的政治支持也是坚定的、一贯的和热情的。从CreateNYC成立以来,市议会一直密切参与其中。除了支持DCLA和CreateNYC规划流程之外,市议会还在纽约市各个角落的一系列文化活动中继续投入资金,包括:针对公立学校学生的文化课外冒险(CASA);全国最大的老龄创意项目SU–CASA;文化移民倡议;彩色影院联盟。

(三)文化管理部门纽约文化事务部(DCLA)的支持

40多年前DCLA成立为独立机构。自此以后,DCLA一直致力于支持和加强纽约市充满活力的文化生活。DCLA的服务范围超越了视觉和表演艺术的普遍看法,包括科学和人文,如文学组织、历史和演示社团、动物园、植物园和提供文化服务的组织,特别是在教育领域,还包括满足其他文化组织需求的团体,如地方艺术委员会和技术服务组织。自1982

年以来,纽约市的"艺术百分比法"规定,合格的城市资助建筑项目预算的1%用于公共艺术品。

——文化机构集团。自19世纪末以来,文化机构集团(CIG)的模式一直是纽约市文化资金的核心。当前,CIG由33个机构组成,在各区自治市拥有财产。2017年,DCLA为这些机构分配了7200万美元的一般运营支持和3900万美元的能源补贴。

——文化发展基金。DCLA的另一个主要文化费用资金来源是文化发展基金(CDF),该基金会支持900多个在整个城市提供文化服务的非营利组织。DCLA参与CDF进程,尽可能广泛地代表该市多元文化选区。CDF支持纽约最缺乏文化服务的社区的受众,为其学生提供艺术教育,包括所有学科,如舞蹈、音乐、设计、表演和视觉艺术等。在创建CDF之前,城市对CIG之外的团体的支持,是通过市议会成员的自主支出来分配的。2003年,CDF的成立引入同行评审来选择申请人。通过与各区的地方艺术委员会的合作,CDF资助被"重新授予"整个城市的小团体和个人艺术家。这些重新拨款基金在年内首次大幅增加,这得益于DCLA 2017财年市长办公室预算的增加。(见图6-1)

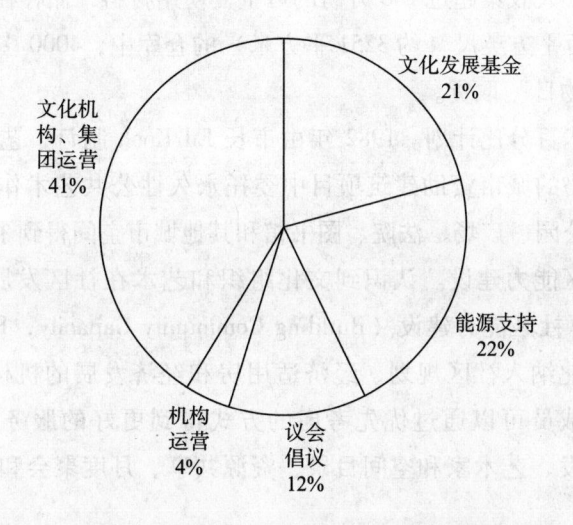

图6-1 纽约文化管理局2017年预算

资料来源:Create NYC 2017.

——文化资本融资。DCLA 的资本项目部门支持 33 个城市所有的文化机构组成员，以及遍布全市近 200 个其他文化设施的设计和建设项目和主要设备采购。这些项目旨在帮助非营利文化社区提供更多的公共服务，为残疾人提供更多便利，增加展览或表演空间，更好地维护和保存历史建筑，并加强对植物、动物和美术收藏的保护。DCLA 在未来四年（2017—2020 财年）为 202 个组织的 398 个活动项目拨款 8.073 亿美元。

——机构计划。DCLA 还负责管理多个为文化社区提供服务的项目，包括从纽约皇后区的首选创意再利用中心到艺术百分比项目（Percent for Art），为全市资助建筑项目提供永久公共艺术品。

——艺术材料（MFTA）。自 1978 年以来，MFTA 一直是创意再利用实践的领导者，将来自纽约市废物流的材料重新导向并免费提供给艺术机构，公立学校和市政机构。包括双重使命，减少浪费并增加纽约市各地负担得起的艺术节目的获取途径。MFTA 由市文化局的一名雇员于 1978 年创建，于 80 年代后期开始获得纽约市卫生局的资助，并于 1997 年成为教育部的合作伙伴，将其服务范围扩大到所有城市学校。如今，MFTA 每年从企业和个人收集超过 100 万磅的可重复使用材料，储存在皇后区长岛上一个 3.5 万平方英尺（约 3251 平方米）的仓库中，4000 多个会员组织可以在"购物日"取货。

——艺术百分比计划。1982 年由市长 Ed Koch 制订，艺术百分比计划在全市合格的城市资助建筑项目中委托永久性公共艺术作品。城市所有的学校、公园、广场、法院、图书馆和其他城市空间得到了增加。

——社区能力建设。认识到文化组织和艺术在社区发展中的作用，DCLA 提出了社区能力建设（Building Community Capacity，BCC）倡议，以确保将文化纳入社区规划、经济适用房和经济发展的机构间工作中。最终，社区成员可以通过优先考虑的方式得到更好的服务，如资产计划、网站开发、艺术家和空间目录、资源共享、月度聚会和领导技能建设等。

——多样性、公平性和包容性举措。纽约市文化事务部于 2015 年 1 月发起了一项重大举措，旨在研究、促进和培养纽约市文化组织领导层、员工和观众之间的公平代表性。该倡议的启动确立了 DCLA 对改善多元化、公平和包容性（DEI）问题的承诺，并成为该机构的优先工作。

——文化事务部之外的艺术和文化事务。纽约市对艺术和文化的投资远远不止 DCLA。2014—2015 年，纽约市教育局（DOE）花费 3.68 亿美元用于公立学校的艺术教育。艺术节目的城市政府机构提供方，还包括公园和娱乐部门、卫生部门、运输部门、纽约市的三个公共图书馆系统、老龄化部门等。纽约市官方营销和旅游部门 NYC & Company 在全球推广纽约市的文化产业。纽约市议会也通过聚焦公平性的倡议方面持续支持文化发展，其中包括文化课外活动项目（CASA）、彩色影院联盟、移民倡议和反枪支暴力倡议"艺术，变革的催化剂"等。

三 《纽约文化规划（2017）》的编制过程

纽约虽然在文化领域有着非凡的表现，但是先行工作还不能让所有人都能获得文化变革的好处，其实质就是社区之间文化资金和资源的不平等，甚至会往种族和阶级问题倾斜。特别是来自残疾艺术界关于参与艺术和职业生涯的持续困境。如何了解当前纽约文化发展的主要问题和瓶颈？那就是争取与每一个纽约人进行对话。

为此，CreateNYC 在推进过程中，在几个月里有数万次的调研访谈，以获得关键问题，大致可归结为两个问题。一是在这里生活和工作所带来的挑战。而纽约生活成本的不利因素是人们的生活水平。从事文化创意的纽约人的薪酬差别很大，推动解决薪酬公平问题是保护创造性劳动者的最重要问题之一。二是文化资产和参与方面的空间分化。在布鲁克林和史坦顿岛有南北分区，在皇后区也有同样感觉，那就是存在文化资源集群。由于中低收入的纽约人，很难居住在市中心附近，自然而然地，交通和地理分界浮出水面。文化规划不是住房规划或交通规划，但正视这些关键因素为实现成功规划提供背景。

CreateNYC 给纽约市的文化发展提供了方向，其目的是让文化生活以对所有纽约人持续、有弹性和公平的方式发展。为此，CreateNYC 在制定和完善过程中，DCLA 会定期做几件事情。一是会定期分享 CreateNYC 制定的目标进展情况的最新信息，并强调 DCLA 在整个文化领域的合作伙伴的贡献。二是为公众预留常规机会的做法直接与该机构通话（作为 CreateNYC 启动的公众参与的一部分），形成所谓"CreateNYC 共同办公时间",而且,纽约市民也非常乐意参与到他们关心的一些文化问题进行有意义的对话。纽约市民甚至帮助发起了新的联盟,如纽约市艺术家联盟,致力于倡导城市社区的 DIY 空间。通过继续与居民直接对话,DCLA 希望确保 CreateNYC 成为纽约市民在支持文化时,考虑他们的政府需求的积极参照点。

（一）过程与方法

从 2016 年 8 月开始,文化部和海斯特街与艺术家,文化组织,纽约市机构,艺术和文化专家,当地领导以及社区居民共同合作,收集数据和公众意见,为文化计划提供信息。在六个月的时间里,该团队为所有五个行政区的广大居民创造了各种各样的机会参与其中。这一过程试图对纽约各行各业的经验,价值观和文化优先事项进行清晰的描述。除了广泛的研究、数据和其他投入之外,来自纽约每天的反馈也形成了一整套维持和支持整个城市艺术和文化的综合策略。（见表 6-2）

表 6-2　　　　　　　　　　Create NYC 编制的主要阶段

阶段	起止时间	目的	形式
1. 研究和发现	2016 年 8 月至 2017 年 3 月	为了巩固迄今为止艺术组织,倡导者,学者和城市机构所做的大量工作,CreateNYC 流程启动了一个强大的研究和发现阶段,在下面的页面中概述	研究、报告和数据;作文化资产地图;文化计划和政策;识别机遇
2. 公众参与	2016 年 10 月至 2017 年 3 月	从 2016 年 10 月到 2017 年 3 月底,CreateNYC 通过线上线下涉及超过 18.8 万名纽约人。居民、艺术家、教师、研究人员、学生、家长、该领域的专家,各种规模的艺术和文化组织领导人,文化工作者和工会成员等都有涉及,以大型公开会议、小型焦点小组和一对一访谈等方式进行,可以是在公开的办公时间、在乒乓球比赛、在理发店和美甲沙龙上或者是在线和通过社交媒体等不同方式和地点进行	呈现方式:研讨会、活动、专门小组或与专员玩乒乓; 说出来方式:"本周的问题"（手机短信）、问卷调查、访谈、文化专员的办公时间; 参与形式:主办焦点讨论小组、成为一名 CreateNYC"大使"和邻居交谈

续表

阶段	起止时间	目的	形式
3. 我们听到的和建议草案	2017年5—6月	2017年5月，我们收到了迄今为止公众反馈的概述——"我们听到的内容"——同时发布了一系列公众意见征询和评论意见。邀请纽约人通过参与调查提出他们最为关心的内容，并通过CreateNYC网站在线或与所有五个行政区的专员进行面对面的活动审查这些建议和提供反馈意见	公共研讨会、专门小组、线上
4. 文化计划	2017年7月	CreateNYC为支持所有五个区的艺术和文化提供了一个全面的蓝图，并整合那些为使纽约更为伟大的来自社区的声音	

资料来源：Create NYC 2017.

（二）原则与议题

1. 公众参与和文化计划制订的指导原则

这些原则为评估实现 CreateNYC 目标的建议、推荐和策略提供了一个视角。（见图6-2）

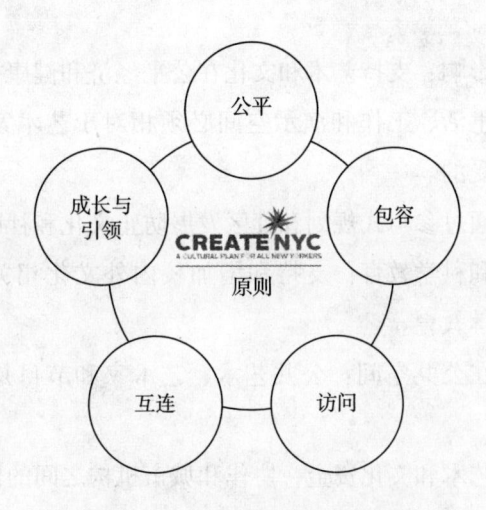

图6-2 CreateNYC 的编制原则

资料来源：Create NYC 2017.

——包容：积极制订公正、公平的包容计划，让所有人都能参与、繁荣，无论能力如何都能充分发挥潜能。

——互连：支持健康的文化生态；我们的命运是密不可分的；支持人口统计，学科，预算规模和地理区域之间的团体、社区和机构的相互依存关系。

——公平：承认所有人参与、创造和庆祝所有历史、文化和创意的权利；认识到角色、贡献、领导力、专业知识和所有社区的自决权，无论大小。

——访问：鼓励在全市范围内广泛和平等地分配和参与文化活动。认识到艺术和文化是健康社区和繁荣城市的重要组成部分。消除最不能参与的人的参与障碍。

——成长与引领：支持纽约市作为艺术和文化方面的全球中心领导力的持续增长。

2. 主要议题

公众参与过程揭示了对居民重要的其他问题。

公平和包容：在纽约市不同的人口和社区中平等获得机会、服务和资源。

社会和经济影响：支持艺术和文化在公平经济和健康社区中的作用。

承受能力：生活、工作和演示空间必须相对于艺术家和文化组织的收入而言是可承受的。

邻里特征：通过参与式规划和社区发展防止文化和社区的流离失所。

艺术、文化和科学教育：支持和增加校内外文化相关，多样化和包容性的艺术和科学教育。

艺术与文化在公共空间：公共艺术、艺术家和节目是如何实施和支持的。

市域协调：艺术和文化资金，协作和城市机构之间的协调。

文化部门的健康：创造条件支持艺术、文化和科学的个人和组织成员，以充分发挥其潜力。

(三)《纽约文化规划 (2017)》的公众参与

1. 调查的范围

为了确保纽约市的第一个综合文化计划尽量包括所有纽约人的代表声音，CreateNYC 参与过程旨在获得并反映大量的观点和人群。从2016年10月到2017年5月，超过18.8万纽约人亲自或在线参与了 CreateNYC 编制流程。居民、艺术家、教师、研究人员、学生、家长、老年人、残疾人、倡导者、社区组织者、退伍军人、企业主、广场经理、该领域的专家、大小艺术和文化组织领导人、文化工作者和工会成员等在大型公开会议、小型焦点小组、一对一访谈、开放式办公时间、乒乓游戏、理发店和美甲沙龙以及在线和通过社交媒体发表了自己的声音。CreateNYC 的主要问题是："文化对你来说意味着什么？你在日常生活中怎么体验文化？文化如何帮助建立一个公正，包容和公平的城市？"为了努力实现真正多元化的纽约人，CreateNYC 考虑了地理覆盖率达到99%的邮政编码和所有59个社区地区以及身份。丰富的参与过程旨在扩大所有纽约人参与和创造城市丰富文化生活的机会。

2. 调查的主要方式

线下问卷调查：4700 份文化参与者调查问卷；4130 份艺术与文化工作者调查问卷；1000 个社区伙伴关系调查问卷。

电话问卷调查：800 通电话调查。

线上问卷调查：38317 个社区伙伴关系调查；9921 独立个体的用户；13.7 万社交媒体调查。

3. 问卷调查发现

97% 的受访者表示，艺术和文化对纽约市的整体生活质量非常重要。

90% 的人表示，促进艺术和文化是保护所有纽约人遗产的关键部分。

53% 的纽约人，同意艺术和文化是他们生活中的必需品，而不是奢侈品。

60% 的纽约人，希望更多地参与他们社区公园的艺术和文化项目。位置不便和成本是最大的参与障碍。

85% 的纽约人，表示艺术和文化对他们的个人生活非常重要，无论他们的教育程度、收入水平如何或居住地区在哪里。

纽约10人中有8人表示，通过艺术他们学会了欣赏与他们自己不同的观点。

纽约人参加各种艺术和文化活动的比例很高。纽约市的文化参与率排名第二（华盛顿DC排名第一）。

50%的人认为成本是参与纽约市的文化生活的障碍。

无论他们目前的参与程度如何，超过53%的纽约人希望他们能够更频繁地参加艺术和文化活动。

60%的曼哈顿居民和26%的斯塔顿岛居民同意其附近有令人兴奋的艺术和文化活动。

4. 重点关注议题

目前的优势。纽约市拥有数百个中小型组织、网络、集体和创意计划，并为数百万纽约人提供服务。CreateNYC必须承认这些团队的专业知识并发挥其优势。

艺术家。该计划必须明确承认并强调艺术家。寻找增加艺术家直接资助的途径。

加强对公共空间的需求。积极鼓励、支持和增加公共空间作为创意表达和社区建设的重要场所。确保所有社区都能够访问和参与文化计划，并在使用时受到尊重。

信息。纽约市发生了很多事情，市民往往不知道在哪里可以找到艺术和文化节目。机构应努力让新受众找到他们的节目。

地理平等与社会包容。支持艺术、文化和科学组织为所有纽约人服务。利用现有的社区网络来支持由社区决定的文化场所。

宣传倡导。在整个过程中，更多的纽约人已经意识到和参与文化社区，这一势头需要继续。CreateNYC如何成为居民、艺术家、科学家、移民和所有纽约人的宣传文件？

合作。增加整个城市的合作关系和合作，以扩大和发展这个城市丰富的文化部门。

计划中的教育。从长远来看，DCLA和纽约市将继续与文化界携手合作，寻找障碍，努力实现文化产业更大的平等、获取和包容。

连通性。增加整个部门之间的相互关系，跨问题领域，最重要的是在纽约市生活和创造之间的相互关系。

5. 主要发现

艺术和文化是一切。纽约人希望消除障碍，增加访问渠道，以创造、展示和欣赏艺术和文化，无论收入、种族、民族、移民身份、性别认同和残疾身份如何。

纽约人希望不同空间能公平分配艺术和文化。艺术和文化对个人有积极的影响，但这些影响在邻里和地区间并不均匀分布。居民希望在纽约的资源贫乏地区和历史上代表性不足的社区中看到对文化和艺术家的更大支持。

为每个学生提供高质量艺术教育。家长、教育工作者和学生本身都希望，获得由教育工作者和艺术家教授的艺术、文化和科学课程和节目——无论是在校内还是在校外——那些反映所有纽约人的实践、历史和文化。

城市艺术和文化部门的职员和领导更应该充分反映我们城市人口的多样性。纽约人希望确保他们的社区在现在和未来的城市文化组织的各个层面得到体现。

邻里文化事宜。居民希望保护和支持为当地观众服务的当地组织，当地或当地相关艺术家，以及与当地历史和身份相关的节目。

传播话语。居民希望以更好、更简化的方式来获取有关整个城市可用的文化节目的信息。

四 《纽约文化规划2017》的实施策略

2017年7月纽约制定了历史上第一个综合性文化规划《一个纽约：一个强大而又正义的城市》（后文简称《纽约文化规划2017》），对纽约文化建设的实施策略和典型案例进行归纳。

（一）促进公平和包容：综合就业和培训计划

2015 年纽约市发布了《一个纽约：一个强大的城市》规划，将公平作为其核心价值之一，明确提出"公平"意味着广泛的资产分配公平和公正的利益。而包容指的是具有不同观点和背景的个人能够充分参与组织、机构或系统的所有要素的程度。根据 2015 年纽约文化局（DCLA）发起的一项倡议，提出只有通过多元化和包容才能实现更大的公平。纽约在促进文化的公平与包容领域上，值得推广的做法是"综合性就业和培训法（CETA）"。

> 最佳案例："艺术综合就业和培训计划"（CETA 计划）
>
> CETA 计划阐述了如何通过跨部门协调推进公平，是在 20 世纪 70 年代中期高失业率时期由尼克松和福特政府创建的。这是 20 世纪 30 年代以来最大的联邦公共服务就业计划，旨在为艺术家创造就业机会，为文化艺术工作者提供稳定收入和受益的工作，提供美术制作培训，以及艺术管理和技术支持等。该计划由纽约市就业部资助，从 20 世纪 70 年代开始，已为低收入艺术家提供数亿美元帮助。纽约大量的文化艺术组织雇用了 CETA 计划支持的艺术工作者作为员工。艺术家获得 1 万美元以上额外福利。CETA 计划将其联邦政府关于艺术的设计和管理责任转移到州和地方一级，以吸引地方政府的知识和决策，是对此前中央统一政策的重大突破。当前 CETA 计划已从一个最初没有包括艺术的项目转变为雇用数千名艺术家的项目。纽约 CETA 计划支持 600 多名艺术家为整个城市提供文化服务的工作，以及 300 名员工在文化机构的维护、警卫和其他职位。CETA 计划由艺术家担任重要的领导角色，如艺术家驻留总监莉兹汤普森和协调员包括 Blondell Cummings，Anthony LaGiglia 和 William Dunas 都是舞蹈演员。

（二）提升社会经济影响：THE POINT 社区发展公司

纽约市的文化部门将文化与社区融合在一起，使社区更具韧性，促进公共健康和安全，改善教育成果，同时也为公民参与创造平台，雇用数十万工人，吸引数千万游客，每年还产生数十亿美元的经济产出。根据创意纽约城市未来研究中心 2015 年的报告，纽约市拥有该国所有创意产业岗位的 8.6%。正如美国艺术报告《趋势或引爆点：艺术和社会变革资助》所指出的那样，艺术和文化吸引传统上被排除在公民决策过程之外的个人和社区，并为这些社区参与创造一个平台。此外，最近由艺术项目社会影响报告（SIAP）发布的一份报告指出，纽约的文化活动与社会和健康利益相关，如预防暴力、减少肥胖和提高识字率。从 2004 年到 2014 年，文化艺术增长了大约 20%，文化工作者增长了大约 25%，部分原因是独立艺术家、作家和表演者的数量增长，以及电影和视频制作和平面设计服务行业。

> 最佳实践案例：THE POINT 项目
> THE POINT 致力于青年发展和南布朗克斯狩猎点区域的文化和经济复兴，该区域是美国国会认定的最贫穷的地区之一。THE POINT 项目为居民提供了发展他们批判意识，表达他们的价值观并成为积极分子来影响社区变革的机会。艺术是 THE POINT 工作的重要组成部分。该组织致力于促进和保护南布朗克斯的艺术遗产，并确保低收入社区能接触到艺术。THE POINT 提供可负担的空间来创作和展示艺术作品，将艺术融入社区复兴策略，为社区艺术家提供有偿就业机会，并帮助建立艺术和文化工作者和观众渠道。

（三）增强负担能力：Spaceworks 组织

《纽约文化规划（2017）》认为如果艺术家、科学研究人员、文化工作者和组成文化领域的非营利组织无法承担起他们的工作，文化就不能继续让城市变得更加伟大。目前提供的生活、工作、展示和演出的经济实惠的地方远远不能满足需求。这种负担能力的危机不仅严重影响了在文化领域工作的 25 万纽约人的福利，而且也威胁着该市作为全球文化中心的未来。必须优先支持受到威胁的现有文化空间，并为全市的邻里中的各种文化部门成员创造新的空间。面对不断增加的房地产压力，通过所有权、租约和其他解决方案，赋予文化社区更大的代理权力，可以帮助文化组织长期居住在社区。扩大现有的文化设施、工作空间和经济适用住房的供应量，对于在解决文化社区可负担的空间需求方面取得重大进展，并加强艺术在文化保护中的作用至关重要。

> 最佳实践案例：Spaceworks 组织
>
> Spaceworks 由 DCLA 于 2011 年成立，旨在解决文化部门面临的日益增长的负担能力危机。它在 2012 年成为非营利组织。Spaceworks 致力于为艺术家、居民和文化工作者，开发长期、实惠的空间，以收集和参与他们的创意和文化实践。该模式很简单：利用公共和私人资金为艺术家建立和管理长期、经济实惠的工作空间。Spaceworks 首家于 2013 年在长岛市开业，利用私人投资，并提供三个大约 800 平方英尺的大型舞蹈/剧院工作室，配备弹簧地板和扬声器系统，每小时售价 15 美元至 16 美元。相比之下，市场价格为更高的每小时 25 美元。带有三角钢琴、鼓、音板、扬声器、扩音器和麦克风的演播室，可容纳多达 12 位音乐家，每小时只需 12 美元。Spaceworks 致力于开发空间，成为艺术家和社区的资源。在每家工厂，该组织都与社区合作伙伴合作，为艺术家和当地居民提供免费和实惠的节目。Spaceworks 不断扩大的超过 1.7 万平方英尺的投资组合，包括 20 个排练场地、33 间视觉艺术工作室以及 4 个共同工作场所等。

（四）增强邻里特色：史坦顿岛艺术民俗节目

纽约是一个社区的城市。无数的个人和组织正在以反映和加强邻里特色的方式开展工作。由于全市范围内承受负担能力和流离失所问题，维持现有文化中心和周围生态环境的长期方法对于维护邻里特色至关重要。这需要从尊重并支持纽约多元化社区的现有文化基础设施开始，未来需要进一步加强和更好地将文化基础设施融入长久的社区结构。这就要求解决历史上资源贫乏的地区问题，并促进现有文化利益相关者和资产之间的网络建设。

> 最佳实践案例：史坦顿岛艺术民俗节目（SIA）
>
> 史坦顿岛艺术民间生活节目（SIA）提出了保护和加强邻里特色的模式。该方案通过为艺术家和公共项目提供技术援助，记录和分享史坦顿岛海滨的遗产、种族和海洋。由 DCLA 通过 SIA 资助"史坦顿岛工作滨水区：纽约市被遗忘区的海洋民俗生活"，海滨的节庆音乐、美食和传统知识。该倡议将滨水地区建设为目的地，将当地艺术家与房地产和工业发展项目融合在一起，并吸引人们关注历史和新兴的地点和企业。通过建立对海洋遗产的自豪感和赞赏，节目有助于保持这些地方的独特品质，促进积极的经济发展。社区独特的真正品质也可以使其成为文化遗产旅游的磁石。此外，新航民俗研究所还培训当地的"社区学者"，以研究和参与民间生活项目，建立社区理解和邻里节庆文化和特征的能力。

（五）增加艺术文化教育：城市优势（UA）计划

文化发展中最具吸引力更多的是艺术教育，体现在数量、质量、多样性和负担能力。在 2005 年哈里斯民意调查中，93% 的美国人认为艺术对于为儿童提供全面的教育至关重要。2012 年由国家艺术基金会赞助的分析显示，具有深入艺术参与历史的低社会经济地位的青少年和青年人表现出明显优于来自艺术参与较少的类似背景的孩子的学术成果。2017 年艺术项目社会影响报告（SIAP）指出，较高的文化参与低收入社区是提高学生表现的一个预测指标。结论很明显：艺术和科学教育对我们的学生至关重要，纽约人需要更多。

> 最佳实践案例：城市优势计划（UA）
>
> 城市优势（UA）是纽约市科学计划，利用CIG科学成员的专业知识和资源提高学生表现力和教师的技能。城市优势反映了一种信念：生活在拥有世界级文化机构和资源的城市是一种优势。城市优势（UA）于2004年推出，项目合作伙伴包括美国自然历史博物馆、布鲁克林植物园、纽约植物园、纽约科学厅、皇后区植物园、史坦顿岛动物园协会、国际野生生物保护学会的布朗克斯动物园和纽约水族馆和纽约市教育局等。城市优势通过向公立学校提供STEM经验和资源，从而为所有人提供科学思想，特别是针对服务不足的社区。学生的实践经验与教师专业发展、学校设备以及通过免费学校和家庭实地考察和活动，在校内和校外访问UA合作机构没有差别。目前该计划达到近3.4万名学生。

（六）提升公共空间的艺术与文化：CYCLENEWS

公共空间对城市的相互关联生活也至关重要。公共场所是娱乐、社会参与、艺术实践、文化表达和政治行动的共享场所。在纽约，有时候感觉个人在跨种族、阶级和一代人走到一起，共同参与经验和公民生活的机会太少。艺术家——当地和国际；表演和视觉；传统和前卫——艺术家创作动画和激活公共场所的作品。当维护良好、安全的公共空间能够被各种人群和文化所接纳时，在每个社区都会发出强有力的信息：所有人都属于这里。通过CreateNYC，居民表达了明确的愿望，使公共空间中的文化体验真正受欢迎和有包容性。实现这一目标的建议，包括努力减少艺术家和文化组织在公共场所启动和执行短暂、临时和永久性作品的障碍，并鼓励艺术家和观众更公平和多样地参与。充满活力的公共空间可以成为当地经济发展的强大驱动力，并改善居民的生活质量，创造蓬勃发展的纽约市社区。纽约市市长爱德科赫在1982年签署的"艺术百分比计划"要求将合格的城市资助建筑项目预算的1%用于公共艺术品。MTA艺术与设计公司（以前称为运输艺术）自1985年以来一直在地铁、公共汽车和铁路线上投入公共艺术。2015年推出的公共艺术家住宅计划（PAIR）是一项实验性居住计划，它将艺术家嵌入市政府，想象创造性地解决公民挑战的方案。

> **最佳实践案例：Cycle News**
>
> Cycle News 是一个由艺术家牵头成立的社区女性团体。2017 年，为公共艺术家居住（PAIR）项目选择的第一位与市长移民事务办公室（MOIA）合作的艺术家是 Tania Bruguera。需要解决的问题是：移民社区如何开始相信政府，政府将如何展示其信任移民社区？她的解决方案：引进长期合作者——运动中的西班牙裔女性（Mujeres en Movimiento）——一个来皇后区 Corona 的由说西班牙语的母亲、自行车骑行者和活动家组成的女性团体。该组织与国际移民运动组织（一个由 Tania Bruguera 发起并由皇后博物馆赞助的艺术项目/智库/社区中心）一道成为社区领袖，利用艺术和社区组织的策略倡导社区改善。Mujeres 与 Bruguera 一起工作并接受 MOIA 培训，制定战略，教育移民并让他们了解可以获得的权利和服务。每个周末，女人都会成为富有创造力的自行车信使，提供有关 CycleNews 的特制信息。在这个角色中，女性作为移民社区和政府机构之间的直接接触点，为市政官员带来第一手的反馈、想法、希望和疑虑。基于社会的公共艺术是公共部门的天然伙伴，政府可以让艺术家参与大量工作。艺术可以用来建立有意义的关系，激起社会活动，并解决当前的问题。

（七）推进市域协同：IDNYC 计划

DCLA 是美国最大的市政文化资助机构，但它并不是纽约市艺术和文化支出最多的机构。纽约市教育局每年在艺术和科学教育上花费更多。因此，需要在全市范围内，对来自不同领域的资源进行统筹。艺术资助和文化合作对于许多城市机构的运作至关重要。当然，城市对艺术和文化的支持不仅限于直接资助。例如，公园和娱乐部、交通部和街道活动许可办公室为在公共场所搭建临时公共艺术设施、进行节日、表演和其他文化活动提供便利。市长的媒体和娱乐办公室支持音乐家、电影和电视制片人以及商业剧院。旅游和酒店管理局 NYC & Company（一个拥有大量城市资金的私营公司）拥有全球网络以及深厚的地方根源，可以将访问者和居民连接到文化产品中。

> 最佳实践案例：IDNYC 计划
>
> IDNYC 是全美最大的免费市政身份证计划，无论移民身份如何，均可供所有纽约市民使用。2015 年，IDNYC 作为一种工具，旨在通过减少尽可能多的人获得资源并融入纽约公民结构的障碍，成为减少纽约市不平等的工具。迄今为止，已有超过 100 万的纽约人获得了身份证。ID-NYC 通过与机构合作伙伴的合作，帮助扩大获得文化机会的渠道，为所有自治市的 40 个大小文化组织提供免费会员资格，迄今已有超过 50 万的免费文化会员资格。其他益处还包括扩大了获得教育、健康、流动和经济发展资源的机会。身份证可用于访问纽约、布鲁克林和昆斯公共图书馆系统（第一次只需一张卡片即可），进入市政大楼，开设银行账户，获得处方药折扣以及注册折扣花旗自行车和青年会会员。该卡还可用于以前具有挑战性的日常情况下，纽约人无法获得官方身份证件，如签署租约、拿处方或向警察确定自己的身份。IDNYC 旨在将越来越多的纽约人纳入其中，并成为改善生活的实用工具。IDNYC 是一个市政举措的成功范例，通过协调各种机构、利益相关方和合作伙伴的资源，共同解决众多公共政策优先事项，包括增加文化获取途径。通过将各种社区（包括文化组织）纳入其规划和实施中，纽约市可以大大扩大其举措的覆盖面和效果。

（八）保障文化部门健康：城市建筑中的文化新联盟

在蓬勃发展的艺术生态中，该部门的所有参与者都可以获得他们在工作中取得成功所需的资源。CreateNYC 为文化社区提供了一个集体倡导和共同参与的机会，以更好地理解文化计划如何帮助促进所有成员都有良好工作所需的环境。艺术家和文化工作者比其他人更了解他们的工作，这可能允许离散的项目取得成功，但限制了个人获得体面工资的潜力。在纽约，这可能是一个稳定的、可持续的艺术实践的主要障碍。住房和高昂的生活费用，给个别文化工作者带来了巨大的经济负担，并且他们有能力继续在文化部门工作。文化工作者的负担能力，由于行业内无薪实习机会的激增而进一步加剧，这使得只有具备足够个人财务状况的人才能从事文艺工作。

> 最佳实践案例：城市建筑的文化新联盟
>
> 2016 年，13 家在纽约政府拥有建筑中运营的文化组织聚集在一起，成立了城市建筑的文化新联盟（The New Coalition of Culturals in City Buildings），以共同的价值观形成一个声音：他们在地理、领导力、纪律和服务的艺术家方面是多种多样的，但他们因共同的公平、多元化和包容性价值观而走到了一起。他们通过倡导能源补贴来支持其拥有的城市建筑的运作，以开始他们的工作。在提交给 CreateNYC 的政策简报中，他们建议学习其他行业的资源共享，以降低其他运营成本，如保险。新联盟始于一项教育、组织、协作和扩展的永恒战略，这一战略成功地获得了可复制支持的新方法。这表明当能够合作和分享资源和经验时，工作人员和机构可以最好地处理和满足他们自己的需求。通过运营补贴，获得有意义的文化节目将会增加，更多的资源将用于公平和包容地实施节目。

第二节 芝加哥：有活力的国际文化中心

芝加哥是美国的经济重镇。20 世纪 80—90 年代，芝加哥经历了重大的城市发展转型，其间实施的两轮文化战略规划（1986 年文化规划和 1995 年文化规划）功不可没。特别是 1995 年进行的文化规划，是一部关注长期，推动文化与艺术之间协调发展的综合性战略规划，2012 年在此基础上，又提出了《芝加哥文化规划 2012》，并不断进行更新完善，主要针对此次规划的背景、规划制定的战略思考以及规划实施的效果评估进行总结。

一 《芝加哥文化规划（1995）》

（一）发展背景

芝加哥城市兴起源于 1893 年的世博会，芝加哥乃至美国都因这届世博会所表现出的独有的气势和无穷的魅力在世界赢得了声望。对芝加哥来说，更关键的是在世博会的成功中获得灵感，萌发出多元产业意识与自我认知的能力。之后芝加哥人口从1871年的30万人增加到1900年的170万人。

20世纪60年代后随着产业结构转型，芝加哥重工业发展日趋衰微。面对复杂的城市经济、社会问题，芝加哥市政府采取了系列对策实施产业多元化战略，进行产业调整、转型与升级，到20世纪90年代芝加哥基本完成经济调整转型，金融、会展、旅游、文化及传媒产业得到极大发展。在这样的发展基础上，芝加哥对自身定位从"第二层次的全球城市"，发展成为"世界上领头的金融中心之一"，成为"全美交通中心和工业中心"。

（二）综合战略

1995年芝加哥文化规划由芝加哥文化事务部进行统筹规划与实施，规划注重和广泛接纳底层民众的建议，通过分析城市文化的需求与发展机会，以不同参与角色为对象提出战略行动与措施。规划提出文化规划应该渗透于芝加哥都市区规划的各个方面，推动芝加哥多元文化共同繁荣，文化要能够推动经济增长并保证社会不同阶层民众的参与。规划提出芝加哥未来发展目标是成为"有活力的国际文化中心"。

1. 城市政府的文化战略

• 文化事务部

文化事务部是政府关于文化发展与资助的倡议者和发言人，涉及艺术、电影、传媒、休闲娱乐等诸多文化事务的管理。但资源的有限性和权力的范围仍限制该部门有效发挥作用，应该强化该部门对城市文化活动的影响力。

措施：强化文化事务部在城市文化项目中的核心地位和运作能力。加强文化事务部在信息、交通、规划等多方面参与的能力。确立文化事务部在社区文化发展服务中的顾问团地位。推动伊力诺伊艺术委员会与人文委员会的紧密合作。增加芝加哥美术部、市长特别事务部、电影部及休闲产业部等部门工作人员和资源，使他们能够更加有效地进行技术协助和项目授予等工作。通过设立基金会合作支持，延伸文化事务部同公共—私人领域的合作关系。

- 旅游事业

一个高效、活力的文化市场能极大提升文化对于芝加哥城市经济的贡献。芝加哥作为艺术中心的国际声誉可以吸引更多旅游者。富饶的城市文化活动是一种重要的经济资源。餐馆、旅馆、交通产业、停车库和零售商业等都可以通过一个高度市场化的"文化芝加哥"而获利。

措施：帮助和培训文化组织发展合作关系，以推动开发旅游市场。成立特别工作组以推动文化旅游业发展，特别工作组包括旅游部门如芝加哥旅游委员会和芝加哥观光局及其他相关旅游组织如伊利诺伊餐馆协会和芝加哥剧院联盟。推出"芝加哥卡"以及全功能卡方便旅客在芝加哥使用，提升城市的吸引力。支持芝加哥旅游委员会推出旅游会员活动并扩展其服务以获取资金基础。在文化事务部成立文化交流办公室来方便国内和国际文化旅游。将艺术、建筑和其他人文活动展览融合到城市文化活动的项目中。

- 经济发展

艺术和文化是经济发展的强大工具。例如，一项由纽约和新泽西港口管理部门发起的研究表明，艺术和文化在纽约大都市区每年能够产生56亿美元的产出。除艺术产业本身贡献之外，包括商业和非营利的部门都能够凭借艺术中心的声誉为芝加哥经济发展带来业务。应该大力开发、提升艺术和文化在芝加哥经济中的地位。

措施：多部门联合进行一项"艺术研究的经济影响"研究，以展示文化对于经济的巨大贡献，并且指出哪里可以做得更好。设立文化企业划区，包括商业和非营利文化组织办公地方，排练和表演的地方，及为私人艺术家服务的流行小店和杂货店，工作室和居住地方都集聚于此，这里拥有优惠的财税优惠和补贴以吸引文化组织和私人投资者，这样的地方已经在西雅图和布法罗成功设立。设立文化孵化器计划来帮助文化艺术业务成立或者解散。在《芝加哥一起工作计划Ⅱ：芝加哥发展计划》中注入文化发展部分。同伊利诺伊电影办公室合作，提升芝加哥在电影和电视剧产业中的份额，主要措施包括推出新的生产渠道、可循环资本运作及税务优惠等。

- 公园区（特定区域）

自从1934年建立后，芝加哥公园区一直竭力使艺术融入芝加哥居民的日常生活中，除文化设施外，公园区拥有八所国家历史、艺术和科学文化研究院。尽管许多文化设施已弃用和失修，但公园区希望重新积极融入文化社区，2016年刚刚增加墨西哥美术中心和南部海边文化中心。

措施：推动文化事务部同芝加哥公园区的合作，实现文化规划的目标。要保证地方文化组织和艺术家更容易接近公园区文化设施。鼓励公园区与文化、艺术服务组织的合作项目。提升公园区与特别事务办公室推出的城市扩展节日项目的合作。强化和扩展文化部门和机构对于公园区的财政支持。

• 公共艺术

公共艺术是城市带给居民日常生活以美丽的承诺，芝加哥已经因为其出色的公共艺术而享有国际声誉，组织将会通过建设新的公共艺术来保护和提升这种国际声誉。

措施：强化城市建设中艺术项目的比重，尤其要在新建项目中增加艺术类设施的比重。为保证表演类艺术获得更多效益，将考虑分配50%的资金为公共表演类设施设立信贷基金。通过公共援助在私人发展项目中提升艺术类项目的比重。将公共事务部中忽略的公共艺术类项目转移到文化事务部，以同城市其他部门（如航空部门、教育委员会、公园区及城市学院）合作推动公共文艺。制定五年公共文化事业工作，重点包括奥黑尔机场扩建，西南快速转乘线路，新公共图书馆、赖特专科学院以及其他公共设施。推动邻里代表积极参与到公共艺术选择工作中，这其中要保持芝加哥艺术家的健康比重。

2. 城市内部的交流与合作

• 项目和资源的交流

在城市会议中我们经常听到的一个声音就是增加已有文化项目和资源的交流。提升艺术群体和文化组织的交流能够帮助他们协调和提升工作效率，更重要的是让他们一起工作以增加对于城市的影响力。此外，我们必须增加艺术群体与观众的交流，通常我们会忽略城市可得的文化资源财富，实际上吸引大量观众的机制已经存在，如芝加哥公共图书馆分支系统，我们可以更好地利用这种网络。

措施：形成一套城市大事记，记录城市中发展的点滴。出版一套城市文化目录，记录城市政府及其他公共机构提供的项目、服务和资助。

扩展大芝加哥都市区域"技术协助手册"的考察范围，为艺术家和艺术组织提供一份综合性资源和服务目录。增加艺术服务组织间的交流以分享信息资源，优化长期规划安排。例如文化合作网络与格兰特公园文化和教育社区已经合二为一共享项目、激励和合作活动。鼓励收音机及电视节目在黄金时间播出更多文化和公共服务节目。通过芝加哥公共图书馆系统把当地电影和唱片制作商的磁带分布到各支线图书馆，以提升他们的工作绩效。在两个市区有线电视节目中放映芝加哥艺术家和表演者的工作，比如新的《音乐直播》节目。在公交车和火车上为文化和艺术组织提供免费的广告空间。加快旅游项目开发，以更好挖掘艺术、文化和建筑的潜在价值。

- 让公众走近文化项目

在芝加哥，许多文化项目并没有得到足够观众的支持。必须根据不同群体的兴趣爱好让观众更多参与到文化项目中，让项目与观众各得其利。

措施：通过中心城区的机构将邻里小区的优秀节目扩大演出范围，吸引中心城的观众并将其带到社区进行展览演出。利用公共有线电视频道及其他办法来促进文化活动吸引更多观众。鼓励城市收音机网络艺术节目的发展，让听众在家里或者路上都能感受文化的洗礼。当有重大文化活动或者文化事件进行时，可以适当扩张非高峰公共交通服务。

- 社区艺术委员会和文化规划

社区文化规划非常罕见，一些社区会基于事件组织产生规划但又会很快消失。而且通常一个群体提出一个计划而社区其他人毫不知情。没有合作和交流，社区文化活动的整体有效性和影响力会大大降低乃至消失，社区资源没有得到分享。随着文化规划会议召开，许多社区艺术委员会形成了，如奥斯汀艺术委员会和尼尔西北艺术委员会都位于具有强领导力并且已推动文化活动具有相当成效性的区域。

措施：鼓励社区艺术委员会通过文化事务部的协助形成网络组织。一个社区艺术委员会主要由邻里艺术团体、学校、公园、图书馆以及商务等行业的代表组成，通过合作帮助和提升社区文化活动。通过文化事务部获得批准成立和发展社区艺术委员会。借助文化事务部的资金和技术支持来规划邻里。鼓励艺术委员会协助规划邻里节庆。

3. 基础与文化设施

• 艺术家和艺术组织的居住工作空间

艺术家和艺术组织需要够大而且能够负担得起的生活工作空间，一个"自己的空间"对创新创意而言是必需的。但是财力资源有限，但市场使得敌对且老化的城市法则限制了艺术的这种空间需求。根据调研，芝加哥是八个研究城市中唯一没有出台相关支持政策的城市。

措施：更好利用已有的文化艺术空间，比如公园周边的房子、学校以及图书馆。例如芝加哥公园区有 48 幢有舞台的演出场所，只有 35 幢用来进行艺术活动。将在合理期限、政府拥有并空闲的建筑提供给文化组织进行再开发。修订城市分区法则让艺术家生活在同一个地方。完善楼宇使用法则，让所有利益相关群体通力协作以消除矛盾。在评估艺术家以及文化艺术组织房地产的时候采用低税率。

• 社区文化中心

每个社区文化艺术活动都需要单独空间。社区文化中心通过为年轻人提供挑战性节目，刺激地方经济，并为当地艺术家和群体提供新的机遇。

措施：协助社区决定建设社区文化中心的可行性及规划。发展公共与私人合作关系，在需要的地方设立这样的中心。保证社区文化中心再发展计划得到城市资助。使得已经存在和新的社区文化中心进入城市中心网络体系中。在城市不同的地理空间设立特定的文化中心，能够不受天气影响、拥有足够的舞台空间和安全性来承担市中心和旅游团体的展出和表演。建设地方管理的社区文化中心，社区应该对于项目和中心维修负责，获得公共机构的支持。社区文化中心应该有一定产出效益和筹款活动，以保证日常开支。

• 文化中心

在文化事务部的领导下同芝加哥公共图书馆合作，文化中心每年承担 500 场免费项目及展出，并因对地方多元艺术的主题演出和展示备受好评。但文化中心项目仍然被认为是像图书馆一样的补充设施。城市的确需要一个完善的文化中心来点亮芝加哥最好的创新和创意以及多元性，突出我们源自欧洲、亚洲、美洲以及黑人的多元艺术传统，成为芝加哥文化长廊里的明星，文化中心有潜力成为这样一个公共设施。

措施：成立一个委员会开始前期规划，将文化中心作为一个新的公共图书馆进行建设。委员会应该由公共图书馆、文化事务部以及其他相关群体的代表组成。应该为文化中心的发展和运作寻求新的资金来源，包括图书馆基金、旅馆税务基金、私人赞助及其他。延长目前文化中心对外开放的时间，提升文化中心活动的水准。

4. 技术和资金来源

• 对个人艺术家和文化组织的赞助

对于艺术家和文化社区而言，公共和私人的赞助都是救命的。在所有发达国家中，美国的联邦直接投资是最少的。芝加哥开始重视支持城市文化生活是最近几年的事情。这种来自文化事务部的支持飞速增长，特别是主流慈善家对于文化组织的支持。然而，必须对城市所有的艺术和文化社区予以支持，包括私人、社区组织一直到大型、中型的机构。

措施：增加城市艺术项目资助的额度和尺度，为芝加哥文化机构的发展给予更多支持。为个人艺术家增加邻里区艺术项目资助的力度。设立艺术家资助项目或举行表彰活动典礼。为那些未能接受传统基金资助的组织提供新的资助机遇。向伊利诺伊艺术委员会申请更多的支持以增强芝加哥文化事务部的实力。为艺术家和艺术组织提供一个循环利用的贷款业务，比如文化事务部与经济发展部合作推行的"文化设施发展贷款项目"。向艺术家的生活工作租金提供资助以激励他们在社区文化活动中发挥重要作用。提供一些产权计划项目让艺术家从事营运期监测工作以换取所有权。在所有的资助项目中要强化平等选择和平衡布局原则。

• 为艺术家和非营利文化组织服务的技术和物质资源中心

许多组织需要管理者的支持，如办公室装备和供应、服装道具以及其他特定功能的小物件。在其他城市中已经有大量解决办法并取得很大成功，尽管在一些城市中这样的资源中心只能由政府运作，但实际上它们同样可以由私人机构或者公立与私人机构合作进行开发。

措施：设立管理支持中心，在这里文化组织可以利用其中的办公室装备和供应品，包括电话回复服务、复印机以及邮寄事务。设立物质供应中心。文化组织可以利用其中的办公家具、办公和艺术供应品以及其他材料。纽约文化事务部已经成功运行了这样一个中心。设立一个服装银行，剧团剧组可以储存和租用服装。针对不同的艺术需求设立技术设备银行，文化团体可以储存和租用比如灯光、声音、视觉设备。

- 为文化组织与个人提供管理培训与服务

在文化规划会议上不断被提及的是运作一个文化组织急需管理、财务预算以及管理技巧方面的协助。包括公共和私人机构都可提供这种服务，如艺术业务志愿者目前正在不同学校、大学以及文化事务部进行的培训项目。这样的工作需要被扩展到更大的文化社区范围。

措施：通过文化事务部和当地大学，为文化组织提供更多管理和行政服务方面的项目。通过文化事务部及其他组织举行的文化管理研讨会更加有效传播管理知识。支持和扩大管理咨询人员的储备以协助艺术家和文化组织。通过城市其他部门设立管理协作项目以帮助艺术家，目前有太多项目限定在营利项目上。

5. 艺术和教育

- 小学和中学

艺术应该成为学校教育中不可缺少的部分，并且应该列为学科第一位，视为可以提升其他学科的重要内容。但在实际工作中，艺术教育通常被忽略、教育经费被削减。我们不仅要在学校艺术教育中培养出未来艺术家和观众，更要使孩子们在创新学习和问题解决中提升学习能力。目前教育和管理委员会指出艺术必须回归教育，文化事务部应该同教育和管理委员会、其他非公共教育体系合作把艺术作为基础教育的重要部分。

措施：提供一份详尽关于艺术进入小学和中学教育的计划，包括在中学教育中恢复二年艺术和音乐课程。在教育预算中提升艺术基金的份额。强化教师的艺术培训，使艺术成为教学的一项工具。在教育预算中为学生接触不同类型的文化资源提供资助，如博物馆、表演与视觉艺术。扩展伊利诺伊艺术委员会"艺术家在民间"项目，所有的学生经过专业艺术家的实践指导都能获益匪浅。扩展和丰富"光明校舍"项目，为毕业的年轻人提供艺术培训。

- 成人与继续教育

艺术教育并不会在校舍门口就此停止，而且会通过我们的生活保持为一种重要的信息和创新源泉。通过恢复成人和继续教育中的艺术项目，芝加哥人可以充分发挥他们创新创意的潜力。

措施：在教育中推广艺术的内容，推进艺术文化的多元化。利用文化中心、公园建筑、图书馆以及其他设施推进成人和继续教育。增加继续教育中艺术教育的预算。

6. 文化战略实施的财政决策

城市文化生活需要并且值得大量投资来实现文化规划的目标。一些目标仅需少量投资即可实现，但更多的目标需要大量资金进行投资。有很多有创意的投资方法，例如服务和项目都是财政产出的。也非常急需私人部门的财政支持，通过实物或者金钱捐助。城市必须利用杠杆原理，通过合作和其他的方法来增加文化活动的赞助。

措施：在城市、州以及联邦层面为已有或者新的文化项目增加拨款。批准城市文化规划纳入债券发行计划中以利用市场资本。为文化机构创设特色债券，强化主要文化机构发行和使用公共债券的权力，这在纽约市已经取得了成功。增强与城市其他部门的联合文化计划，增加专项基金投入，比如住房、就业和公共事业项目。同企业进行合作以争取它们对文化及非营利活动的支持。对合法剧院减除娱乐税以推动剧院的商业生产，提供厚实的财税基础。芝加哥娱乐税之高在全国处于领先地位，这对于芝加哥文化产业发展不利。增加芝加哥在国家旅店税方面的比重，以强化城市文化对于伊利诺伊经济的贡献。为城市政府运行的物质和资源中心设立费用明细表。对艺术家和文化组织提供技术协助，使得他们最终能够自立。

二 《芝加哥文化规划（1995）》的效果评估

芝加哥被公认为发达国家中城市转型最为成功的例子。芝加哥在20世纪80年代就最终确定并贯彻执行"以服务业为主导的多元化经济"的发展目标，到90年代，基本完成了经济调整与转型，在这个过程中文化与文化产业发挥了重要作用。

芝加哥的高等教育质优（拥有78位诺贝尔奖得主的芝加哥大学、西北大学、芝加哥伊利诺伊大学、伊利诺伊州理工学院等），有优秀科研机构（国立费米实验室、国立阿冈实验室等），丰富的艺术生活（交响乐、歌剧、芭蕾、戏剧、爵士、蓝调音乐……），著名的球队（获得 2005 年世界棒球冠军的白袜队，五届 NBA 篮球冠军的公牛队等）。良好的高等教育体系和文化体育设施都是历史的积累，推动芝加哥变成重要国际教育科研城市、文化体育城市和休闲城市，即所谓"头脑型"产业的城市，芝加哥已被称为美国制造之都、经贸之都、会展之都、文化教育和工业中心，是多元化经济发展的典范。

芝加哥在文化产业方面同样成绩不菲。目前芝加哥有 46 座博物馆、200 多家剧院，市区的芝加哥艺术博物馆、科学和工业博物馆、菲尔德自然博物馆、舍德水族馆和阿德勒植物园均属世界一流。芝加哥艺术博物馆是美国四大艺术博物馆之一，收藏着价值 2.5 亿美元的艺术品。有世界上最大的公共图书馆，藏书 200 多万册。芝加哥科研机构众多，费米实验室和阿贡实验室是美国最早研究核能的地方。旅游产业方面，通过丰富的文化、教育、艺术与旅游资源，每年大约有 800 万国际旅客来芝加哥旅游，形成国际著名旅游中心。通过文化产业与服务业的融合发展，市政府始终坚持将会议展览业作为新经济发展的重点，大力推动会议展览设施建设，如麦考米克展览中心为北美最大的室内展览中心；芝加哥号称"世界主要的会议城"，它经常被民主党或共和党选作举行提名大会的场所，美国有十几位总统是在这里被提名。传媒产业高度发达，它拥有 110 多家报社，诸如《芝加哥论坛报》《芝加哥太阳时报》和《芝加哥每日新闻》等的总部均设在芝加哥。此外，芝加哥大都市区还有 15 家电视台和 100 家电台，拥有 100 多个有线电视台。芝加哥大学新闻系闻名全美国。艺术方面，芝加哥交响乐团创于 1891 年，是目前世界著名的交响乐团之一，芝加哥曾是爵士音乐的发源地和电影业的摇篮。

三 《芝加哥文化规划（2012）》与更新

(一) 新规划

30 多年前，芝加哥迈出了第一步，通过建立一个内阁级文化事务部，将文化部门列为公共优先事项。它的第一个主要举措之一是起草芝加哥 1986 年的文化计划，这是当时美国主要城市的一项有远见的举措。数十个其他城市紧随芝加哥的领先地位并起草了自己的计划。在第一个计划中推荐的许多举措，例如伦敦的伦道夫街剧院区，海军码头的重建和其他，都已经实现。

《芝加哥文化规划（2012）》以这一遗产为基础，同时激发全市范围内现有和新兴的利益相关者，并跨越不断变化的文化部门，包括商业艺术，音乐和娱乐，通信和媒体，时尚，文学和烹饪艺术等营利性企业。《芝加哥文化规划（2012）》认为：设计是现今几乎所有业务不可或缺的组成部分——从零售到制造；音乐几乎和呼吸的空气一样普遍；互联网和数字媒体为文化生产和发行提供了新的途径，以补充和改进老一代；在过去的半个世纪里，大型非营利性艺术领域呈指数增长，但现在显示出紧张的迹象；芝加哥有一些国家领先的艺术高等教育项目，但芝加哥公立学校的艺术教育仍然有限。这些理由支持了2012年芝加哥文化规划的投资，该规划试图发现最重要的问题，梳理出解决这些问题的想法，并就哪些举措应成为我们的首要任务——达成共识——哪里有直接的机会，哪些解决方案可以解决持续存在的问题，并阐明一些宏伟的愿望。（见表6-3）

表6-3 《芝加哥文化规划（2012）》主要策略示例

建议1，平等地接触艺术教育成为现实	建议2，确定扩大的艺术教育资金	建议3，倡导高质量的艺术教育
制订和实施芝加哥公立学校（CPS）全区艺术教育计划 所有学校艺术教育课程的开发与实施 市长，校董会和CPS首席执行官授权所有学校的艺术教育 艺术教育是CPS的核心课题 国家最佳实践在综合艺术教育中的应用 在伊利诺伊州通过新的州立艺术教育标准	市长任命的委员会推动全市艺术教育资助对其他教育产生影响 减少犯罪 城市艺术专项城市资助 协调企业赞助活动 公司和非营利组织采用学校艺术教育计划 市长企业艺术公民奖支持艺术教育	一致衡量指标，如社区健康 为CPS教师，幼儿教育工作者，管理人员和教学艺术家提供专业发展方案和终身学习 家长外展计划为全家文化欣赏和参与 向学生和家长展示从出生到成年的文化在劳动力发展中的价值 教师和学生艺术通行证：让教育领导人和学生接触艺术 全市学校艺术展览和表演 把艺术教育纳入学校成功的措施 庆祝和复制CPS艺术教育的成功故事

资料来源：《芝加哥文化规划（2012）》。

（二）动态更新

芝加哥市文化事务和特殊事件部（DCASE）确定了 2013 年实施芝加哥文化计划的四个重点领域：艺术教育、创意产业、文化区和旅游。在芝加哥 2012 年版文化计划 241 项举措中，大约 20% 已完成或接近完成（截至 2013 年 1 月 31 日）。预计在 2013 年底前完成的还有 46% 是近期项目。（见表 6-4）

表 6-4 《芝加哥文化规划（2012）》行动措施的最新更新（2013）

人：开展教育和终身学习	政策：加强文化部门的能力
建议 1，使平等接触艺术教育成为现实 制订和实施芝加哥公立学校（CPS）全区艺术教育计划 所有学校艺术教育课程的开发与实施 市长、校董会和 CPS 首席执行官授权所有学校的艺术教育 艺术教育是 CPS 的核心课题 国家最佳实践在综合艺术教育中的应用 在伊利诺伊州通过新的州立艺术教育标准 建议 3，倡导高质量的艺术教育 为 CPS 教师，幼儿教育工作者，管理人员和教学艺术家提供专业发展方案和终身学习 全市学校艺术展览和表演 建议 4，增加和支持终身学习者的机会 与艺术家驻场或在居住组织合作，在社区中心、图书馆、公园、学校和娱乐中心扩大现有艺术活动时间 所有 P—12 和校外人口的艺术课后计划的增长 扩大公园区艺术合作伙伴驻地计划 建议 5，关注私人/公共/非营利性艺术教育合作 艺术教育计划跨部门实施小组	建议 18，倡导慈善，私营和公共部门的供资战略，以应对文化部门的经营现实 主要资助者之间就标准申请和报告格式以及收集的数据类型进行协调 建议 19，加强所有文化组织，无论大小 艺术机构之间多年的指导关系 建议 20，鼓励文化和非文化部门共同努力 针对公共宣传的倡议（包括社区、学校、服务不足的社区） 政策：优化城市政策和法规 建议 21，建立一个支持文化的政府 平衡 DCASE 顾问委员会的社区/邻里和全球/市区代表 确保市政部门制订的计划探索如何将文化融入其工作 文化规划：提升文化价值和影响力 建议 24，传播文化的广泛公民影响 市长赞同文化作为"公共利益"：芝加哥的所有人都有权获得文化丰富和表达 DCASE 强大的文化传播人员
人物：吸引并保留艺术家和创意专业人士	文化规划：加强芝加哥作为全球文化的目的地

续表

人：开展教育和终身学习	政策：加强文化部门的能力
建议6，解决艺术家和创意专业人士的空间需求 将未充分利用的空间用于文化用途的指导方针和激励计划 建议9，增加和多样化支持来源和方法 维护芝加哥市（DCASE）为艺术家提供赠款并充分利用公共资金	建议27，市场芝加哥作为全球文化目的地 大型重要文化节吸引全球关注并强调芝加哥著名的文化资产和遗产 卫星国际旅游局在全球推广芝加哥文化 建议28，保持全球文化交流 与芝加哥文化组织和国际设计师、建筑师、思想家和艺术家合作的弹出式装置
地方：扩大和扩大邻里文化遗产	建议29，制订综合文化旅游计划 自助导游整合芝加哥邻里文化资产的行程 旅游合作伙伴和文化组织之间的合作，为围绕主要主播活动的文化游客提供套餐和行程 在文化组织和主要的非文化活动之间进行合作，以协调时间安排，交叉营销机会和包裹
建议10，将街区彼此连接起来，并与市中心相连 与市中心节日的邻里关系：市场营销，节目制作，与当地文化活动的合作，将主要节日与邻里活动联系起来 建议11，最大化人们参与艺术和文化的机会 青年艺术会议：召集青少年居民学习，表达，规划和欣赏文化艺术 建议13，在公共场所增加艺术 确定具体的场地，例如桥梁，公共建筑的侧墙和过境结构，这些场地是根据不断变化的展览进行编程的，或者可以容纳永久性装置	**文化规划：促进文化创新** 建议30，关注全市范围内的文化创新空间和活动 与主要加速器中心相连的艺术孵化器的高等教育空间
地方：促进邻里文化活动规划	**文化规划：将文化融入日常生活**
建议14，支持社区基层文化规划 芝加哥居民支持和帮助实施2012年芝加哥文化计划文化规划，参与和地点制作工具包的行动清单 建议15，基金邻里文化规划 邻里文化补助金，以帮助实施计划和项目 将商会与不断增长的邻里文化能力联系起来 建议16，增加每个社区的文化空间 在未充分利用的店面中弹出文化空间 在人口密集地区利用未充分利用的地区开发花园贴片的激励措施 社区空间和公园与地方文化组织之间的合作，负责通过文化活动激活空间	建议33，根据实施战略对2012年芝加哥文化计划进行跟进 市长对"芝加哥文化规划2012"的愿景和倡议的认可和倡导 建议34，将文化融入纽约市所做的一切以及如何实现 2012年芝加哥文化计划倡议与其他部门和机构计划的并行性 建议36，将文化融入整个非营利部门 "大学/学院文化联盟"：定期召开芝加哥大学和学院，支持，分享和惠及全市文化资产 使用高校设施，文化组织的公共场所，艺术家非营利设施内的文化用途（医院的展览空间，成人活动中心的合唱团彩排） "发现芝加哥大学"：将全市文化定位为新的专上学生 地区公共设施（医院，公共援助办公室，社会保障办公室）的文化活动

第三节 温哥华：一个创新型的国际大都市

温哥华是一个多元文化、充满活力和环境优美的国际大都市。温哥华约一半的人口是海外移民。相比加拿大其他大城市，温哥华的居民更加年轻、多种族。作为全世界最宜居的城市之一，温哥华为了支持城市文化和创意产业的发展，促进城市的活力和繁荣，推动多民族和族群融合，制定了文化规划。文化、艺术不仅是个人、邻里、社区和社会健康发展的重要前提，同时也会显著推动相关产业的经济增长。个人参与文化活动是对社区建设的贡献，同时也是对城市经济和社会的贡献。

一 温哥华文化规划的目标

（一）多元与繁荣

温哥华文化规划的主要目标是发展文化、艺术，使居民、社区、游客和其他产业受益。文化是一个有活力和竞争力的创意产业的基础。而文化的可持续发展有如一个健康的生态系统，需要多元的要素和构成，包括文艺工作者、非营利组织、商业机构、创意产业、政府、游客以及广泛的文化爱好者、参与者和消费者。这些构成了文化发展的基础和必要条件。温哥华城市和居民的主要特征之一就是对文化的深刻意识和理解。文化是温哥华发展的一个主要方面，代表了城市的成熟、包容和精致。

温哥华作为一个具有创造力的创意城市，其核心要素包括政府、社区、文艺工作者、产业和非营利组织。这些要素组合在一起，通过发起和参与文化活动、提升文化品质和容量、推动文化意识和认知度、确立文化价值等一系列不断深化的发展阶段，促进文化循环可持续地发展。发展文化的思维需要深入城市发展的所有方面，包括经济、土地、交通、基础设施、规划等诸多方面。同时文化发展需要保证能为全体市民所共享。

（二）贡献与合作

政府是文化发展的关键因素，但不是唯一因素。文化发展取决于多方的合作，需要各方发挥自身特长，积极贡献。政府制定文化政策，确定相关项目，提供服务，同时投资建设公共文化设施。受到公共财政所限，政府希望加拿大政府和省政府以及私人企业、社会机构、民间组织都能参与文化发展的建设。未来这种合作关系需要进一步扩展，鼓励更多的机构组织包括教育机构、行业协会、旅游业等参与，以获得更多的支持并实现文化规划的目标。温哥华政府充分认识到文化发展是全社会共同的责任；政府的职责在于规划文化发展，投资文化设施、服务和活动，引导社会组织和个人参与文化建设。文化发展的成功取决于全社会的支持、创意和责任，以及各方切实的工作和认真的态度。

（三）价值观与目标

温哥华文化规划的核心价值观与目标取向是创造、优秀、多元、开放、共享、合作。创造，包括创新和风险意识，是温哥华文化发展的必需要素和温哥华居民的必备素质。温哥华作为世界文化名城，需要在艺术、旅游、会展、节庆、服务等文化的各方面表现优秀。作为一个多民族的移民城市，文化多元化是温哥华引以为傲的特质，这也包括了对不同文化的理解、欣赏、分享和融合。开放是创造和多元的基础，拥抱新观念、新思维、新事物、新人群，创造崭新的和不同的文化形式。温哥华希望所有的居民和游客都能参与和分享城市的文化盛宴，创造者、参与者和欣赏者都能共享不同形式的文化。同时从规划、基础设施、商业、政府、企业、民众等各方面进行通力合作是文化发展的基础。

二 温哥华文化规划的核心

（一）一个创新型国际大都市

1. 创新

温哥华是一个充满活力的不断发展中的国际大都市。许多居民和组织积极参与各种文化艺术活动，如行为和视觉艺术、影视艺术、新媒体、文学和出版等。温哥华的艺术家和文艺工作者在艺术创造力和表现力方面享有国际声誉。他们的工作为温哥华的文化发展提供了一个很好的平台，政府和社会需要努力的是确保后继一代的文艺工作者能够在此平台上继续成长。

温哥华文化规划对于创新方面的目标是成为地区性、全国性和国际性的创意城市，能够充分体现温哥华作为一个多元、年轻和迅速发展的城市的独特和真实的面貌和声音，以及城市的创意潜力和国际领先的文化发展实力。针对这些目标的发展策略是采用合作伙伴模式培育和发展与创意产业相关的文化政策、项目和服务，以促进创意产业的发展。

2. 学习

温哥华的多元文化之间相互融通学习，充满活力。城市的各类公立、私立的教育、科研和学习机构，以及博物馆、图书馆、科技馆等，为人们学习和文化建设提供了丰富的资源和坚实的基础。

作为一个闻名的学习之城，温哥华文化规划在此方面的目标是充分培育市民自身文化交流、文化意识和文化发展的习惯，为从幼儿到老年的全民创造终身学习的机会和条件。相应的策略是与社区、机构全面配合，创造和提供给市民培养文化意识的项目和措施。

3. 沟通

温哥华的文化得益于政府、社区、社会组织、企业、市民和文艺工作者在艺术、学习、节庆、演出等各方面的通力合作。城市是文化创意、合作、发展的基础，为充分发挥城市的潜能，沟通个人、组织和思想以形成不断更新和活力无限的文化环境提供了空间。

温哥华文化规划对于文化沟通的目标是充分利用其国际领先的创意城市的地位，推动文化的沟通，包括文艺工作者、文化产业、文艺组织、社区和社会团体。通过持续、具有想象力、创造力的沟通，汇聚人们的思想，寻找机遇，发展文化创意产业。相应的策略是政府主导的各阶层、组织、群体之间的充分沟通，鼓励和引导社会积极参与和投入文化建设。

4. 社区

温哥华的社区是城市文化发展的宝贵财产。社区是城市居民生活、工作和休憩的所在，是城市安全、和谐、可持续的基础。人们在此相互接受、理解和融合。社区居民发展自身独特的身份，通过自身的建设为城市做出贡献。

温哥华文化规划对于社区的目标是通过文化建设充分体现社区的活力、创造性、天赋和多元化，使之展现给游客和世界。通过社区成员，包括居民、文艺工作者和私营业主等不同群体所表现出的独特特征，保证温哥华的文化、创意、多元和发现能够为世人所理解和接受。政府的策略是通过文化规划、新的项目和活动,支持社区发展各自独特的文化特征。

5. 价值

温哥华的文化是城市居民引以为傲的宜居和高品质生活的重要一方面。文化正日益显著地成为社会凝聚力、居民幸福生活和城市经济发展的关键要素之一。未来天赋、创造力和文化是社会和城市发展最有价值的资源。温哥华的市民们会认识到文化对他们生活和家庭的重要性,同时文化、艺术、娱乐对本地居民和外来游客的影响,以及文化对相关产业如旅游产业、创意产业等的影响及进一步对温哥华经济的影响。

温哥华文化规划对于价值的目标是确保能够充分认识和享受到文化艺术对他们生活、家庭、工作和城市的价值。温哥华作为国际知名旅游和娱乐胜地,其充满活力和不断发展的文化价值能够充分体现。温哥华的多元融合文化是城市鲜明的品牌。相应的策略是积极鼓励民众对文化的参与,从经济可行性和文化品质上确保文化价值的体现。

(二)迈向文化大都市的关键步骤

1. 资金支持

温哥华政府设立了多种文化基金、奖励和项目以支持文化发展。对于这些综合经济措施,政府通过明晰的政策指引、资格和申请审核、全程运作指导等,确保文艺组织和工作者能够切实从中受益。

2. 设施规划

对于文化相关的设施、空间和地点的建设、改造、保护,制订出详细的路线图并设置切实可行的工作计划,为文化的创造、生产、展示、体验和表现奠定基础。

3. 公共艺术

对温哥华现有的公共艺术计划和项目,包括市民、社会组织、社区等不同发起人的项目,通过审核和引导,确保它们在经济、艺术、实际操作等各方面能够真正切实可行,体现出高品质和高水准。

4. 文化旅游

有鉴于文化事件对于旅游产业乃至城市经济的影响日益显著,温哥华政府通过旅游战略把文化旅游对经济的效益最大化,并通过独特的文化体验和城市形象吸引游客。

5. 社会合作

对于温哥华文化的建设和推动不仅需要政府部门之间的合作，如经济委员会、贸易委员会等，还需要政府部门同社会组织、市民之间的合作。通过合作推动规划、教育、产业等各方面的进展，吸引投资，提升文化品质，增加经济效益。

6. 公共参与

文化的公共参与可以提升公众对于文化的意识，推动温哥华多元文化的发展和融合。同时还可以向社区和市民推广文化信息，强化文化教育和学习，推进文化项目和产业的发展。

7. 社区文化

将社区文化规划与城市规划、社区发展规划结合，把文化与社会、经济、空间结合，使文化的发展充分扎根于社区。在社区层面，将文化与市民活动、项目、设施综合，探索最佳的途径树立社区的独特形象。

8. 学习城市

温哥华文化规划大力推进"温哥华学习城市"（The Vancouver Learning City，VLC）计划。此计划旨在改善市民和社会的学习氛围和习惯，同时使城市树立起相同的形象，这对推动城市的文化发展大有裨益。此计划包含了一系列的活动、项目、措施和资金。

（三）社会协同的文化基石

温哥华文化规划的目标是成为世界文化、艺术和教育方面的领先城市。文化的核心是创意，创意是城市未来可持续发展的关键。温哥华的政府、社会组织、社区、市民、私营业主等充分认识到这一点，并在文化创意的发展上全力合作。文化的发展，在社会层面上能够推动多元价值的理解和融合；在经济层面上能够推动旅游、创意等产业的发展，带动经济发展；在空间层面上，能够树立城市空间的新颖和个性；对于城市的影响，可以形成城市鲜明的品牌形象。

为了使城市各方的合作效益最大化，各方之间的沟通、协调、对话十分重要，其主要原则包括：（1）发展和维持不同文化合作伙伴的良好联系；（2）各方持续审核、回馈合作中的实际成果；（3）在反馈评价的基础上调整文化规划和相应策略。

第七章

东京与亚洲文化名城建设

第一节 东京多方位规划支持文化发展

2007年东京作为日本申办2016年奥运会的国内候选城市，提出了新的东京发展目标：力争十年努力促进城市全面发展进入更加成熟阶段，成为亚洲首位城市。为了实现这一目标，东京制定了《东京未来10年》发展规划，内容涵盖城市空间、基础设施、未来环境与产业，以及文化等多方面。其中，在文化建设方面，《东京未来10年》发展规划从城市设施建设、产业发展以及社会进步等多方位进行规划，旨在通过文化建设支撑和促进东京实现城市发展的总体目标。

一 文化建设方针

（一）城市建设中将外国人作为社会一员，促进各种文化共融

近年来，东京市内居住的外国人口增加了10万人，超过了市中心三区的人口。为形成与国际大都市相适应的文化环境，《东京未来10年》发展规划要求东京各区、市、街道共同联合，为外籍人员及家属提供多种形式的语言信息服务，信息包括防灾害信息、租赁住宅信息，以及全面支援确保外国人在区域内生活的相关信息。通过信息提供增加日本人和外国人相互学习和交流的机会。建设方便外国人参加志愿活动的社会环境，促进外国人积极参与社会活动，使外国人和日本人相互交流和了解。承认文化差异，推进社区平等关系下的共同生活观，建设外籍人作为社会和社区的一员能够安心生活的社会环境。

（二）促进文化与新兴产业相结合提高东京的价值

展示东京传统与现代文化，以及战略性的培育新型产业是东京文化建设的重点。一是展示东京传统与现代文化，通过开展国际交流，积极地宣传东京文化，确立东京在文化方面的影响，形成以东京为核心的亚洲各城市间文化的交流格局，实现东京成为亚洲的文化中心。二是开发以文化为基础的包括自然景观在内的东京旅游资源，用文化衡量城市魅力，从文化的角度演绎和展示东京，实现东京成为年接待入境游客1000万人次的旅游城市。

（三）通过国民性教育培养下一代秉承悠久的礼仪和文化传统

为应对日益激烈的国际竞争以及日本老龄化少子现象，实现东京城市可持续发展，《东京未来10年》发展规划从文化的角度关注儿童和青少年的教育。提出提高年轻人对日本传统文化的理解和交际能力，培养在国际社会中有日本人意识的人才。强调加强体验型学习的重要性，要求不仅是学校努力，还需要学校、地区、社会联合，全社会为儿童和青少年的成长尽力。

二 东京首位城市发展战略中的文化建设的主要内容

（一）文化活动建设

通过文化活动在国内，在亚洲，乃至全世界掀起东京文化的风潮。政府设立"体育、文化振兴交流基金"，利用这些基金开展大型文化活动同世界各大城市开展国际性交流活动。文化活动根据各个领域自身构架，通过不同方式进行相关的宣传，最大限度地聚集文化资源展开活动。同时，培育以亚洲为主的各个领域的文化人才，扩大城市中的艺术文化空间，通过国际交流为艺术家或设计师提供展示的空间。此外，加强青少年们对文化的体验逐渐扩大艺术网络。

（二）城市形象建设

打造和展现热情好客的"东京亲和力"，进行以文化为基础的新城市形象建设。《东京未来10年》发展规划提出新文化东京建设与城市建设和旅游政策相互合作，充分利用江户时代酝酿而成的东京传统印象"江户风情"以及东京聚集的国内一流的文化设施，开展众多历史遗产活动；使用多语言标识提供信息，展示东京近代城市新文化，如东京都立上野公园"文化之林",使来过的人们留下一提到东京就会想起"新文化东京"的强烈印象。开展对公园等设施的再度整修,整修步行路,确保回游性,添加餐馆或咖啡厅等聚集休憩场所,复兴社区公园,修建活动广场等,使城市成为具有感知文化和历史的魅力空间。

(三) 平台建设

东京着眼于扩大旅游城市规模和经济效果,通过现有设施再度开发,打造新型的城市空间,使设施与景观、文化、娱乐等有机结合,使江户时代开始的传统文化、近代城市新文化以及包括世界称赞的先进技术和多摩、岛屿地域的多样化观光资源相结合,建设演绎和展示东京魅力的,向世界展示日本的尖端技术、多样文化和美食魅力平台。配合旅游的平台建设演绎和展示东京的优秀魅力,扩大新的观光亮点,充实夜间文化娱乐活动,形成全天候的繁华城市。

(四) 产业建设

支持东京国际漫画展览活动,增强动漫产业对旅游业带动与振兴作用。《东京未来10年》发展规划以发展东京都市型产业(创意都市产业)快速成长,在新的产业领域带动日本经济发展为目标,提出配合消费生活个性化和文化要素倾向,利用东京积聚的企业、大学及研究机关进行的尖端研究开发和中小型企业的基础技术等,支持和促进创意产业发展。其中,促进尖端的研究开发和培养创新产业是都市型产业建设的战略重点。

(五) 基础教育建设

在国家教育改革中,学校与社区、社会合作,实施统一教育方针,培养学生为他人着想的品质和合作协调性,以及作为社会一员的意识。构建从幼儿期到青春期统一教育方针,幼儿期确立良好的家教和基本生活习惯,小学时要学会集体生活规则与不同年龄人的交流,以都立高中的必修科目"奉仕"为开端,青春期要有贡献社会的决心、规范意识和勤劳的观念,培养儿童和学生作为社会一员的意识。

(六) 增加体育活动内涵

以体育运动促进全民健康,培育世界级体育接班人为基础,《东京未来10年》发展规划还提出了形成全民热爱体育运动,培养服务社会志愿风气的新体育运动发展目标。以综合性地区体育俱乐部为主,通过支援地区体育运动，鼓励市民积极参与，形成和完善市民人人参与体育运动的机制，扩大体育的参与范围。与此同时，在学校进行校园绿化，让学生通过自由体育运动，感受运动喜悦促进健康成长。在培养社会志愿风气方面，通过大规模体育活动的运营，建立方便志愿参与活动的机制构建，让志愿活动扩散在广泛的领域内，使志愿参与的精神通过活动渗透到东京各个地方。

三 东京首位城市发展战略文化建设主要项目

（一）平台建设项目

平台建设项目主要体现在对现有资源的修缮建设，形成感知东京多样化特色的领域。首先是修复原东京站的站前广场、修建站前通行道，将东京"大门"进行更新。其次是修建东京都美术馆，在都立上野公园形成聚集国内一流文化设施的"文化之林"；以及建设涩谷成为电影馆、剧场、小型音乐会聚集的先进文化传播基地；建设秋叶原形成日本特有的动画、漫画等传播基地；利用六本木聚集艺术、设计相关设施，形成高价值传播基地。在品川将交通节点与优质的水滨和高度的城市机能进行有机结合，利用优洲聚集饮食信息以及批发市场优势，将优洲建设成为感知国内外美食魅力的新市场。

（二）文化活动项目

文化活动项目主要是反映在通过传统和滨水文化，形成交流空间和旅游网络结合的文化活动。在隅田川地域（浅草、两国等），利用江户下町文化设施和街边活动，结合水路、公共交通、机动车道等，开创广泛的旅游振兴活动；在神田川下游·日本桥川地域，利用防灾码头停泊游船，开展露天咖啡厅和水上舞台等水边振兴活动。在江东内部河川地区（隅田川和荒川结合小名木川等），建设感受江户情怀的水上之路，开展赛舟、独筏等亲身体验活动。在运河地域，利用水上餐厅等水域设施，通过民间力量促进码头的建设，开展新型的水上交通和水边活动。

（三）城市形象建设项目

作为东京文化形象，从基础建设着手向国内外展示东京。鼓励东京同其他城市以及民间方面的合作共同展示东京，通过国际交流加深相互理解，创造访问东京的机会。以羽田机场的国际化和全天候开放为契机，聚集电影院、剧场、小型演奏厅等，以此丰富东京夜间生活。以步行街为主，云集品牌店、面食店等，吸引游客形成可以购买世界各地商品的购物街。充分利用水边魅力，促进旅社设施等的城市型娱乐设施的立足。在东京多途径充分利用这些展馆机能提供展览场。利用东京湾周游观光船等，创出东京夜景的魅力。在灾害后的复兴地三宅岛，以举办摩托车大赛为契机，创出繁荣的地域风貌。

(四) 多摩文化旅游项目

利用配合多摩地区自然、文化资源，打造城市滨水文化，形成优美自然调和的娱乐空间。形成交流空间和旅游网络。如，以一边眺望水边的美景，一边泛舟至羽田机场、隅田川、近郊县观赏风景；开发多摩地域的历史、艺术、文化、饮食等观光资源，建设多摩观光农园、绿色生态园等，促进导游感受多摩的魅力。充分利用多摩城市和自然两方面的魅力，对于国外的修学旅游，导入家庭式旅馆和家庭式参观等，体验东京的生活和习俗，提供促进国家之间相互了解的机会。

(五) 教育项目

实施措施包括在东京的中小学，分年龄段系统进行有关传统和文化教育。要有效利用地区人才和资源，不仅通过日常课堂，还要通过学校与地区和家庭的合作，培养和提高学生对日本传统文化的理解和交际能力，培养在国际社会中，以自己是日本人为骄傲的人才。其中能力包括表现能力、伦理思考能力、会话能力和讨论能力等；在东京大学设置自然文化旅游专业和观光科学专修学科，将建设城市作为着眼点，培养城市与自然的理念相融汇的综合人才。

(六) 宣传项目

建设"21世纪亚洲大城市网络"，在首都圈的八都县市同时开展亚洲活动，推进与亚洲地域间的交流和吸引欧美游客；与国际体育运动会、文化活动和交流会等相互合作，开展城市宣传。吸引电影、电视剧组的拍摄，支援东京的电影事业，向世界宣传今天的东京。

四 东京向世界展示的五大城市魅力

日本计划在 2015 年实现入境国外游客达到 1800 万人/年，这是日本观光兴国战略的重要内容。为实现这一目标如何增加入境旅游人数是需要面对的课题之一。根据相关统计,1995—2010年世界各国的观光人数都在大幅度增加,中国的旅游人数上升幅度已超过了日本。2010年的日本入境旅游人数排名世界第30位,是入境旅游人数排名第一的英国的1/9。旅游人数增加代表着为国家和城市带来收入,有助于经济建设,同时也代表着国家和城市魅力。日本森纪念基金会从城市魅力这一视角出发,组织了以外国游客为对象的城市魅力调查,通过调查分析归纳了东京的城市魅力的主要方面,并且围绕城市魅力探讨了东京创造城市品牌的要素,提出提升东京国际知名度主导战略。

本次调查的东京外籍游客主要来自东南亚,东南亚的游客人数占东京外来游客人数的六成左右,其中人数最多的是韩国游客。韩国游客的游览类型主要是东京的体验型都市游览,游客以年轻人为主。这些游客的游览景区主要有东京展望台、游乐园、原宿、涩谷等。其次是中国台湾游客,中国台湾游客大多是以家庭为单位的背包式短期游,游览的主要兴趣点有浅草寺和东京迪士尼度假区等热门景点。再次是美国以及西欧来的游客。美国游客中约四成是商务游客,商务游客以外的美国和西欧的游客多是经由东亚转道来到东京,是有长期的出行计划的个人旅游。他们兴趣广泛,喜欢走访各种场所。

(一) 东京魅力调查

表7-1是日本森纪念财团组织的东京魅力调查的相关汇总。该调查以在日的外籍游客为对象,通过问卷方式了解游客在东京旅游及生活情况,了解东京魅力的体现方式。从表7-1中可以看到外籍游客的普遍印象东京是国际大都市,是时尚潮流的大都市、不夜之城。对东京魅力的评价是,随处可见的24小时便利店使生活方便、服务优良、环境美好,以及浓厚的文化氛围等。对东京浓厚文化氛围的印象不仅指现代的文化,还包括传承和发扬的日本的历史文化。东京将传统文化与现代文化和谐结合形成的独特文化氛围,受到格外好评。除此之外,对于分布在东京各处众多的异国饮食和服饰店等被作为包容性文化的具体表现,成为东京文化氛围的一个重要方面并受到好评。在社会评价方面,东京良好的治安环境,没有明显的贫富差距,餐饮价格适合大众消费等也成为城市魅力的重要方面。而对城市魅力造成负面影响的评价包括拥挤的交通、混杂的街道、狭小的空间、高昂的房价、高昂的物价、长距离的出行和

出行时间长等。此外，语言交流不便和城市的陌生感等也成为对城市魅力造成负面影响的方面。

表 7-1　　　　　　　　东京魅力调查东京的良好印象

	·东京很方便，如有方便的地铁和 24 小时的便利店
	·商场服务很好、人们都很友好
	·喜欢东京的公园，东京的公园很多
	·现代与传统有很好融合
	·动漫、戏剧、演出、时尚等日本独特的文化受到喜爱
	·餐厅各方面条件菜品很好且价格便宜深受欢迎
	·能够品尝到世界各国的美食
	·没有贫富的差距感
东京的不良印象	
	·拥挤的电车，超出想象
	·街区的混杂成为街（涩谷、新宿等）
	·道路以及房间的狭小
	·房租和物价太高
	·东京长距离的出行花费太多的时间
	·日本给人有遥远和陌生的印象
	·语言不通
共同印象	
	·东京是国际大都会
	·经济大国日本的首都
	·时尚摩登的城市
	·不夜之城

资料来源：森纪念基金会东京魅力调查资料整理。

（二）东京五大魅力

根据调查问卷的反馈信息，东京魅力可以归纳为心仪和安全的城市、美味健康的饮食文化、独特的文化流行时尚、展现自然反映丰富生活的历史和传统、过去和现在交汇五个方面。

东京魅力之Ⅰ：心仪和安全的城市。心仪和安全的城市是东京魅力之一，它包括能够享受用心的生活，享受到热情好客的服务；能够体验到科技带来的便利的生活；有良好的城市治安，拥有各种防备自然灾害的设施；以及可以根据预算和经济能力选择可以体验的娱乐项目和有可以信赖日本制造的产品等。

东京魅力之Ⅱ：美味健康的饮食文化。美味健康的饮食文化包括食品料理本身的健康美味，还包括饮食考究以及夜生活等内容。日本料理被列入东京魅力。此外，东京料理人具有职业气质和职业精神也被推崇为东京魅力的内容。

东京魅力之Ⅲ：独特的文化流行时尚。东京能够发布最新的流行时尚是东京独特文化流行时尚的首要体现。东京高品质的化妆品、高质量的美容业和非常有影响和吸引人的动漫产业等也都成为东京魅力独特的文化流行时尚的主要内容。

东京魅力之Ⅳ：展现自然反映丰富生活的历史和传统。这方面内容包括东京的江户风景、传统的都市烟花会和水上荡舟等传统娱乐活动以及著名的汐入庭园等令人赞叹的历史建筑，还包括赏花、盆栽、传统工艺品、浮世绘、歌舞伎、相扑等传统文化。

东京魅力之Ⅴ：过去和现在交汇的城市。过去和现在交汇的城市主要体现在具有旧的异国风情的历史建筑物和有利用最先进技术建造的现代建筑设施，富有变化的城市街道和大都市圈特有的文化设施。

（三）东京城市品牌形成的课题与战略

东京五大魅力是区别于其他国家城市的东京独特的印象。东京五大魅力是东京最为本质的城市个性和独特性，是识别"东京品牌"的五个非常重要的要素。通过五大魅力可以形成未来东京"品牌标识"。报告还指出调查显示的东京五大魅力还体现了东京市民"为他人着想""注重细节的做事方式""礼貌的处事态度"的精神风貌，是东京城市生活文明的根本。

为促进东京城市品牌建设，提升东京国际知名度，需要从提高全社会对旅游兴国的热情、扩大东京的海外宣传力度，加强海外对东京的认识等方面大力推进。东京城市建设中还存在着旅游基础设施不足等问题是东京城市品牌建设需要面对的主要课题。解决这些问题东京首先要加强自身的改革意识，提高对城市品牌建设的认识和形成良好的社会舆论以及加强政府战略性的举措主导。

战略Ⅰ：加强东京五大魅力建设，提升东京魅力，扩大东京的对外影响。战略Ⅰ的核心思想是以五大城市魅力为评价标准，组织和开展各类宣传活动促进东京各区域的个性化建设以及区域的宣传体系建设。

（1）完善不同标准各种住宿设施的建设，特别是加强中高档酒店的进一步充实以及进行必要的宣传会展等。

（2）减少和避免导致混乱的旅游导游信息传播，确保观光景区广场及停车场的使用，加强自行车观光的设施建设，提升旅游的舒适度。

（3）提高战略性旅游资源的利用，加强东京隅田川周边、首都圈环状二号线沿道、既有商店街等旅游资源为主的东京国际旅游城市建设。

（4）保全、保持、再现旅游景区的传统景观，提升观光景区的景区街区魅力。

（5）培育街头文化，利用繁华街的街道、公园、广场开展结合市民生活的娱乐活动，向游客提供体验日本文化的机会和场所。

战略Ⅱ：积极加强开展有效的海外宣传。宣传内容包括，一是通过多种形式作品加强东京对外信息的传播力度。二是加强对"世界首位城市东京项目"的进一步宣传。三是社区建设，加强从语言应对能力等方面的多角度创造方便外国游客活动的环境。四是加强对主要目标国家游客特点的应对策略的研究和制定。五是加强方便游客的景区推荐和评价说明。六是著作权品牌的维护和管理等。

（1）加强品牌建设的战略设计。在对外宣传中如果缺乏品牌战略，即使有国家层面上的积极策略也是不足的。

（2）发挥东京核心作用。东京作为国家的核心城市有没有充分发挥其城市魅力关系到日本在世界国际旅游业竞争中是否能够占据优势。东京也是访日外籍游客增加的最大受益者。因此，东京应当在开展宣传制定政策吸引外籍游客方面承担起更加主要的职能。

（3）制定以时间为目标的评价考核体系。使更多的游客选择增加旅游时间，通过增加游客的短期停留时间增强东京的城市竞争力。

（4）制定目标客户战略。对于日本旅游的目标客户群东京应该有特殊的优惠对策。

（5）学习韩国等国家的品牌战略，通过相关的城市建设提高旅游的品牌价值。

（6）需要加强现实的游客接受政策的体制建设，加强旅游产业促进体系的建设。

（四）东京开展城市魅力探讨的启示

当前国内外不少城市都在围绕城市魅力这一主题展开探讨。事实上任何一个城市都具有一项或是几项城市魅力，但是如何整合城市魅力形成反映城市整体实力的综合城市魅力是各城市都在追求的目标。东京五大城市魅力的目的是在明确具有竞争优势的个性魅力基础上打造综合性的城市魅力。综观东京的五大城市魅力，应当透过城市展示的人与自然、人与社会以及历史与现代的和谐关系体现出城市的综合魅力。

1. 人与自然

城市是人为的，但是城市与自然是不可分的，自然是城市魅力的重要方面。东京城市五大魅力中每一项都涉及城市与自然的联系，包括在传统文化方面江户的自然风景也成为城市魅力的重要表现。但是当前都市化使城市中的自然元素越来越少，很多城市将穿越城市的河流围建成城市别墅、高档会所，所以城中的自然景观和元素已很少。尽管一些城市把树木稍稍多一点的公园升格命名为"森林"，但是其已少了自然风味，说明一些城市没有很好地处理与自然共生的关系。尽管城市里再生性和仿生性的自然因素也应运而生，如一些中小城市对于原色木材、原始石灰、原生花草的悉心搭配，这些搭配虽然不会让人误认为到了乡村，却在城市中输入了自然界的韵律，也有城市比较开阔疏朗，自然的因素呈现得更加大方和浓重，如一个个巨大的草坪建设等，但是却抹不去人为的印痕，也缺少城市个性。只有贴近自然和城市文脉相同的自然才能创造出真正的有城市影响力的城市魅力。

2. 历史与现代

东京五大城市魅力中多处涉及传统与现代的融合。事实上每一个城市有其产生与发展的历程，及由其形成的独有的外在和内在有别于其他城市的风格与个性。城市通过其街头巷尾展示着历史的过往，展示着今天城市生活与过往的自然关系。这是城市魅力中不可复制的部分。世界上的许多城市如中国的北京，意大利的罗马，法国的巴黎，希腊的雅典，西班牙的托莱多，日本的东京、京都、奈良都等，它们的历史元素都是城市魅力的重要组成部分。城市的魅力的形成有一系列城市的共同规范，东京的五大城市魅力表明城市魅力是对文化传统以及文化艺术的尊重，城市魅力是由城市历史与现代要素形成的综合性效果。这种氛围不仅影响一代代市民，也构成外在的感染力。因此，一个城市的历史如果能经过时间的考验成为城市魅力，就会变成长久的城市魅力。

3. 城市中的人与社会

东京五大城市魅力中用心的生活、安全城市、安心周到的服务等城市魅力评价都说明人与社会是城市魅力中的重要部分。一个城市如果没有市民与社会的和谐联系，这个城市的魅力则无法持久。有研究表明，如果一座城市受到市民爱戴，那么这座城市便拥有了形成和提升城市魅力的重要和关键性基础。在东京的城市魅力评价中从优良的服务、市民友好，到良好餐厅环境、美味的菜品、合适的价格，以及没有贫富的差距感等，这些体现了城市魅力覆盖之广，城市中的每个市民都可以是这种城市魅力的体现。市民的群体像，以及每个市民（包括有影响人物）的存在也可以从根本上改变一座城市的魅力形象。

第二节　日本京都关西：文化学术研究都市

20世纪80年代，以日本京都大学名誉教授奥田东为核心的"关西学术研究都市调查恳谈会"在思考发挥关西地区丰富的经济、文化、学术研究优势促进关西地区发展中，借鉴筑波科学城建设的成功经验与不足，提出了"学术研究都市"的建设构想。随后国立民族博物馆原馆长梅棹忠夫进一步提出重视文化的"新京都国民文化都市构想"建议，由此"学术研究都市"深化为"文化学术研究都市"。

1986年，日本政府考虑关西的文化学术研究资源，以及城镇的协调发展，由内阁正式提出了建立关西文化学术研究都市的构想。1987年，由内阁总理大臣制定了关西文化学术研究都市建设的基本方向，颁布了《关西文化学术研究都市建设促进法》[①]，旨在统筹规划公立研究机关、民间研究所、住宅区和公共设施及建设。1994年，国土交通省在"文化学

---

① 沈汉：《日本新建关西文化学术研究城市》，《日本问题研究》1994年第2期。

术研究都市"概念基础上，提出加强推进"产、官、学联合，共同推进文化、学术、研究的国际化、跨学科、行业性交流"，"文化学术研究都市"建设正式启动。

2006年3月，日本政府制定《学研都市三阶段规划》，明确了关西文化学术研究都市之后10年的发展方向。其中针对学研都市建设、相关研发、创新产业、交通基础建设、居住环境、都市环境等，提出建设环境共生、节能、低碳的，以降低环境负担为目标的都市建设方针；同时，提出了推动"环保都市行动规划"以促进新型的生活形态。在此基础上，京都府于2008年依据《关西文化学术研究都市建设促进法》第5条第1项规定，在京都府域范围内，对文化学术研究都市建设规划进行了第3次修订。

此次修订的规划明确了京都迈进21世纪的城市发展目标是全面实施文化学术研究都市建设的综合性措施。长期以来，各方面协力推进"关西文化学术研究都市"的意义已不仅是在近畿圈范围，而是与日本国内及世界文化学术研究领域形成联盟，创造出面向21世纪的跨学科、跨国际、跨行业的文化、学术、研究以及产业的新基地，对日本乃至世界学术文化的发展以及国民经济做出贡献。

一 关西文化学术研究都市与城市发展目标

（一）关西文化学术研究都市

关西文化学术研究都市以京都府精华街、西木津市地区为中心，区域总面积约15000公顷，总人口23.8万人。从地理位置上看，关西文化学术研究都市包括京都府南部的木津川左岸到大阪府东部—奈良县北部的广域地区，区域包括京都、大阪、奈良三府县的七市一街（见图7-1、表7-2）。关西文化学术研究都市是在近畿圈所集聚的学术研究功能、产业功能、城市功能的基础上，通过将关西的文化学术研究资源网络化，形成协作联合体，不仅是在近畿圈范围，而且与国内及世界文化学术研究形成联盟。

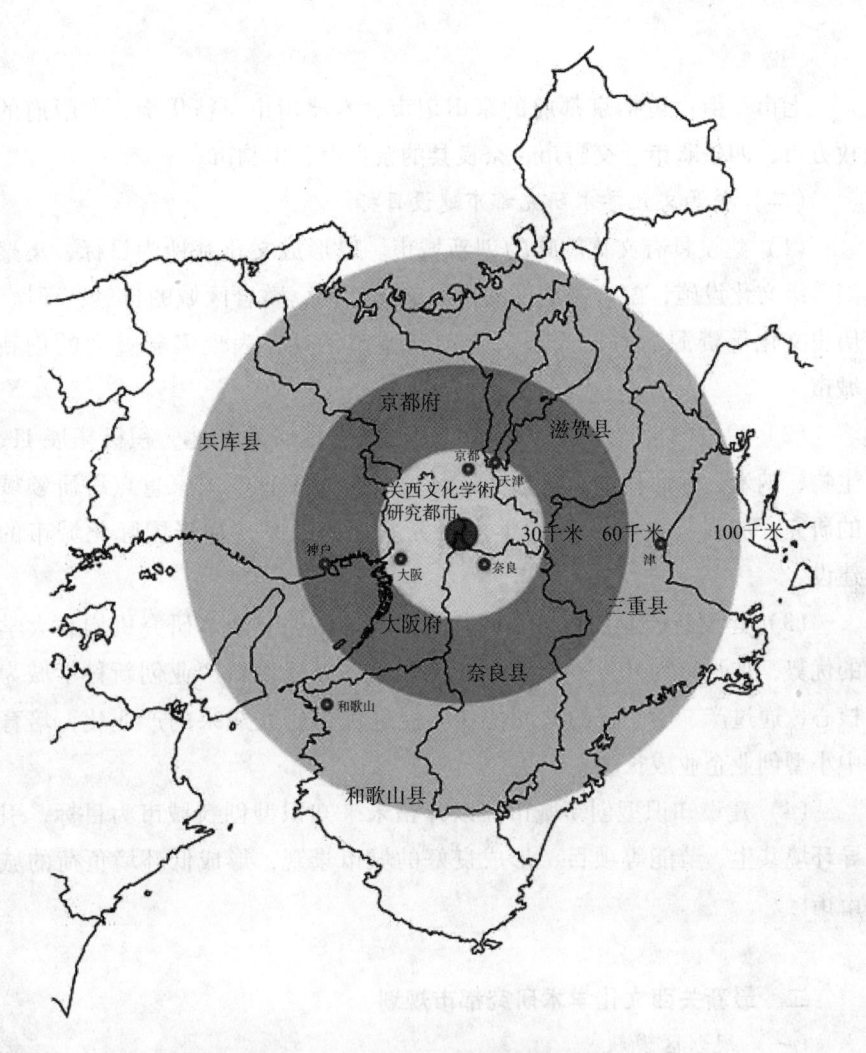

图7-1 关西文化学术研究都市区位

资料来源：2015年7月1日，http://www.pref.kyoto.jp/bunkaga/4.html。

表7-2 关西文化学术研究都市概况

	区域构成	规划面积（公顷）	人口（万人）	
			规划人口	实际人口
府县	七市一街	15000	41	23.8
京都府	两市一街	7370	19	9.8
京都府占比重		0.49	0.46	0.41

资料来源：2015年7月11日，http://www.pref.kyoto.jp/bunkaga/1.html。

七市一街：包括京都府的京田辺市、木津川市、精华街，大阪府的枚方市、四条畷市、交野市，奈良县的奈良市、生驹市。

（二）关西文化学术研究都市建设目标

（1）建设具有文化韵味的创新城市。以形成文化基地为目标，集聚高等级文化设施，配合本地区的市民文化活动，整合区域的自然、环境、历史文化等资源，通过开展文化创新城市活动，表现多彩魅力的创新城市。

（2）建设向世界开放的城市。建设国际性研发基地，积极拓展IT、生物、纳米、生命科学、机器人、环境、激光等日本国家重点科研领域的研究，加强与世界各国的学术研究基地的联系，加强国际化城市的建设。

（3）建设新产业创新科学城。发挥本地区拥有众多研究机构和大学的优势，加强研究开发同产业创新的联系，以建设新产业创新科学城为核心，通过产、学、官的共同协作，促进优秀研究成果的产业化，培育中小型创业企业成长。

（4）建设知识型创新城市。以开拓未来知识型创新城市为目标，引导环境共生、节能等项目，形成良好的城市景观，形成低环境负荷的城市街区。

二　最新关西文化学术研究都市规划

（一）规划区现状

京都府所属文化学术研究都市包括京都府南部木津川左岸京阪奈地区东部的京田边市、木津川市以及精华街，区域面积约7370公顷，其中人口约为88000人，随着文化学术研究都市建设的推进，人口保持着持续增加的趋势。

京田边市、木津川市以及精华街与近畿日本铁路京都线、西日本旅客铁路奈良线、京阪奈线、西日本旅客铁路关西干线、同片街线，以及京奈和高速公路、国道24、国道163、国道307线等相连，距京都和大阪分别为20公里和30公里。

规划区域城镇化比例为三成，其中，中木津川地区是农业人口比例较高的区域，拥有良好的农业资源。随着人口增加和企业的增加与扩大，大型商业设施的增加，配合文化学术研究都市建设城市功能得到有序推进，以近畿日本铁路京都线沿线作中心的城市化的逐步推进，服务业的从业人数也在不断增加（企业以小规模企业为主）。

（二）规划建设内容

（1）文化学术研究设施建设。为促进高等级文化、学术、研究功能集聚，规划强调充实为开展文化、艺术相关研究、教育以及启蒙教育等的设施，大学教育研究设施，创新型基础研究设施，应用研究以及尖端的技术开发设施。充实为推动文化、学术、研究活动的其他设施，充实支持文化、学术、研究提供信息的设施及文化交流设施。

（2）产业振兴。以支持创新产业技术开发和建设创新产业基地为核心，鼓励通过文化、学术、研究成果，培育研究型产业及支持文化、学术、研究活动产业发展和扩大就业。培育中小企业、风险企业，提高企业创新能力。

（3）居住环境建设。以建设环境共生、节能低负荷的示范城市为目标，考虑老龄者等需求，通过城市空间使住宅建设与文化、学术、研究都市目标相符合，形成有文化氛围、人性化的安心、安全、舒适的环境友好型人居环境。

（4）城市功能建设。城市功能建设以综合建设为方向，适应文化学术研究都市研究和各项活动与国际化、信息化、少子高龄化的发展趋势。城市功能综合建设包括公共、公益设施、信息通信等基础设施建设。同时，城市功能建设要提升城市的服务水平，为市民、研究人员等创造更多的生活便利。

（5）广域交通设施、信息、通信基础设施建设。基础设施建设以保证与近畿为核心的国内外研发基地的联系，保证文化学术研究都市作为信息源基地的功能建设。交通，以道路、铁路等交通基础设施为基础形成综合城市交通体系，提高交通的安全性和舒适度。建设高技术信息、通信基础设施。关西建设以学术、产业以及行政等领域的共同协作为基础，最大限度地发挥民间作用，相关街市发展的基本构想协调一致，人权保障和全社会福祉、生活、文化提升的目标不断推进。

(三) 规划建设项目

(1) 文化学术研究交流设施项目建设。文化学术研究交流设施包括交流促进功能设施建设、研究促进功能设施建设，教育研修功能、信息提供功能和支援功能设施建设。①促进交流功能：都市内外的研究者、企业等给市民提供文化、学术、研究交流机会和场所的同时，支持和帮助产、学、官联合，推进创新产业发展。②促进研究功能，支持和帮助研究者实施与研究和开发相关的规划。③教育研修功能，提供各类教育和研修的机会和场所，开展各类研究和开发有关的活动。④信息提供功能，提供文化、学术、研究等相关的信息。⑤支持功能，提供满足以上①至④相关功能的必要的翻译，印刷、研究相关机械的销售、维修等服务。

(2) 文化学术研究交流设施运营。①为推进有关文化发展、学术振兴以及研究开发等的交流和共同研究所进行的设施建设及设施运营。②为推进有关文化发展、学术振兴、研究开发的交流的各项事业。③为设计和支持国际性、跨学科、跨行业的共同研究开展所必需的事业。④为进行文化、学术、研究普及和启蒙所需开展的活动。⑤为文化、学术、研究等活动开展，提供必要信息的活动。⑥为支持文化、学术、研究活动的设施建设及其运营活动。⑦为促使文化学术研究交流设施发挥作用的各种相关活动

(3) 公共设施、公益设施、住宅等设施建设。①交通设施。广域交通设施，为加强同关西国际机场、大阪国际机场、国土干线轴、近畿圈的主要都市及研究开发基地等的联系，至关西国际机场1小时、京都、大阪、奈良30分钟交通的建设方针，进行必要的相关设施建设。道路：推进地区高标准的学研都市联络道路（国道163号）、高标准干线道路京奈和机动车道（京奈道路）建设。同时，在相邻区域加速近畿机动车道名古屋神户线（新名神高速道路）、第二京阪道路的建设和推进宇治木津线规划落实。铁路：不断考察未来运输需求动向等，推进探讨从近畿日本铁路线学研奈良登美丘站，至同京都线高之原站和新祝园站的延伸线的建设方案。进一步加强关西日本旅客铁道奈良线、片街线等现有线路的运输能力。②住宅及其他设施建设：都市开展文化、学术、研究等活动的设施建设还需要考虑环境共生、

安心、安全、残疾人等，建设满足多样生活方式良好宜居的住宅和住宅环境建设；住宅建设考虑使工作与居住实现近距离化，文化学术研究区建设尽量与周边现有的街区相补充，实施空间配置形成社区建设。住宅构成以多种家庭形态、活动形态的新型居住环境为目标，作为一次生活圈，单位住宅社区设计为6000人和12000人规模。为增加居住者的就业机会扩大城市功能，在道路沿线区域鼓励复合型土地开发，引导商业、业务等功能的进入。在文化学术研究地区的二次生活圈中，建设在居住区内没有的城市设施，满足周边居民共同利益需求。③其他设施建设：根据各文化学术研究地区的特性，建设能够支持文化、学术、研究等活动，使文化、学术、研究成果转化为研发型产业的设施。加强为促进城市活动纵深化、多样化发展的教育、健康、信息产业等新型都市型产业设施建设。

三 关西文化学术研究都市建设的特点与启示

关西文化学术研究都市建设自始至终是在《关西文化学术研究都市建设促进法》确定的关西文化学术研究都市建设的基本方向基础之上，从政府内阁、国土交通省到地方政府的不同层面上保证了关西的文化学术研究资源利用，以及城镇的协调发展。这种规划的权威性和一贯性也确保了关西文化学术研究都市不仅能够承担在近畿圈范围内城镇的协调发展，而且能够与日本国内及世界文化学术研究建立联盟关系。从某种意义而言，关西文化学术研究都市建设是政府行政规划的产物，由此保证了关西文化学术研究都市在长期发展中能够承担超出自身都市行政职能范围更高层面的发展目标。

伴随不同发展时期的变化，不同政府职能部门的一系列规划对关西文化学术研究都市的建设和发展起到了非常重要的作用。这些规划基本上是和各个时期日本的发展环境以及关西所处的地位、作用相联动的。虽然各个时期的发展得益于政府规划，但是规划中强调的动员民间力量，成为调动民间力量的重要依据。因此，关西文化学术研究都市的发展仍然可以说是受到民间力量的大力支持与推动。

关西文化学术研究都市的建设确立了京都、奈良、大阪作为合作区域在文化、科研、研究以及产业之间相对比较明显的职能特征,① 确立了以文化为基础的文化科研、文化产业的合作关系。京都、奈良是著名文化古都,大阪作为历史名城,同时也是世界著名的工商贸易大城市。此外,京都和大阪都有具有百年历史的国立大学,教育发达。

关西文化学术研究都市的建设对我国创新型城市建设的重要启示有三点。

第一,创新城市建设与规划和一般城市规划具有本质的不同。创新城市的使命不是单方面的现有城市基础的加强,更需要立足于发挥区域的资源优势,即文化、科技等资源优势,在区域大环境下,在区域的城市网络中考虑创新城市建设。这种跨区域的特性导致了创新城市规划要从超越城市建设投资本身,而在区域文化、教育以及科技范围来考虑问题。因此,高层次的决策和方针规划的连续性极为重要。

第二,关西文化学术研究都市的建设不仅是在所在地原有城市基础上的累加建设,还是质变性的建设,即需要有各具特色、能够整合文化和科技资源的功能性设施。

第三,政府行为和市场行为的互动是落实新城建设的关键。遵循产业的发展规律,鼓励和扶持民间力量在策划和规划的阶段就参与新城的建设也是十分重要的。

第三节　日本金泽:中小城市的文化生产与可持续发展*

随着全球化程度逐渐加深,城市的"同质性"趋势愈加明显,一些具有全球经济、政治、文化功能的大城市逐渐处于全球制度设计的顶端,许多其他城市也融入这个"已设计"的体系之中,并受到金融和经济快速变化的影响。在一些处于从属地位的城市中,原有健康的经济基础设施以及地方独特的文化正处于危机的边缘。这一背景下,欧、美、亚洲

---

① 邱华盛:《关西文化研究城》,《科学与社会》1995年第3期。

* 本部分主要参考了 Urban Crisis: Culture and the Sustainability of Cities 第二部分相关章节中对日本金泽市发展实践的相关描述,特此鸣谢。

等国家在开拓城市的"创造力"和"可持续性"方面进行了大胆尝试，如欧洲创意城市研究小组通过开拓艺术或文化的创造力来挖掘潜在的社会力量，又如欧盟150多个城市已组建可持续城市运动，"从下到上"自发主动地维护欧洲和世界城市发展的可持续性。

受到欧洲可持续发展城市运动的影响，日本一些传统城市在经济结构调整和城市更新过程中，也探索了"以文化促进城市可持续发展"的路径，形成了有益经验。本部分以日本金泽市为例，对经济、文化、环境共生的城市发展模式做简要介绍，在此基础上对我国传统城市更新和可持续发展问题形成政策启示。

一 日本金泽的文化积淀和产业基础

金泽市位于日本北陆地区石川县中部，是日本北陆地区最大的城市，由于经济较为发达被誉为"小京都"。目前金泽市人口约50万，从江户时代起就有"天下书府"之称。从地方特色的角度，金泽市当地的独特生活和文化孕育了许多传统的表演艺术和工艺品，同时自然环境优良，是人文、经济和自然和谐统一发展的典范。

从历史上来说，金泽的根源可以追溯到500多年前，雏形是由佛教信徒建立的自治政府。1583年，前田俊吉勋爵开始在金泽城堡周围建立城镇；17世纪金泽旁边的加贺省鼓励学术、手工艺和表演艺术，这一时期的工艺推广成为金泽机械工业发展的基础；1868年日本在明治维新时代对西方开放，随着国内政治格局变化，经济结构发生调整，明治维新时期金泽人口迅速从13万人下降到8万人；19世纪90年代，金泽开创了一条新的工业化道路，从"城堡之乡"转变为"现代金泽"，形成了以出口丝绸为主，纺织机械工业为支撑的产业体系。

在这一转型过程中，1876年成立的金泽工业振兴研究所（现称石川产业研究所）和1887年建立的金泽技术高中，在技术的保存、传播和开发方面扮演了重要角色。金泽工业振兴研究所是第一个以保存、培养和发展当地工艺知识为目的的公共研究机构；金泽技术高中则是由公民创建的日本第一所技术高中，以促进传统工艺现代化为手段，推动地区发展。后期，创建于1920年的金泽先进技术学校（现为金泽大学工学系），以及创建于1924的金泽市技术学校（现为金泽市立技术高中）也通过集聚和开发教育科研人力资源，在当地制度、文化和产业发展和转型过程中发挥了重要作用。

二 金泽市文化、经济和环境并存共生的特点

日本在第二次世界大战后，经济高速增长，许多日本城市成为东京的"经济分支城市"，失去了原有的文化和独立的经济基础。然而，金泽通过经济和文化的平衡保持了自身的内在发展，形成独特的文化生产模式（见图7-2）。

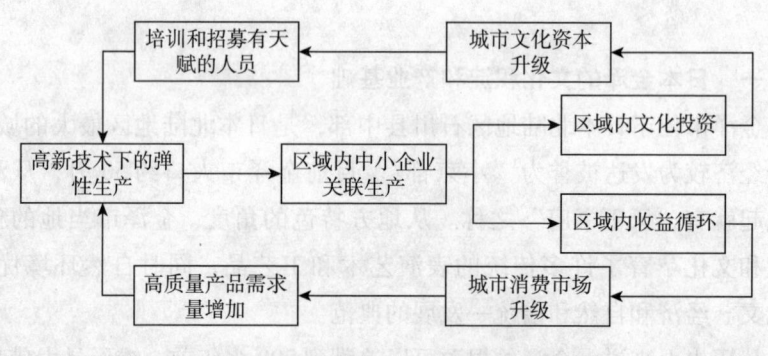

图7-2 金泽城市文化生产模式

资料来源：Urban Crisis: Culture and the Sustainability of Cities.

作为日本内陆发达城市，金泽市的"文化—经济—环境"共生发展系统有如下特点。

（1）高度独立的城市经济。金泽没有任何大公司或大型工厂的总部或分支机构，而是拥有一批可持续的内生发展的中小企业，这些企业的总部或决策部门以及主要工厂均在金泽地区。

（2）多元化的产业基础。自明治时代以来，纺织和纺织机械两个行业一直是金泽市的两个联合重点产业。以这两个产业为基础，二战以来，机械器械与食品加工机械工业，以及出版印刷、食品和服装行业一直处于发展过程中。因此，作为一个人口只有约50万的地方城市，金泽拥有多元化的工业基础。

（3）独特的"工业区体系"。以纺织工业为例，金泽除了以制造业为

核心外，还有一个独特的"工业区体系"，以本地贸易公司为中心，具有发达的销售、分销和财务功能。

（4）良好的产业规划。金泽早期通过限制大规模的城市建设和"烟囱工业"，避免了工业和城市结构的急剧变化。因此传统工业、街道设计和自然环境都得到了很好的保护，丰富了城市生活内容和品质。

（5）集聚了高质量的城市文化资源。金泽市高度独立的城市经济体系防止了区域内利润外流，有助于促进中型企业不断创新，且带动发展了餐饮业等服务业，为文化资源提供配套支持。而且，通过增设大专院校、职业学校等学术机构，金泽集聚了高质量的城市文化资源。

三 金泽市传统文化保护政策与实践

作为一个经济、文化和环境内生发展的创意城市，金泽培育了自己独特的产业，包括传统手工艺品、表演艺术和文学在内的许多城市中脱颖而出。在工艺美术领域，拥有一技之长的 Taku-kuya（人物肖像）、Matsuda（金漆器）、IrakuUozumi（锣）、Uzan 木村（Yuzen 丝绸染色）、Kodo Himi（镶嵌金属制品）、Shoyo Oba（金漆工）和 Naoji Terai（金漆器）等被指定为或国宝或国际艺术学院成员。同时，在这些传统工艺方面活跃的能人巧匠也很多。

以上成就离不开金泽市特有的文化保护政策和实践。20 世纪 80 年代后期，金泽市创造性地出台了文化保护政策，并通过文化保护实践，推动当地文化艺术发展。其主要内容包括以下方面。

（1）成立研究机构支撑文化传承。金泽建立了自己的市文理学院，邀请著名的工匠担任教授，为后继者的发展做出贡献。1955 年大专金泽艺术技术学校升级为大学，拥有艺术学院和工业艺术学院两个学院，后者包括三个专业，即商业设计、工业设计和工艺设计，提供为期四年的课程，且直接涉及现代工业。

（2）努力保存文化资产。1949 年 7 月，在《国家文物保护法》成立的前一年，金泽通过了《地区文化遗产保护法》。这是金泽正式推进文化保护工作的开端，使金泽文化在战争期间依然能够免遭破坏。

（3）保护传统环境。在日本高速发展时期，许多日本城市地方特色和建筑在城镇化过程中消失。相对地，金泽则在 1968 年通过了《市传统环境保护区域法》，成为日本第一个出台传统环境保护地区法律的城市。此项法案不仅保留了被指定为传统环境区的建筑物，而且还为恢复指定保护区以外的传统建筑物提供了财政支持。

（4）优先考虑培养和学习西方文化的"软件"而非"硬件"。金泽一开始并没有将财力、物力置于大型歌剧院和交响乐厅等"硬件"设施的建造上，而是首先培养承载和传播西方文化的"软件"，如组建金泽管弦乐团。这个乐团于1988年创立，是日本第一个专业室内乐团，不仅演奏莫扎特的交响曲，还大胆地尝试包括Toru Takemitsu 和Toshiro Mayuzumi 在内的作曲家的现代音乐。

（5）强调公民参与培训和培养计划。1989年，为纪念现代金泽一百周年诞辰，金泽建立了乌塔山工艺坊，开始招募有兴趣的学生进行为期三年的陶瓷、漆器、染色、金属制品和玻璃工艺品培训。培训课程向当地公民开放，有助于培养传统技术接班人。

（6）控制大规模的城市实体更新。1989年4月，日本泡沫经济加重，旧武士房屋和历史地标被高层公寓和写字楼取而代之。而同期金泽市反其道而行之，出台"城市景观规定"，规定了建筑高度、形式、色彩、广告等，以与当地建筑和文化环境相适应。其后，这一规定逐渐升级为《城镇街道地区法》，《城市水资源保护与美化地区法》和《坡地绿化保护地区法》。

四　金泽的"新文化运动"和近期产业发展政策

受到传统文化过分束缚的城市将缺乏文化创造力，丧失培育创意产业的能力。为了让传统工艺与现代技术结合，符合现代市场需求特点，金泽市通过"新文化运动"，推进创意文化发展，使传统工艺更具活力。主要实践方案有以下方面。

（1）旧厂房改造。代表性的如纺纱厂旧仓库被重新设计为金泽市民艺术中心，作为供市民自由使用的创意空间。艺术中心由戏剧、音乐、生态生活、艺术等多个工场组成，成为传统工艺与现代艺术结合的催化剂。

（2）通过促进传统工匠技术与高科技机械相结合，生产高附加值的文化产品和服务。如设计创立包含"工匠签名系统"的工艺生产线，提高文化产品附加值，迎合现代消费特点和结构。

（3）通过推动区域内产业分工合作，从日用品生产商到机电一体化、软件、设计行业，构建完整产业链，以产生新的文化支出和消费。精细化产业分工和合作有利于发现新的市场空间，金泽市区域内相对细分的产业体系和文化积累过程为新的文化支出提供了机会。

第八章

城市文化发展综合经验

第一节 城市公共文化投资

公共文化投资是指由各级政府、企业以及其他非营利组织或个人向社会提供公共文化产品和服务的一系列资源投入的总和。随着中国经济实力逐渐增强,建立文化自信、形成国际文化凝聚力的物质条件已基本具备,也更加迫切。本节对包括阿姆斯特丹、布鲁塞尔、伊斯坦布尔、伦敦、洛杉矶、莫斯科、纽约、巴黎、旧金山、首尔、上海、深圳、斯德哥尔摩、悉尼、东京和多伦多在内的16个世界文化名城公共文化投资的主体、整体效果和发展趋势进行综合分析,并通过对比国际发展实践,形成提高国内城市公共文化投资效率的政策参考。

一 世界文化名城公共文化投资的特点

从世界城市发展现状看,城市公共文化发展资金主要有三个来源,即直接公共资金、间接公共资金,以及私人赞助和慈善捐赠。直接公共投资资金来源于中央政府和地方政府直接财政拨款的"文化专项资金",间接公共投资资金主要包括与文化发展相关的减税政策和财政激励措施。直接公共资金和间接公共资金统称为公共资金。

(一)各城市直接公共资金来源主体不同,呈现三种模式

直接公共资金是指各级政府直接财政拨款中用于文化事业发展的部分。根据直接公共资金来源主体不同,可将16个世界文化名城分为三种类型。其中,布鲁塞尔、伦敦、阿姆斯特丹、多伦多和首尔,中央政府投资占绝对优势,称为"中央政府主导式";伊斯坦布尔、深圳、莫斯

科、纽约、旧金山城市政府投资占绝对优势,称为"城市政府主导式";洛杉矶、悉尼、巴黎、斯德哥尔摩、上海和东京区县政府投资占绝对优势,称为"区县政府主导式"(见图8-1)。

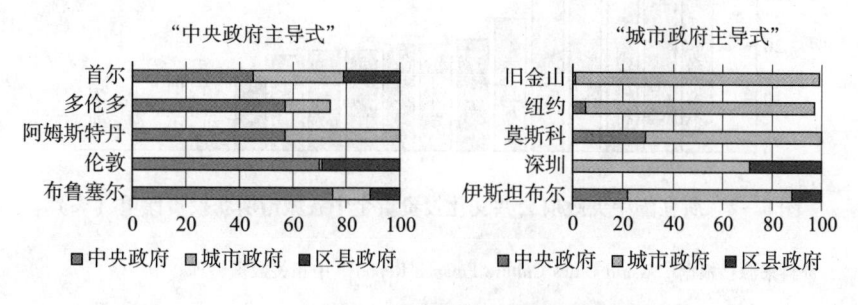

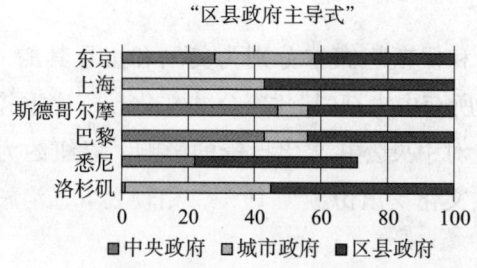

图8-1 世界文化名城各级政府直接公共文化投资类型及比例

资料来源:根据"World Cities Culture Finance Report"中相关数据整理。

(二)在中央/联邦政府文化投资总额中,首都城市倾向于获得较大投资比重

在所统计的16个世界文化名城中,包含8个首都城市和8个非首都城市,各城市获中央政府公共文化支出比重的中位数为19.7%。如图8-2所示,除土耳其前首都伊斯坦布尔外,获中央政府投资比重大于中位数的城市均为首都城市。同时,除首尔外,获中央政府投资比重小于中位数的城市均为非首都城市。以上事实证明首都城市地位在获取中央公共文化投资中的重要性。

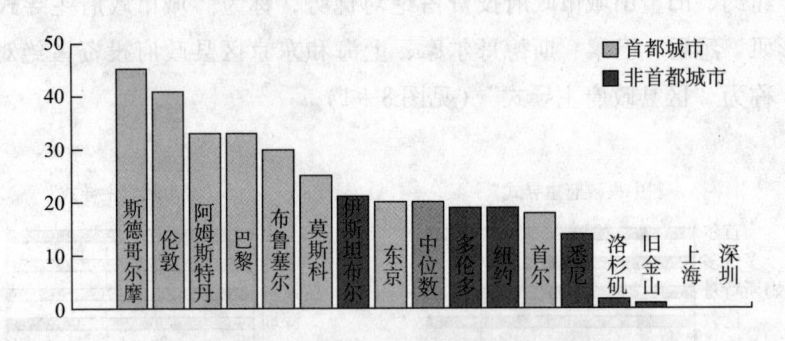

图 8-2　所在国中央政府公共文化投资资金中各城市所获投资比重（%）

资料来源：根据"World Cities Culture Finance Report"中相关数据整理。

另外，纽约和伊斯坦布尔分别为美国和土耳其的"准首都"，如图 8-2 所示，二者所获中央/联邦政府公共文化投资比重较大，亦从侧面证明"首都"地位对中央公共文化投资的影响。以纽约为例，作为美国的"准首都"，公共文化支出份额为 19%，相较之下，洛杉矶和旧金山均不足 5%。

（三）单中心和集权国家的城市倾向于获得较大规模公共文化资金

从世界文化名城公共文化投资实践看，单中心城市将获得更多的中央/联邦公共文化投资资金，如法国巴黎和英国伦敦。相对而言，中国和美国拥有多中心城市体系，因此中央/联邦政府公共文化资金较为分散地投资于多个城市，因此中国和美国的样本城市获得的中央投资资金比重并不大。

另外，政治治理结构对城市公共文化投资亦存在影响。一般而言，地方城市在税收方面的权力越大，公共文化资金就越多地来源于地方政府而不是中央/联邦政府。

（四）外包式管理和项目定向资助是两种主要的资金管理方式

从世界文化名城发展实践看，除莫斯科和上海外，其余世界文化城市的公共文化资金由区县级政府直接管理。管理方式主要包括以下两种类型。

（1）外包式管理。即政府将资助文化项目的持续管理和服务责任转嫁给相对独立的第三方执行。如 1989 年伊斯坦布尔成立文化公司，负责管理伊斯坦布尔都市圈的文化场所,并参与组织节日活动,通过出售门票和图书获取一定收益。据统计,2014—2015年,伊斯坦布尔文化公司预算投资8200万美元,占伊斯坦布尔城市层面公共文化直接投资资金的26%。同样地,东京成立非营利性机构历史文化基金会,负责管理东京政府的9个文化艺术场所,并负责资助东京艺术委员会。数据显示,2014—2015年历史文化基金会筹集6500万美元支持文化事业发展,占东京都政府文化促进部分预算的33%。

(2) 文化资助项目。即资助相对较少数量的重要文化机构或项目,以达到公共文化投资的目的。如斯德哥尔摩通过资助个别文化项目和组织、创新性活动,促进当地多元文化的发展。同样地,深圳2014年战略性地资助400个非政府组织的文化项目,以促进"面向市场"的文化领域的发展。

二 国际城市比较视野下的上海公共文化投资特点

与其他15个世界文化名城相比,上海公共文化投资具有显著的区别。

(一) 上海公共文化投资呈现"中央投资低—城市投资适中"模式

根据中央政府和城市政府在城市公共文化资金的资助比例,得出16个世界文化名城的相对坐标(见图8-3)。与其他15个世界文化名城相比,上海属于"中央投资低—城市投资适中"类型。如上所述,这与城市体系单/多中心发展模式、中央政府集权程度和是否为国家首都等因素相关。中国拥有多极化城市发展体系,导致中央在城市层面的投资较为分散、分税制行政管理体系、非首都政治功能,是形成上海"中央投资低—城市投资适中"模式的主要原因。

(二) 更多地投资于文化创意产业,即更加注重商业文化投资

数据显示,美国的三个样本城市纽约、旧金山和洛杉矶公共文化支出的60%—90%投资于公共图书系统,以提供免费或低廉的知识获取途径。伦敦更是以法律形式规定用于公共图书馆的文化资金比例,保障公共图书馆的资金供给。相对地,上海和深圳政府主导的文化资金更多地投放于文化创意产业,即更多地投资于具有商业形式的文化产业,对图书馆等文化基础设施的投资相对较少。如2016年深圳文化产业发展促进基金和文化创意产业基金共计1.91亿美元,占全市文化支出的62%。

		城市政府支出比例		
		高	中	低
中央政府支出比例	高		阿姆斯特丹、多伦多、布鲁塞尔	伦敦
	中	莫斯科、纽约	伊斯坦布尔、首尔、东京	悉尼、斯德哥尔摩、巴黎
	低	深圳、旧金山	上海、洛杉矶	

图 8-3　公共文化资金中中央政府与城市政府支出比例矩阵

资料来源：根据"World Cities Culture Finance Report"中相关数据整理。

（三）间接投资和私人投资相对较少

数据显示（见图 8-4），16 个世界文化名城中，上海、深圳、斯德哥尔摩、多伦多和莫斯科 5 个城市私人捐赠资金为 0 或接近为 0，处于较低水平。同时，上海、深圳、斯德哥尔摩和悉尼间接公共文化资金为 0，即以税收减免形式存在的公共文化资金规模相对较少。

同时，由图 8-4 不难看出，私人捐赠构成美国城市文化资助资金的重要来源。16 个世界文化名城中包含 3 个美国城市，分别为洛杉矶、旧金山和纽约，三个城市私人捐赠资金比重在 16 个世界文化名城中最高，分别为 45%、61% 和 70%。其他城市除东京外，私人捐赠资金比重均不超过 19%。

三　世界文化名城公共文化资金利用的发展趋势

（一）"税收减免"或"财政激励"等间接公共文化资金对城市文化事业的发展愈加重要

从 16 个世界文化名城发展实践看，多个城市直接公共文化资金规模呈现下降趋势，间接公共文化资金对城市文化事业的发展愈加重要。间接公共文化资金主要包括减税和财政奖励。

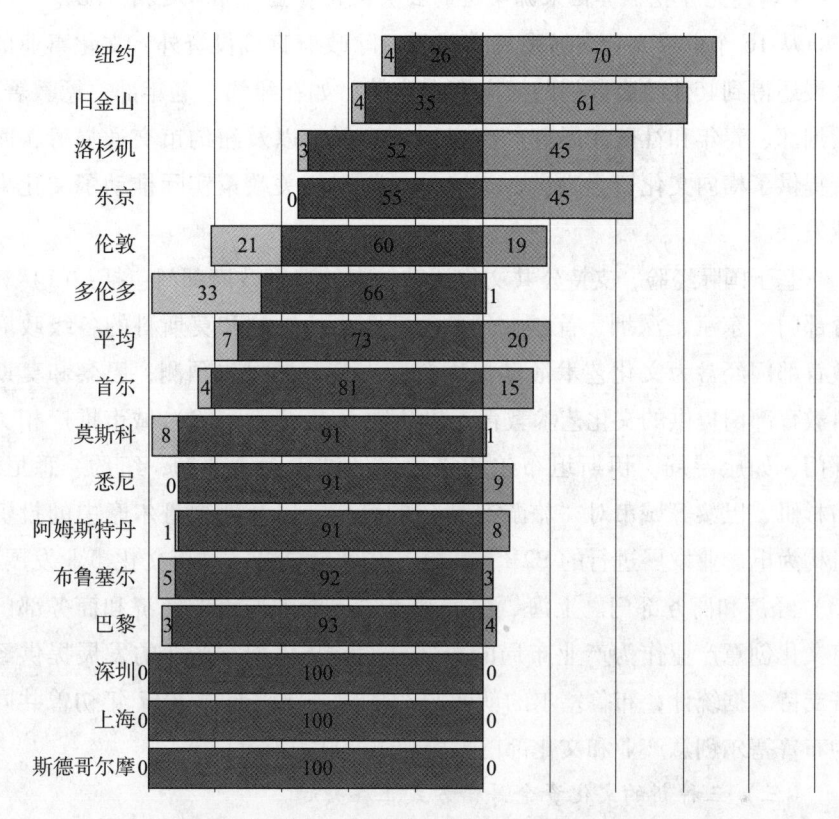

第八章 城市文化发展综合经验 / 217

城市	直接公共资金	间接公共资金	私人赞助和慈善捐赠
纽约	4	26	70
旧金山	4	35	61
洛杉矶	3	52	45
东京	0	55	45
伦敦	21	60	19
多伦多	33	66	1
平均	7	73	20
首尔	4	81	15
莫斯科	8	91	1
悉尼	0	91	9
阿姆斯特丹	1	91	8
布鲁塞尔	5	92	3
巴黎	3	93	4
深圳	0	100	0
上海	0	100	0
斯德哥尔摩	0	100	0

图 8-4 2014—2015 年各城市公共文化资金来源构成

资料来源：根据 "World Cities Culture Finance Report" 中相关数据整理。

  税收减免可以减少文化事业从业者承担的税负，是间接资助公共文化事业的重要手段。从 16 个世界文化名城的发展实践看，税收减免政策有两个关键特点。(1) 税收减免政策一般由中央/联邦政府设定，且税收减免幅度与私人赞助和慈善捐赠数量相关。一般而言，私人赞助和慈善捐赠数量越多，税收减免覆盖面越小。(2) 主要包含两种不同的税收种类。一是伦敦和多伦多施行的针对电影等文化事业的税收优惠；二是北美所有城市、巴黎和伦敦等针对文化慈善组织个人或公司施行的税收减免政策。

（二）充分挖掘其他来源渠道的公共文化资金，并与之相互配合

从16个世界文化名城发展实践看，除政府直接投资外，文化事业的发展还得到其他政府部门的横向资金支持。如在纽约，老年部、惩教署、缓刑部、青年和社区发展部、市房屋管理局，以及纽约市交通局等，间接提供了横向文化资金支持，或通过各部门相关政策实际推动了文化事业发展。

基于国际经验，支持公共文化活动较多的典型政府部门包括：（1）教育部门。东京、深圳、首尔、伦敦、旧金山、巴黎和莫斯科的各级政府教育部门经常为文化艺术活动提供资金支持。据报告预测，巴黎和莫斯科教育部门提供的文化艺术教育支出达数百万美元。（2）城市推广相关部门，如旅游局。伊斯坦布尔和洛杉矶的城市营销活动，纽约、悉尼、洛杉矶、巴黎等城市对"旅游产品"的宣传，以及斯德哥尔摩中的投资机构为电影业发展进行的B2B推广等，均实际支持了城市文化事业发展。（3）经济和商务部门。上海、深圳和首尔等亚洲城市的经济和商务部门将文化创意产业作为产业布局的一部分，对文化创意产业的发展提供经济支持。据统计，布鲁塞尔的就业与经济部、环境部等2017年初曾共同为布鲁塞尔创意产业和文化部门投资超过200万欧元。

（三）三种新的文化资金筹措方式正在兴起

（1）金融工具。①众筹。首尔、斯德哥尔摩和悉尼通过经营众筹平台进行文物修复或宣传活动。②基金。巴黎成立"巴黎基金"，鼓励企业参与，并给予高达66%的税收减免。③债券。伦敦环球剧场在英国发行了第一个具有社会影响力的债券。

（2）资产运维。旧金山成立文化信托基金，为文化组织购买房地产资产，以解决高房价拉高商务成本带来的问题。另外，莫斯科提供国有历史建筑物租赁服务，以获取维修和保养费用。

（3）商业运营。阿姆斯特丹鼓励艺术家与观众互动，通过观众定制或订阅的形式，支持艺术表演活动。

第二节　发展中国家的地方文化建设

世界贸发会议2013年5月公布的数据显示，2011年创意商品和服务

的世界贸易总额达创纪录的6240亿美元,比2002年增加了1倍,平均年增长率为8.8%。发展中国家创意商品出口增长更为迅猛,同期年增长率为12.1%。许多新的城市区域正逐渐成为主要的经济和文化引擎,特别是亚太地区的一些城市,如曼谷、拉各斯、墨西哥城、孟买、首尔等。

报告指出,①"文化经济"考量的是文化要素转换为文化经济的情况,取决于文化与社会的关系。从这个意义上来说,经济应该是文化的一部分。当前,地方文化发展失败的地方主要在于:没有将文化最终聚焦到人,没有在满足个人需求的基础上进行经济发展;忽略了对话,没有倾听个人的文化诉求。地方尺度创意经济发展的目的本身不仅仅是解决经济发展的需要,更重要的是建立非独立的、相互关联的创意经济部门,以扩大人们的选择范围,提高生存能力,使经济生活不仅可持续而且可变革。

一 地方(local)尺度"文化表达"的特点

发展中国家的"文化表达"往往在小的地域范围内产生,因为是地方性的,因此会形成各式各样的"文化能量"。这些"文化能量"具有积极的意义,如激发民众想象力、增强应变能力;增加社会资本;在参与者之间建立起强联系;增强个人的自我认同感;发现文化参与者等。

在许多情况下,决策者(政府)很难对小区域的"文化表达"做出反应,因为地方性的"文化表达"往往就像一个"自由社会"——艺术表达多样、自由、开放、灵活、对抗正统和教条。因此,地方尺度的创意经济政策需要考虑的方面十分广泛。

二 发展中国家地方创意经济发展的要素分析

(一)融资渠道

毫无疑问,发展中国家创意经济发展的最主要和最为棘手的挑战是融资,因为文化类企业的运作是非营利和商业活动的混合体。在某些情况下,持续的补贴是不可或缺的,因此保持资金平衡至关重要。这种挑

---

① Creative Economy Report 2013: Widening Local Development Pathways. UNESCO, 2013, http://www.unesco.org/culture/pdf/creative-economy-report-2013.pdf.

战在发达国家都屡见不鲜，在发展中国家则更加突出。由于后发性的发展特点，一个有趣的现象是，发展中国家文化创意产业部门的资金多来自发达国家的文化交流发展合作预算而不是从地方政府预算获得，这也从另一个侧面证明了文化合作的重要性。

（二）文化经济

在采取任何激励创意经济发展的措施之前必须明确：文化经济不是一个抽象的概念，而是在特定情况下由从业者、中介机构和消费者等多元创造—消费群体构成的，因此需要细致考虑文化产品的生产、分配和消费比重，以确保每个文化经济的参与者有所得。

要做到这一点，必须充分了解经济和文化的互动。对创意经济来说，文化不是一个简单的"层面"和与经济割裂的东西，而是日常生活中经济活动的过滤器；文化创意就是人与社会复杂关系网络随着时间推移积累的经济行为，在不同的地方形成特定的文化创意产业。对于 local 这个空间尺度来说，创意经济的路径依赖表现得十分显著，历史的积淀十分重要，自然环境和历史遗产是创意产业发展的关键基础。

（三）克服阻碍

文化机构在促进创意产业发展中具有积极的作用，对于城市重建起到了催化作用。在发展中国家，由于税收基础有限、竞争激烈、社会/经济/法制基础薄弱（如食品安全无法得到保障、基础设施落后、生存环境相对恶劣），往往阻碍投资方对于这些机构的大量投资。

在发展中国家，发展创意经济的一个重要障碍是距离和隔离。虽然数字平台可以解决距离的问题，但它仍然不可避免地产生面对面交流的障碍，以至于不可能有像发达国家那样的高度聚集的创造性环境，阻碍文化生产者和消费者之间联系与沟通。而文化机构在这里扮演了一个重要的角色，即通过搭建各种平台，消除时间和空间隔离产生的创意经济发展的地方区位劣势。

（四）知识产权

地方的创意经济发展需要一个正常运作的知识产权系统。这个系统为创意经济各方主体提供多方面的机会，通过管理创意的所有权帮助其增值，从而促进文化产品和服务贸易，惠及个体创作者以及创意社区。知识产权系统提供的奖励、鼓励投资机制和可持续的商业发展模式，有助于产生持久的经济效益和社会效益。

能提供有效的版权保护的健全的知识产权制度可以使当地的文化活动真正成为经济发展的引擎,通过创作者在当地社区中创作产生收益。文化的表达由广泛的社会要素构成,版权法规政策能够保障渗透到基层的创意创作有经济机遇,即有产生经济效益的可能。值得一提的是,这也是发展中国家以社区为基础的创意经济融入国家和全球经济、提高当地文化发展潜力的有效手段,对于最不发达国家和地区来说尤为重要。

(五)以人为本

1. 利益平衡

在决策和资源分配时找到个人利益和集体利益的平衡点是十分不易的,也难以保持。将文化创意产业建成崇尚道德和社会目标的社区型产业往往需要很长的酝酿期,需要各个利益方良好的沟通并制定复杂的谈判原则。

2. 不同意见

文化创意的表现力和情感维度往往折射出不和谐甚或辩论式的表达,因此文化创意的繁荣客观上需要听取不同意见,其面临的危险莫过于在发展的过程中丢失了"文化的"和"创新的"元素,生产的新文化产品仅仅"旧瓶装新酒",仅仅是"基于业务发展的文化表达",从而错过加强对话和辩论的机会,最终错过对被边缘化人群的文化创新、创意开发。

3. 跨越边界

尽管文化表达可能引起摩擦,但它们能克服摩擦。例如音乐、文学、电影和剧院都可以使移民者增强对社区文化环境的熟悉程度,使其摆脱物理空间和隐蔽的束缚,在社区中探索、识别、表达自己新的身份。

(六)创意扩张

1. 跨国关系和流程

创意经济的发展不受国界制约,相反,它使复杂的人、思想、资源、产品形成错综复杂、紧密联系的网络,有助于地方文化的全球化拓展。由于物理连接在文化创意发展中是一个十分重要的手段,因此支持文化创意产业的数字平台建设是当前的发展热点。很明显,仍然重要的是地方之间的物理连接,创意工作者的国际流动及其产生的多元社会都对整个世界的文化发展做出了贡献。

2. 进入全球市场

地方的文化最终将进入国际市场。从经济效益来看，即使发展中国家的文化市场只有占全球市场的一小部分，但"走出去"的文化仍然可以获得比在国内发展更大的成功和更多的销售回报，从而更好地降低成本和提高国民收入。此外，培育国际消费者和国际消费市场是至关重要的，因为许多创意产业产品的最大需求来自本地不能提供的外国来访者和海外消费者。为提高文化创意生产的效率、扩大生产能力、提高文化产品出口市场的竞争力，有必要建立全球尺度的文化发展联盟和文化合作伙伴。联盟中的文化创意企业保留自主性，却可将文化的触角延伸至投资市场（而非仅仅局限于最终产品市场），进而拓展了文化的国内和国际市场。

3. 数字连接

数字连接是拓展创意文化尺度的重要手段。在高度局域化的文化和创意产品市场中，数字连接将有助于使得原本十分割裂甚至冲突的文化要素融合起来，加强其中的"社会关系"和"社会连接"。当前，信息技术已经加速渗透到发展中国家经济发展的各个角落，对于文化发展来说，数字连接有可能实现文化鸿沟的跨越，使不同 local 具有不同浓厚地域特征的文化要素得以被互相认同和接受，并最终相互融合。

对于发展中国家来说，由于电力等基本生活服务设施不完备、收入过低，常常阻碍家庭在计算机和互联网技术上投入，但是社区文化站和艺术中心可以帮助解决这一问题，其可作为一个枢纽节点以低数字技术含量和低成本与外界实现文化联系。

4. 流动性和多样性

全球—地方的文化连接是通过文化工作者和游客的高流动性来实现的，新传媒技术、廉价航班和短期工作签证的出现为文化工作者跨境交流提供了便捷。对于发展中国家来说，其实现往往会受到限制，特别是因为签证的限制。联合国教科文组织公约曾提倡，发达国家对发展中国家实行签证方面的优惠待遇，以方便发展中国家的艺术家、文化工作者向发达国家流动和进行文化交流。这些优惠的待遇包括简化签证入境手续、允许停留和临时旅行、收取较低的签证费用等。

(七) 促进机制

合理的促进机制有助于文化创意产业在地方尺度寻找到合适的发展路径。这些机制包括投资的规模和形式，能为本地居民提供文化实践机会和实践手段等；包括社会团体的自发性、利益分享计划、文化经纪人角色、企业国内规模以及可供分享的评估方法等。

(八) 企业规模

形成合理的企业规模是地方尺度文化创意产业发展必须注意的问题，符合当地资源禀赋、发展现状与规划愿景的企业规模必须建立在案例调查分析的基础上，不切实际的和野心太大的文化创意发展规划都可能造成不必要的风险。因为在很多情况下成功的创意工作坊规模仍然很小，并没有进入高级化生产阶段。精心制作的商品的高价格取决于稀缺的价值，而一旦进入高级生产阶段则会因大量产品充斥市场而削弱高利润。此外，增加的产量需要更多的信贷资金、广告费用和更高的薪酬支持，无法实现一两人运作的小单位生产可以规避的风险。当然，如果较好地实现了文化产品和相关服务的全电子格式，利用数字平台和社交媒体可以使企业（或个人）尽可能地获得广泛市场。

(九) 投资导向

困惑投资规模的最大问题是资金投向何处。一种选择是倾向于投向较少依赖复杂基础设施或资本的行业，如音乐。因为随着数字化生产方式的确立，文化的分散性参与变得可能，但可能产生战略性生产过剩的风险：由于产业进入壁垒降低，流行音乐、写作和表演可能出现极端的劳动过剩；如果广泛投资发生，一定会随之而来的后果是，只有极少数的个体艺术家/创作生产商可能取得突破性成功。另一种选择是孕育一个有活力的文化创意产业发展的地方语境，基于本地文化内在发展机制投资相关行业，既可以避免过度依赖文化产品出口，又可以避免对个别企业"押宝"。

(十) 政府资源

对地方经济规模与结构进行科学、客观的评判与预测是规划、发展创意经济不可或缺的论证基础。很多地方政府有关经济方面的统计数据不甚完善，从而为本地文化创意发展规划设置了障碍。很多情况下，创意产业的成功都折射出地方政府的政治意愿，并受益于地方政府的金融投资，因此，发展文化创意产业的首要任务就是摸清详细的、个案基础上的当地经济结构和功能的实况，以及地方所具有的可以实现正反馈收益的资源禀赋。

(十一) 促进技能

是什么使创新繁荣？可以肯定的是，一些为小型和微型企业制定的产业政策发挥了积极的作用。但是，一个更好的答案是由于创意在许多方面都太新，创意产业没有现成的经验可以借鉴，因此发展技能和能力就显得十分重要。以下工作重点有助于促进发展技能和能力：(1) 贸易自由化；(2) 去除文化交流人员的流动障碍；(3) 增加旅游机会；(4) 对知识产权的推广和保护；(5) 促进贸易便利化；(6) 基础设施的建设。

三 发展中国家地方创意经济发展产生的革命性影响

(一) 促进企业与商业发展（影响度41%）

1. 创意风险孵化

阿尔巴尼亚——选取空间建立创意产品的生产中心和销售点，并在这个空间内实现相关技能的代际传递。尼加拉瓜、巴勒斯坦——在企业管理、企业专业化技术、营销技能和获得小额信贷的资金方案的发展方面为企业家提供技术支持和培训。乌拉圭——建立文化工厂，在音乐和视听作品方面为年轻人和妇女提供技能训练和产品的风险开发机会；为农村创业者建立文化企业孵化器，为其提供培训、辅导、业务发展规划的支持和融资支持。

2. 拓展市场机会

柬埔寨——培训了547个艺术家，使其在本地进行创意文化产品生产并帮助营销其产品。中国——注重国际时尚杂志中创意元素的汲取，举办相关展览和交易会。哥斯达黎加——举办跨文化食品节，农民可以推广产品和生产方法，加强食品文化市场网络的建设。洪都拉斯——在技术和方法论上支持56个企业提高产品质量，并建立新的产品线，开放这些产品的国家和国际市场。乌拉圭——为80位艺术家在提高产品质量和产量上提供技术支持，并建立新的产品线和帮助提高国内、国际知名度。埃及——通过社区计划，帮助140个妇女成为新的制片人，并为计划提供7个行业密集的技术培训。

3. 描绘组织架构蓝图

乌拉圭——建立了永久的公共—个体协调机制，启发、支持在音乐产业方面共同努力的创作家和创业家。塞内加尔——成立文化演员协会，拟定标准化的合同，并为创意文化者规定工资范围以确保其收入。哥斯达黎加——建立一个中小企业的支持指导办公室，专注于在条件不好的城市和地区推广和孵化文化业务。塞内加尔——在著作权问题上为文化者提供工作室进行有组织的培训，并书面规定提高本地艺术家在文化市场中的地位。

4. 建立小额信贷体系

埃及——建立小额信贷制度和创业培训计划，为接收信贷者提供市场营销和业务发展培训。尼加拉瓜（企业）——保护和促进本地的文化艺术传统，为优化经济结构和提供生产就业机会的该类企业提供可持续的贷款信用。

(二) 增强社会凝聚力（影响度27%）

1. 保护传统节日

毛里塔尼亚——建立了12个区域/国家文化节，促进创新和文化产业，促进对无形遗产的保护。尼加拉瓜——在当地节日中展示传统舞蹈、音乐、服装、珠宝首饰、艺术乐器和其他传统地方文化等表现形式。

2. 推广传统食品

哥斯达黎加——识别并保护本地农产品知识，培育20个组织机构来整合相关知识。厄瓜多尔——收集和传播与农产品技术相关的社区传统知识。

3. 提倡种群平等

摩洛哥提高妇女在地方选举、教育培训中的地位，提高其认识度，鼓励其政治参与，增加妇女对政治代表权的理解。巴勒斯坦——为92个学生提供音乐训练，新立了展示青年管弦乐团成就的一些地方性节日。

4. 确立制度化荣誉

柬埔寨——建立一个奖励具有与非物质文化遗产相关水平的高知识、技能的个人—团体系统。

5. 增强对话交流

波斯尼亚和黑塞哥维那——在废弃的当地学校为超过5000个孩子建

立了一个跨文化夏令营。埃塞俄比亚——建设涵盖政府机构、社区领袖、公民社会的跨宗教对话论坛。

(三)促进政府公共政策(影响度16%)

1. 实现创意文化的机构化教育

阿尔巴尼亚——开发、认证、发起、推动新的文化资源管理硕士课程。

2. 举行本地创意文化方面的会议

洪都拉斯——建立和加强金融创新文化(文化项目)的本地—区域治理。

3. 建设网络信息系统

哥斯达黎加——建立一个在线文化信息系统,来确保和度量本国艺术文化的国际传播。

4. 制定跨部门文化政策

厄瓜多尔——制定一个优先少数民族和被边缘化群体的跨部门文化政策,并由国家四部委联合设计与批准。

5. 促进更好的协调

摩洛哥——改进协调各种国家机构和公民社会,来提高决策者对文化和自然遗产的社会经济潜能的认知。

6. 制定可持续文化发展策略

洪都拉斯——为当地14个文化中心/文化屋制定自我持续发展策略,以整合当地文化政策和优化文化投入。

7. 加强当地文化策略规划

摩洛哥——将社区综合设计的文化政策纳入当地发展规划,消除文化等级,并将其作为选拔官员和发展市民社会的驱动力。

莫桑比克——实施"参与式文化规划",使社区成员能够将传统知识纳入当地文化发展策略。

(四)吸引消费者(影响度16%)

1. 实现文化资产管理

土耳其——制订五年管理计划,优先保护当地的有形文化遗产;建立一个数据保护管理的自动化系统,以监测不可移动的文化景点和乡村景点。

2. 制定市场策略

阿尔巴尼亚——开发五种新的营销工具，支持文化遗产利用，提高本地旅游产品的国际知名度。

3. 建立文化中心

波黑——利用当地一个恢复的中世纪城堡，创建一个新的文化中心。

4. 实行文化遗产登记

塞内加尔——将文化遗产记录在世界遗产名录中。

5. 优化旅游线路

莫桑比克——新设了四个旅游路线，以充分利用当地金融资本。

6. 推广传统美食

厄瓜多尔——通过建立直接的、可持续的产品链培育当地传统美食市场。

7. 实施资助计划

土耳其——制订一个拨款计划，来支持当地小规模文化基础设施的建设，以促进当地旅游部门的发展。

四 发展中国家地方创意经济的主要成果

（一）社会融入

1. 加强个人与社会团体的文化发展能力

南非——以创收为目的，为20个循环艺术界的残疾人士提供培训课程。乌拉圭——为经济条件不好的年轻人提供工作室，来发现、实现其音乐能力。巴西——对工作室进行编整，来训练本地年轻制片人。

2. 提高文化认知度

尼日尔——开放六个电台，创立新的电视辩论节目，设立景点来提高艺术家在公共活动中的认知度。克罗地亚——推出文化公共活动，如"书之夜"，促进民间阅读，推进出版业发展。

3. 加强艺术创意能力

圣卢西亚——训练了200个首次接触 steelpan（一种乐器）的表演者。多哥——侧重于设计思路与创作技巧，训练了基于数字技术上的20个艺术师。乌拉圭——为约1000个摇滚乐、打击乐、透视乐的年轻人的职业化提供了工作室。

(二) 企业及商业发展

1. 提高文化作品的市场化程度

贝宁——在省会城市周围设立了 100 个销售点，如科托努市场，来帮助本地生产的 CD 开拓市场。阿根廷——成立"年轻人才电影节"，展示了 15 部短片，并确保其在数字公共电视上的传播。喀麦隆——建立了中非电影和音像产品的区域数据库，创设超过 400 个主题来促进它们的传播和商品化。马达加斯加——通过国家博览会的文化产品推广和建立创新伙伴关系，加强了以当地纺织为基础的创意产业市场。巴巴多斯——促进加勒比音乐更多地参与北美音乐节。

2. 加强当地文化的商务拓展能力

尼日尔——为 13 个剧院的管理员和经理设立并培训了一系列文化管理课程。塔吉克斯坦——培育在经营管理和融资中训练有素的音乐家和音乐推广人。南非——开发了一个"艺术赞助管理工具包"，借以获取文化艺术赞助并发展业务合作关系。塞尔维亚——为 164 名文化活动参与者设立了 12 个培训计划，教授文化企业培训课程。莫桑比克——在文化管理、市场营销和融资方面培养出约 80 个年轻人，促进文化产品商品化并促进自我就业。

3. 培养创造性文化企业

塞尔维亚——在文化企业内部建立孵化器来支持 10 个文化业务的发展。

4. 重视文化专业培训与教育

刚果——提供工作空间和设备来培训艺术家，使用新的信息技术。阿根廷——设立了为期一年的阶段管理、服装设计和创意写作课程，培训了 610 个青年。塞内加尔——建立了 Yakaar 表演艺术中心，并对 30 个管理人员接受培训。危地马拉——为本地青年推出了一种新的视听培训中心课程，在编剧、编辑和后期制作技巧方面进行培训。

5. 设立文化创意种子资金/批准方案

塞尔维亚——为选定的寻求融资启动业务的青年企业家提供了 6 个、最多 3500 美元的资金扶持方案。

(三) 加强文化创意网络

1. 区域合作

孟加拉国——为使亚太国家致力于共同推动文化和创意产业，制定

《达卡宣言》，从制度层面加强区域合作。

2. 成立专业的网络和协会

莫桑比克——在文化产业的年轻创意人之间进行促进交流的网络建设。墨西哥——建立了"U40 墨西哥"这一年龄在 40 岁以下的文化工作者和艺术家网络。

3. 实现决策者的知识共享

古巴——建立了一个涵盖拉丁美洲 14 个国家的研究人员和在视听领域工作的专业人员的交流网络。克罗地亚——成立专业组织，加强出版行业和相关创意产业利益相关者之间的合作。

（四）加强文化建设的服务与公共政策制定能力

1. 提高文化认知度

尼日尔——组织六次广播辩论和相关场景，提高公众对艺术家的认识和认同。

2. 加强文化机构能力

多哥——通过培训课程加强政府机构在艺术与文化上的发现和管理能力。

3. 加强决策者和管理者的组织能力

塞内加尔——加强 150 个原来就具有高水平文化管理能力的工作人员的管理技巧。老挝——改进了五个政府机构的决策者和办事员之间的协调机制，更好地理解 UNESCO 在国家层面对于文化多样性的诠释。

4. 制订文化发展战略计划

格林纳达——建设了国家文化政策（2013—2017）来促进文化产业发展。多哥——制订了一个 10 年国家计划（2013—2023），以确保六个子区域文化活动和文化政策的战略实施。波斯尼亚和黑塞哥维那——建立了一个 3 年的电影产业发展战略和行动计划。

5. 绘制文化地图

南非——开发了五个指标，作为正在实施的关键决策和艺术融资标准化的测量标准。肯尼亚——确定关键的文化产品和服务，以应对文化产业自下而上发展时面临的挑战。克罗地亚——通过文化产业路线图研究，制定和发布政策文件，并做了出版界的经济因素与图书立法的文化政策建议的分析。

第三节 城市文化遗产保护

2010年联合国教科文组织发布《基于文化遗产的城市可持续发展》报告，指出可持续发展的战略不仅是针对社会、经济和环境，同时也必须根植于地方文化和传统。文化多元性是可持续发展的基础之一。城市历史和遗产是城市文化中不可或缺的部分，它们是城市发展延续和发展的核心基因。在城市快速发展中，必须通过城市规划来保护和合理利用这些遗产。

一 瑞士的城市遗产保护与城市文化

（一）瑞士基于遗产的城市可持续发展的国家策略

瑞士的城市可持续发展策略已经有几十年的历史。分权制的中央政府和高度自治的各州政府是瑞士的传统政治体制。而这种政治体制对于城市规划和发展而言是一种很大的挑战。像瑞士这样的小国家，对于城市遗产高质量的保护、更新和稳步开发利用，对于推动地方经济和文化发展是一个重要因素。因此瑞士需要形成一种中长期的综合空间发展策略，将经济发展、控制建成区范围和保护城市遗产结合在一起。这需要在区域土地管理和城市规划中贯彻"先再利用，后新开发"的原则。贯彻这个原则有两个前提：一是大容量和可靠的交通系统以应对日益增长的流动人口，二是在现有建成区范围内集中开发并改善公共交通以控制城市过度扩张。

（二）试验性规划——一种创新性的保护城市历史环境的方法

传统的城市规划是寻求一种明确的解决问题和冲突的方法。方法的单一性可能导致规划的局限性以及规划失误对城市发展造成的负面影响。因此产生了一种试验性规划。它的核心功能就是试验和评估针对一个特定地区的各种不同规划模式和可能性，从中发现一种最佳方法。其方法就是针对同一规划任务和目标，不同的队伍同时提出各种可能的方案，涵盖了地区发展的各种可能性，从中评选出合适的方案。

（三）日内瓦旧城中心居住区的修复

由于瑞士是一个联邦制国家，因此宪法保护文化和语言的多元性。

文化政策完全由各州政府自行制定。以日内瓦为例，政府通过以下几方面的举措来保护旧城中心的居住区，使城市的历史和文化得到延续，使城市成为一个更具吸引力的地方。首先，社会专业团体和民间组织有权利参与政府城市规划的决策过程，并支持或否决具体决定。其次，通过立法保证历史建筑得到正常使用而不被空置；历史建筑得到保护和修复；历史建筑得到合理的改造以适应现代使用要求。

（四）卡鲁日对于历史民居的规划政策

卡鲁日是紧邻日内瓦的一个18000人口的繁华小城，在保全了所有历史遗产和环境的同时，具备了完善的现代城市设施和众多的工业。卡鲁日历史遗产保护的关键在于充分的公众参与和积极推动。公众对于遗产保护有高度的自觉性和自发性，同时监督政府的行为。卡鲁日具有精心保护的历史遗产、活跃的经济、便捷的社会服务和注重生态，加之当地深厚的艺术传统，形成了一种十分具有吸引力的城市文化。吸引了众多游客，同时推动了城市和经济的可持续发展。

二　印度的城市遗产保护与城市文化

（一）印度对于历史地区的政策干预和管理方针

印度目前的关于历史遗产的保护法规主要针对单体遗产，而对于历史地区的保护仍有待改善。历史地区通常具有文化多元性，同时处于不断发展中，面临着随之而来的改造压力。针对历史地区的"保护"实质上包含了保护、再开发、改造和更新多重含义。印度2010年的《历史遗迹和遗址确认法案》赋予地方政府很大的自主权限去成立机构和采取措施，将历史地区的保护与开发有机结合，并能灵活地应对各种情况。

（二）对整体规划的需求

印度拥有大量的历史遗产，是其社会、经济、文化发展的宝贵资源。当前印度的遗产保护主要面临两大问题。一是对历史遗产的界定不充分，导致了多方参与遗产保护而缺乏协调。二是历史遗产保护与城市规划体系的脱节，导致了在规划中缺少对遗产保护的考虑，或把遗产看成一个物体而非空间概念。

因此需要对遗产进行重新定义，包括人造的、自然的和现存的元素。同时把遗产保护与城市规划结合，将遗产的整体管理作为一种重要的规划工具。另外，如何保护那些尚未发掘和保护的遗产也是一项重要任务。这需要明确地方政府的角色和责任，同时强化它们和规划机构的权力以便把遗产保护同地方发展战略相结合。

（三）印度的历史民居和相关政策

一方面，印度的历史民居综合了气候、材料、技术、功能等多方面因素，是当地文化的重要组成部分。历史民居大量集中在城市中心和老城区，是城市文化的重要象征。印度的住房政策是各州政府的事物。中央政府的住房政策自20世纪80年代以来多次变动，但是其中没有涉及历史民居。由于印度的法规严格限制了房租的上涨，同时保护租客居住的权利，使房东对房产失去兴趣。租客也不维护房产，导致历史民居的破败。

另一方面，由于中心城区的房价快速上涨，历史民居的业主更愿意重建房屋而不是保护房屋。房地产行业也不断游说再开发中心城区。而绝大部分历史民居是私人财产，政府很难干预。同时也没有针对历史民居保护的立法。历史民居要么由于缺乏维护而破败，要么出于经济利益被拆重建。整体而言，历史民居在印度因为被忽略而在快速消失，因此当务之急是强调历史民居的遗产价值并推动相关保护的立法。

（四）孟买的历史民居和城市改造

孟买是一个历史与现代，本土与外来共存的多元化城市。孟买市中心的传统印度建筑通常无法长久保留，是因为快速增长的人口、传统观念、建材和气候、缺乏保护法规和机制、缺乏资金和意识等多方面因素所导致。同时政府对房租的严格控制也导致业主不愿维护建筑而更愿意拆除重建。其根本原因就是如何协调城市发展与遗产保护。一种针对传统住宅的可持续发展模式就是"混合功能"，即建筑下层作为商业出租，收取较高的租金以补贴上层的住宅租金。这样可以保证历史建筑得到充分使用而不被荒弃或拆除重建，同时保持了区域的活力和可持续发展。而这种保护方式延续了当地传统的生活方式，使城市文化得到传承和发展。

对于当地的遗产保护还需要注意：明确的技术规范，对保护与开发相结合的政策支持，同时吸引公众和开发商，政府放松对租金的严格控制，对修复和维护的政策支持，对保护行为的经济刺激，成立管理城市遗产的专业机构，对公众推广保护意识。

三 瑞士和印度在城市遗产保护方面的共同点

对于城市遗产保护的行政管理涉及几方面的因素，包括权力下放、公众支持、民间资助和国际合作。与大部分国家相似，印度和瑞士遗产保护的管理主要职权在于地方政府，同时有中央政府相关部门的业务指导。如印度文化部下属的印度考古调查办公室；瑞士联邦文化部下属的文化遗产和历史遗产司。同时在这两个国家，公众对于遗产的保护起了很大的推动作用，主要体现在三方面：推动相关立法，成立民间组织，捐助保护资金。而与联合国教科文组织、世界银行这样的国际组织以及遗产保护经验丰富的发达国家之间的对话和合作可以有效地促进遗产保护的发展。

通过政府官员、私人投资者和民间组织在资金和专业上的合作，遗产保护很容易吸引国际注意和合作，进而对国内政治家造成影响，推动遗产保护的发展。这种方式在许多国家已经获得成功。

第四节 城市文化核心区复兴

一 城市文化核心区复兴面临的挑战

（一）保持经济利益与社会效益的统一

历史悠久的城市往往拥有具有较高文化与经济价值的文化遗产，如果加以利用能产生巨大的经济效益。为保护这些文化遗产，这些城市常面对特定的经济上的挑战。大多数城市通过申请加入世界遗产名录来获得经济利益，然而，文化遗产产生的社会与经济利益较难获得，在文化遗产保护与一二十年后可选择的经济发展机会容易产生冲突，特别是在面临经济危机和城市竞争越发激烈的时候。

（二）保证文化开发的持续经济增长

商业周期和经济周期理论旨在解释如何使一个顺应时代的经济动机最终转变为经济增长机会。城市文化核心区多年来随着长期经济展望发展。然而，不论全球文化发展的大环境如何，即使遇到了文化大发展的时代，也并不是所有的城市文化核心区都能够成功保持持续的经济增长，文化目标和经济必须齐头并进。

（三）解决城市文化核心区复兴的资金问题

吸引投资与创造财富也是一个挑战。今天的经济增长，更多地依赖先进的通信网络技术。文化因素如设施、优美的建筑环境和更好的生活质量可以成功吸引公司和投资。与工业时代相比，这里可以使世界上许多国家同时参与竞争，共享发展机遇，促进文化资源和可持续发展。

（四）将可持续发展放在重要的战略高度

可持续发展是重要战略问题，复兴城市文化核心区与保护文化遗产体现了可持续发展的意义。然而，可持续发展并不容易实现，快速的城市化进程带来了一个关键挑战，即文化遗产保护与当代城市发展规划的融合。

二 政府在城市文化核心区复兴中的职能作用

（一）开发城市文化核心区复兴的金融工具

许多世界各地的案例表明，从经济层面构造和管理城市复兴项目需要创新的方法。在可能的情况下，政府起着催化剂的作用，可以通过合理地使用公共资金来引导民间资本投资于贫困社区。对于许多闲置的文化区，循环利用其产生的利益，将提供财务上更安全的复兴项目。但是这降低了将著名文化区的收益用于不那么著名但同样重要的文化区的能力。

一个成功的后工业文化遗产地区复兴成功的案例是土耳其的埃斯基谢希省（Eskisehi）。在政府帮助下的以市场为导向的复兴过程，让工业建筑被保存为土耳其20世纪建筑遗产。近几年，公共机构开发了广泛的金融工具，包括赠款、贷款、循环贷款基金、税收优惠，以及其他金融机制来刺激文化区的重新使用与复兴，并提高其对私人投资者的吸引力。在印度和埃及等国家，文化区复兴主要依赖于政府补助，这是迄今为止在促进复兴项目、吸引私人投资者方面最成功的工具。

（二）调动地方政府的积极性

地方政府在促进文化遗产区复兴中比中央政府更具优势。地方政府可以建立对文化区融资问题的金融解决方案，利用引导国家、地方的基金和私人资本结合的方法。地方政府通常提供一种或多种激励融资方案，包括放松监管，放权，赠款和贷款，保险，开发费用减免，税费减免和担保，对基础设施和生活设施的公共投资，管理过程的变化等。这些金融机制对自然遗产项目、文化遗产项目或历史城市区域项目均适用。

（三）重视公共机构的作用

公共机构必须成为复兴城市文化区的发起人，并且采用下列战略中的一个或多个。

（1）减少土地使用风险，为资本提供更多渠道参与区域复兴。激励政策，如担保或联合贷款等，可以通过限制借款人接触会影响抵押物价值或借款人的偿债能力的无法预料的问题，来保证最低回报。

（2）降低融资成本，使贷款更容易。地方政府可以通过免税融资和低利率贷款来对利率进行补贴，并能通过贷款援助和技术支持来降低贷款成本。

（3）改善借款人的财务状况。项目的现金流可以通过税收信用、税务减免、还款宽限期来提高，项目更易表现出预期的盈利能力。

（4）以补助和放贷的形式提供直接财政援助，使项目对私人投资者更具吸引力。这一战略在地方政府越来越受欢迎，特别是针对文化区评估和环境规整。

三　城市发展基金在城市文化核心区复兴中的作用

近十年来，城市文化投资基金在城市文化核心区复兴中的作用显著增加。这些基金关注所有类型的城市投资，有不同的区域和不同的到期日，向投资者提供相当多的选择。城市发展基金（UDF）结构中融合了许多基金的优点，对闲置或曾被污染的土地的投资融入 UDF 投资组合就体现了这类项目的许多特点：

（1）回报是总收益的一个重要组成部分；

（2）预期收益更加稳定；

（3）闲置土地再开发项目可以通过积极的管理创造价值（例如，通过建立类似西班牙帕拉多尔的酒店网络系统等）；

（4）城市闲置土地项目由于其稳定性和长期回报，被视为实现更大的投资组合多元化的一种手段。

然而，发展中国家的城市闲置或污染土地的投资面临一定困难。一是投资回报对冲了通货膨胀,这个问题可通过管理定价机制来调解回报。二是投资者会因这类项目的长期性失去耐心。因此,这类投资必须使当地经济受益,获得可持续回报的同时使投资者获益。

建立致力于城市文化遗产复兴的城市发展基金具有巨大潜力,一方面可以为项目提供资金,另一方面可以为投资者提供风险报告。

可以考虑保证金、保险计划及复兴基金等金融机制。基于可持续金融机制的城市发展基金能够提供低利率贷款来吸引投资者,且这些资金最终可以被再投资或弥补残余风险。这些可持续基金可以补充现有的传统城市发展工具如赠款和贷款,特别是在发展中国家。建立历史城市文化遗产项目的可持续基金可以显著改善城市土地再开发的数量和可持续性。

四 城市文化核心区复兴中的公私合作(PPP)

城市文化核心区在复兴中起到关键作用,因为其职责涵盖城市财税征收;激励和回报标准的制度;销售、拆迁、租赁与历史建筑的复兴。这些活动的进行都在公共—私人领域建立了正式与非正式的合作伙伴关系。

(一)公私合作的领域

公共或私人对遗产资产可能开展的活动有:(1)保持:确保资产的继续存在;(2)保护:呵护这一资产并根据公认的专业标准对其进行维护,确保其处于适当状态下;(3)修复或恢复:将状态恶化的资产恢复到其原来的状态;(4)再利用:通过较小的变化确保使用的持续性;(5)地区保护规划和历史环境倡议:保证历史建筑和遗址对整个地区经济持续性的价值。

政府可以自己开展这些活动,也可以提供帮助或奖励政策来激励个人或企业开展这些活动,其也可以不同方式限制私人在这些领域的活动,如监管和财政干预。

(二)PPP合同

世界银行PPI项目数据库根据发展中国家的复兴项目确定了三种类型的PPP合同:(1)恢复、运作和转移(ROT);(2)建设、恢复、运作和转移(BROT);(3)恢复、融资和转移(RLT)。

运用ROT的复兴项目有中国连云港污水项目（1690万美元），中国临邑市盛康水项目（440万美元）和菲律宾卡迪克兰机场项目（5200万美元）。运用BROT的复兴项目有哥伦比亚Aguasde San Andres（930万美元）与秘鲁的EMFAPA Tumbes（7200万美元）。2000—2009年与1990—1999年，BROT与ROT占主导地位。

越来越多的复兴项目在拉丁美洲和中印地区被发起。PPP机制被工业国家和发展中国家的政府认为是一种可行的融资方式，特别在政府自身缺乏足够的财政资源时，同时是一种将之前仅被当作公共财产的资产的管理责任与所有权转移给私人的方法。PPP机制有许多成功案例，其中之一是由一个建立于2004年的公共机构Porto Vivo领导的，旨在复兴Baixa Porto。

（三）特殊目的公司（SPV，Special Purpose Vehicle）

正式的PPP合同通常有一个稳定的结构，由在一个项目的实施中发挥关键作用的不同部分组成。其中，SPV作为金融机构和负责所有公司合作事务的私人公司的结合体，在其中发挥着重要作用，促进融资和服务的协调。

在城市复兴中，SPV与政府、服务使用者、建设和运营商、投资者和资本家签订一系列合同。这些合同都暗藏着风险，SPV的独立程度和政府的财政、政治条件都是影响风险水平的重要因素。

这些特定的城市复兴项目的危险因素可能提高私人对投资城市复兴产生的收益的要求，这种现象在发展中国家尤为突出。投资者的现金流问题似乎是重新协商复兴合同甚至取消合同的主要原因。在一些情况下，城市文化区复兴项目在实施阶段遇到了现金流问题，现金流问题主要是由于对盈利的高估以及对项目前期准备不足所导致。

（四）PPP的其他合作伙伴

城市复兴项目的PPP合同中不同合作伙伴之间的密切合作也非常重要，特别是与项目区的当地居民进行沟通与协商。为确保项目产生好的反馈，在项目区附近生活的居民是城市投资的受益人，他们的角色至关重要。

五 城市文化核心区复兴案例研究

（一）马里共和国城市发展及分散项目

项目经费：1.41亿美元

贷款额：8000万美元

项目时间：1996年12月至2005年6月

计量历史城市核心区的经济价值与经济价值的定义相关，包括非使用价值、与房地产业相关的使用价值、与文化旅游业相关的使用价值和影响当地经济的使用价值。要想展示这些经济价值提供的信息需要对各类价值参照物之间的联系进行识别，并将得到的经济地图一层一层地叠加于基础地图之上，最终得到体现城市经济的地图。

其有形文化遗产包括大清真寺（世界上最大的土制建筑）、一个土制建筑群和城市外围的四个考古遗址，自1988年即被列入世界自然遗产名录。杰内的城市核心区遗产包括1858家（12000人），其中50个两层楼的房子以传统风格建造。然而近年来，杰内面临一系列影响其文化遗产的经济和城市挑战：干旱、年轻人的离开、建筑现代化、基础设施、污水处理、排水等问题、不稳定的旅游业等。杰内的案例旨在收集数据检测地图技术，调查问题大致涵盖了2008年的文化遗产使用价值。用地图体现城市遗产古迹的技术提供了一个建立信息库的有效方法，用来监测公共政策、计划及针对当地的社会和经济发展的项目。

基础地图：体现居民、历史建筑、文化遗产相关行业。

非使用价值：空间分析体现价值最高的地区。

与房地产业相关的使用价值：人口增长带动城市核心的住房需求。2008年平均年租金价值400美元，这体现了强劲的经济价值，最高价值比最低价值高出250%。

与旅游业相关的直接使用价值：地图描绘了旅游者在城区的旅游路线，这表明城市遗产的高度集中性。

与旅游业相关的非直接使用价值：城区内有八个食宿点，包括周一集市和27本旅游指南的销售。

影响当地经济的使用价值：2008年，12个街区的投资总额达280000美元，主要来自私人基金，地图显示了投资对城市宏观经济影响的空间分布。

（二）赞比亚支持经济扩张和多样化的项目

项目经费：2815万美元

贷款额：2815万美元

项目时间：2004年7月至2011年11月

为降低赞比亚经济对铜出口的依赖性，这一项目旨在发展旅游业、宝石生产和农业产业化。国家大力宣扬 Victoria Falls（世界文化遗产），这一项目对政策及管理体系、用于刺激私人领域活动的公共投资、支持多样化及出口导向经济的政府能力建设均起到推动作用。

（三）维尔纽斯机构发展基金捐款

捐款总额：225000美元

时间：1995年6月至1996年12月

首先，这一活动设立了包括经济、社会、文化、城市目标的城市复兴战略。其次，帮助了旧城发展机构为复兴项目所需的资金调动了基金，并确定了复兴项目的优先投资点，如重要公共设施。最后，组织实施，还制定了私人投资建筑行业的指南，包括税费、特殊奖励政策与房屋建造标准。

下篇　实证篇

下篇 天文篇

第 九 章

成都建设世界文化名城的战略选择

本章根据世界文化名城评价指标体系，对成都在文化资产、文化战略、文化经济、文化要素、文化氛围和文化形象六个方面的基础条件进行了详细的分析，在与国内外世界文化名城的比较中，发现成都在与各个方面发展较好的世界文化名城还有一定差距。因此，为了进一步推进成都建设世界文化名城，提出了成都建设世界文化名城的战略选择，即加强文化顶层设计，增强文化管理水平；大力发展天府文化，增加文化资产价值；推进文化经济高质量发展，提升文化竞争力；加快"三城三都"建设，塑造具有成都特色的文化形象；会聚优秀文化人才，提高文化要素质量；扩大文化消费，营造良好的文化氛围等。

第一节 成都建设世界文化名城的基础条件

经过多年实践，成都加强以文化引领城市发展，在文化经济、文化资产、文化氛围、文化战略、文化要素和文化形象等方面较过去已经有了较大的提升，具备了建设世界文化名城的基础条件。

一 文化资产积淀厚实

成都平原得天独厚，是具有4500年历史的巴蜀文明的重要发祥地，不仅拥有众多的历史名胜古迹和人文景观，而且还有深厚的文化底蕴。成都拥有都江堰—青城山这一世界文化与自然双遗产和成都水井街酒坊、蜀道两项预备世界遗产，是中国中西部拥有世界遗产项目数最多的城市。同时，还拥有武侯祠、杜甫草堂、永陵、望江楼、青羊宫、明蜀王陵等历史名胜古迹，博物馆总数和非国有博物馆数量均居全国第一，是国家首批历史文化名城和中国十大古都。

以成都为中心的"天府之国"不仅历史悠久，而且文化长期繁荣兴盛，具有强烈的地域文化特色。"天府之国"人文积淀深厚，孕育和会集过大批文学家、诗人、画家、政治家、军事家、商人、工匠，他们既受到天府文化的滋养，又通过自身的文化创造不断为天府文化注入新的文化内涵，推动天府文化蓬勃发展。① 天府文化，既是历史上天府之国文化的总括，也是今天成都市域文化的特称。孕育出思想开明、生活乐观、悠长厚重、独具魅力的天府文化特质，滋养出既有现代都市的快节奏，又有休闲城市的慢生活，既有传统文化的优雅从容，又有现代文明的前卫时尚；既有崇尚创新的基因，又有兼容并蓄的气度；既有聪慧勤巧的秉性，又有友善互助的美德的城市品格和人文气质，凝聚出"创新创造、优雅时尚、乐观包容、友善公益"的天府文化。天府文化不仅充分体现出了成都文化多样性的存在，反映出了对价值观多样性的尊崇，而且还体现出文化的包容性，即是文化发展和文化创新的策源地。正是因为成都的开放，具有宽松、兼容的文化环境，让成都本地文化与其他文化频繁交流、密切互动，从而汇聚世界各地的人才，进而使文化更加繁荣。

二 文化要素供给充足

文化要素包含很多内容，但其核心主要是人才和技术。近年来，成都的文化人才规模不断扩大。据成都市文广新局统计，2004年，全市从事文化产业活动的单位5391家，文化产业从业人员15.21万人，占全社会从业人员总数的2.6%；2006年，全市从事文化产业活动的单位增至6203家，文化产业从业人员16.93万人，占全社会从业人员总数的2.65%；2013年，全市文化产业从业人员超过28万人，占全社会从业人员总数的3.7%；2016年，全市从事文化创意产业活动的法人单位共有

---

① 天府文化研究院：《天府文化研究》（创新创造卷），巴蜀书社2018年版，第31页。

15444个。其中，规模（限额）以上企业①法人单位1552个。文化产业从业人员46.4万人，占全社会从业人员总数的3.3%；其中，规模（限额）以上企业从业人员有26.0万人，占全部文化创意产业从业人员的56.0%。文化人才的供给渠道更加多元，成都共有招收文化产业及相关专业的中等职业教育、高等教育学校近百所，其中全国211院校五所②，普通高等院校50余所，中等职业学校约40所。五所211院校都设有文创产业方向的硕士或博士。另外，成都不断加强知识产权保护力度。2017年，成都市深入实施知识产权战略，聚力创新发展，先后获批首批国家知识产权强市创建市，国家知识产权运营服务体系建设重点城市和国家中小企业知识产权战略推进工程试点城市，是唯一同时获批三个国家级城市建设的副省级城市。《2017年成都市知识产权发展与保护状况》指出：2017年，成都市专利申请授权量持续增长。全市专利申请113956件，同比增长16%。其中，发明专利申请47033件，同比增长19%。成都市版权登记数量与质量水平显著提高。全市作品登记量达58808件，同比增长115.2%，其中，美术、摄影、文字、设计图等作品占登记总量的98.9%。

三 文化经济实力持续增强

成都市文化创意产业发展规模不断扩大，国内外竞争力日益增强。2015年，全市文化产业增加值达到567亿元，占全市当年GDP的5.06%，文化产业增加值增速超过全市经济整体增速，文化产业进入国民经济新兴支柱产业行列。2016年，成都正式建立文化创意产业统计制度，按年度开展统计调查，全面反映产业规模、产业结构以及对全市经济贡献的动态情况。2016—2017年，文化创意产业发展成效显著，行业结构日益优化，市场主体活力增强，产业支柱地位更加明确。成都目前已经初步形成以传媒、文博旅游、创意设计、演艺娱乐、文学与艺术品

---

① "规模（限额）以上企业"是指规模以上制造业企业、限额以上批发和零售企业、规模以上服务业企业和有资质建筑业企业。

② 四川大学、电子科技大学、西南财经大学、西南交通大学和四川农业大学。其中四川农业大学的本部位于与成都毗邻的雅安市，都江堰校区和温江校区位于成都；温江校区是研究生院和科学研究院，于2010年10月正式启用。

原创、动漫游戏和出版发行等行业快速发展的格局。全市共有国家级文化产业示范园区 1 个，国家级文化产业示范基地 8 个，是"全国动漫游戏第四城""中国手游第三城""中国文创第三城"。（见表 9-1）

表 9-1 成都市 2011—2016 年文化产业增加值占 GDP 的比重表

时间（年） 指标	2011	2012	2013	2014	2015	2016	2017
生产总值（亿元）	6854.6	8138.9	9108.9	10056.6	11202	12170.2	13889.4
文化产业增加值（亿元）	322.86	403.95	453.13	513	567	633.6	793
文化产业增加值占当年 GDP 比重	4.71	4.96	4.97	5.1	5.06	5.2	5.7

注：2011—2015 年数据为按国家统计局口径统计的文化产业增加值，2016—2017 年数据为文化创意产业数据。2015—2017 年数据含简阳市。

四 文化氛围逐渐浓厚

成都不仅文化消费规模不断扩大，而且文化活力也非常强。从文化消费来看，随着成都文创产业的发展，居民文化消费日益旺盛。通过推动音乐产业、文化旅游、影视产业等文创产业发展，持续举办成都国际非物质文化遗产节、成都大庙会、成都国际熊猫灯会等大型文化节会，大力培育文化消费增长点，激活文化消费潜能。2016 年，成都市城镇居民的发展型支出加快增长，其中人均教育文化娱乐消费支出为 2392.03 元，占成都市城镇居民人均消费支出的 10.2%。2016 年，成都也成为文化部发布的第一批国家文化消费试点城市。

从文化活力来看，成都市民参加文化活动的积极性较高，以 2017 年"成都文化四季风"活动为例，全年共举办市级示范活动 12 场，22 个区（市）县开展区级示范活动 206 场，街道、乡镇开展系列群众文化活动 638 场，各项活动参与人数达 218 万。自 2011 年起，"成都文化四季风"四季系列主题活动已经累计吸引 5000 余万人次直接参与。① 另外，成都 2017 年举办重大会展活动 596 个，其中国际性会展活动 140 个。2018 年

---

① 《2017 年"成都文化四季风"参与人数超两百万》，《成都日报》2017 年 12 月 28 日，http：//cd.newssc.org/system/20171228/002337037.html。

成都举办国际大会与会议协会（ICCA）认证的国际会议数量达20个，位列中国内地城市第三。（见表9-2）

表9-2　　　2006—2016年成都城乡居民人均收入、人均支出、人均文化消费支出及占比

年份	城镇居民家庭				农村居民家庭			
	人均可支配收入（元）	人均消费性支出（元）	人均教育文化娱乐服务支出（元）	教育文化娱乐服务支出占消费性支出比重（%）	人均纯收入（元）	人均生活消费支出（元）	人均教育文化娱乐服务支出（元）	教育文化娱乐服务支出占生活消费支出比重（%）
2006	12789	10302.4	1358	13.18	4905	3343.87	333.22	9.97
2007	14849	11702.8	1443.13	12.33	5642	3997.83	317.51	7.94
2008	16943	12849.9	1461.67	11.37	6481	4565.06	427.4	9.36
2009	18659	14087.8	1904.5	13.52	7129	5012.44	484.33	9.66
2010	20835	15510.9	2032.58	13.10	8205	5796.33	489.03	8.44
2011	23932	17795	2068.64	11.62	9895	7032.61	516.76	7.35
2012	27194	19053.9	2293.05	12.03	11051	8061.15	673.45	8.35
2013	29968	20362	2438	11.97	12985	8865.96	754.41	8.51
2014	32665	21711	2587	11.92	14478	9697.3	850.81	8.77
2015	33476	21825	2175	9.97	17690	12710.9	1113.59	8.76
2016	35902	23513.64	2392.03	10.17	18605	13427.75	1104.00	8.22

资料来源：根据《成都市统计年鉴》（2007—2017）相关数据整理计算。

五　文化战略日益国际化

近年来，成都市充分认识到文化对于一个城市走向世界的重要性，不仅成立了专门着力于义化发展的机构——成都市文化体制改革和文化产业发展领导小组，而且出台了具有引领城市发展的文化规划，如从"十一五"开始连续出台了《成都市文化产业规划》、2018年又出台了《西部文创中心行动计划（2017—2022）》、2019年成都市委十三届四次全会审议并通过了《中共成都市委关于弘扬中华文明发展天府文化加快建设世界文化名城的决定》等，还专门制定了城市文化发展政策，如

《成都市促进西部文创中心建设若干政策》等。同时，为了进一步提升成都的文化地位，也积极参与国际性文化组织、项目、平台与机构。2010年，成都市获批加入两教科文组织创意城市网络并被授予"美食之都"称号。2017年，成都市又被授予世界文化名城论坛成员城市，由此成为中国第五个成员城市。

六 文化形象逐步提升

城市的文化形象是人们对一个城市的文化气质的整体认知与印象，主要来源于城市的发展哲学、城市精神等构成的理念识别系统，城市各主体的行为方式所构成的行为识别系统以及公共文化空间、文化景观等构成的视觉识别系统。在新一轮的城市竞争中，城市的文化形象对城市的经济社会发展将起到举足轻重的作用。成都不仅在2010年加入联合国教科文组织的创意城市网络，并被授予"美食之都"称号，在2017年成为世界文化名城论坛成员，而且还是中国最佳旅游城市、世界优秀旅游目的地城市等。国际非物质文化遗产节、全球创新创业交易会、中国网络视听大会具有国际性、国家级城市品牌活动持续举办，成都双遗马拉松、铁人三项世界杯赛、2018年女子乒乓球世界杯赛等十余项国际重大体育赛事落户成都。另外，成都正在建设世界最长绿道体系——天府绿道，进一步凸显成都这座城市的文化价值、生态价值、经济价值等，进而提升成都在世界城市中的文化形象。

第二节　成都建设世界文化名城的现状评价

通过与全球发展较好的世界文化名城相比较，成都在文化经济、文化资产、文化氛围、文化战略、文化要素和文化形象等方面还存在一定的差距，需要不断改善和进一步提升。

一 文化资产的结构层次有待优化

根据世界文化名城在文化资产方面的衡量指标来看，一方面，成都高等级文化遗产的数量相对较少，世界自然遗产、文化遗产以及双遗的数量仅有3个，还需进一步挖掘成都现有的遗产情况，加强保护和建设。

另一方面,文化设施的数量和质量有待进一步提高。虽然成都在博物馆数量、电影院数量等方面都具有一定竞争力,但总体来看,成都市具有一定规模的演艺场所、图书馆等城市文化空间不多,极度欠缺能承接大型国际赛事、演艺活动的场馆。从国家博物馆数量来看,成都2016年已经达到13个,虽然比巴黎、柏林、上海等城市较少,但超过纽约、东京等城市的博物馆数量。从电影院数量来看,成都的电影院数量也有一定优势,虽然低于巴黎、上海,但也高于柏林、东京等城市。(见表9-5)

表9-5 成都与部分世界文化名城在文化资产指标上的对比情况

城市 指标	纽约	伦敦	柏林	巴黎	东京	上海	成都
国家博物馆数量	5	11	18	24	8	41*	13*
其他博物馆数量	126	162	140	113	39	58*	137*
美术馆和画廊数量	721	857	421	1046	688	208	—
世界文化遗产保护地数量	1	4	3	4	1	0	1*
公共图书馆数量	220	383	88	830	377	238*	22*
书店数量	777	802	245	1025	1675	1322	710*
电影院数量	117	108	94	302	82	280*	137*
主要音乐厅数量	15	10	2	15	15	2*	3*
剧场数量	420	214	56	353	230	47*	23*

注:*数据是2016年数据,其余是2012年数据。

二 文化要素的供给质量有待改善

根据世界文化名城在文化要素方面的衡量指标来看,成都在文化要素的供给方面还需加强。从文化人才的培养来看,纽约和日本在文化人才的培养数量方面是较多的。虽然成都共有招收文化产业及相关专业的中等职业教育、高等教育学校近百所,但是培养的学生数量和质量还远远不够成都文化发展的需求。以动漫人才为例,受高校扩招等因素影响,成都动漫产业从业人员并不缺乏,但他们中大量是高职和本科生,高端人才的培养还较缺乏。

从R&D经费投入来看文化创新发展情况,成都的R&D经费投入占GDP比重在2017年达到2.38%,虽然比伦敦等国际城市的R&D经费投入占 GDP 比重要高，但其绝对值较小。与国内城市相比，其投入占 GDP 比重排名相对靠后，不及北京的 5.7% 的一半。另外，从专利申请及授权数量来看，虽然成都在专利申请量上不算太少，但授权数量相对较少，仅是专利申请数量的 36%。而北京、上海、广州、深圳等城市的比例都超过了 50%。(见表 9-3)

表 9-3　　国内部分城市 R&D 经费投入占 GDP 比重、
专利申请和授权数量情况表

指标＼城市	北京	上海	广州	深圳	杭州	成都	武汉	西安	哈尔滨	郑州
R&D 经费投入占 GDP 比重（%）	5.7	3.93	2.30*	4.13	3.15	2.38	3.10*	5.24#	1.84*	1.78*
专利申请及授权数量（万件）	18.59/10.69	13.17/7.05	11.83/6.02	17.71/9.43	7.57/—	11.40/4.11	4.97/2.55	8.11/2.50	2.13/1.21	11.92/5.54

注：*为 2016 年数据，#为 2015 年数据，其余均为 2017 年数据。
资料来源：各城市政府网站及《全国科技经费投入统计公报》。

三　文创经济的竞争力有待提升

虽然成都文创产业发展规模不断扩大，行业结构优化，市场主体活力持续增强，但与其他世界文化名城相比，无论是从文创产业本身的发展规模，还是从文创产业增加值占 GDP 的比重来讲，都显示出成都文创产业的发展实力还有待进一步增强。2012 年，伦敦创意产业的增加值达到 346 亿英镑，大约 3044 亿元，占 GDP 比重为 10.6%。[①] 国内北京和上海的文创产业增加值在 2015 年分别为 3072.3 亿元和 3028.4 亿元，分别占 GDP 比重为 13.4% 和 12.1%。另外，伦敦文化创意产业的劳动生产率也较高，IT、软件和计算机服务业、出版业和手工艺业的水平要高出英国平均水平 50 个百分点左右，音乐、表演和可视艺术业的人均年产出达到 6.7 万英镑。[②]

---

① 邓智团：《伦敦文化创意产业发展新动向》，载《国际城市发展报告》，社会科学文献出版社 2017 年版，第 141 页。
② 同上书，第 143 页。

据统计，2016年成都市文化产业从业人员46.4万人，占全社会从业人员总数的3.3%；其中，规模（限额）以上企业从业人员有26.0万人，占全部文化创意产业从业人员总数的56.0%。而纽约创意产业的从业人员占该城市从业人口总数的12%，伦敦是14%，东京的比例更是高达15%，国内北京、上海等城市文化产业从业人员数量大（分别占总人口的9%和8.3%），而成都只有3.3%（2016年）。文化产业的从业人员数量不足，那仅占从业人员很小比例的文创人才总量更是严重不足，人才比例落后于国际和国内先进城市发展水平。

四 文化氛围的公众活力有待激发

根据世界文化名城在文化氛围方面的衡量指标来看，成都还需增强市民的文化参与性，提高城市的文化活力和文化消费能力。从剧场演出场次、音乐演出场次来看，成都的数据远远低于纽约、伦敦、巴黎、东京等世界文化名城，与上海的差距也很大。2016年，成都剧场演出场次仅是上海剧场演出场次的15%。不过从电影院入场人次来看，成都2016年的入场人次虽然比巴黎、上海要低，但也远远超过柏林和东京。这也与电影院的数量有较大的相关性。（见表9-6）

表9-6　　　　成都与部分世界文化名城文化氛围评价比较

城市 指标	纽约	伦敦	柏林	巴黎	东京	上海	成都
上演戏剧场次	43004	32448	6900	26676	24575	22520*	3494*
音乐表演数量	22204	17108	—	33020	15617	670*	453*
观影人次（百万人次）	—	41.6	9.1	58.2	29.3	73.0*	45.0*

注：*数据为2016年数据，其余数据为2012年数据。

从国际游客数量来看，与其他世界文化名城相比，成都境外游客人次数不仅在总量上与其他世界文化名城的境外游客人次数存在数量级差距占比较小，而且境外游客占本地居民的比重也很小。伦敦和巴黎2016年的居民数大约为828万人和1100万人，纽约2014年大约有849万人，这些世界文化名城的国际游客数量的人次数都超过了本地居民数。而成都的境外游

客人次数占本地常住人口的比重在 2015 年仅为 15%。（见图 9-1）

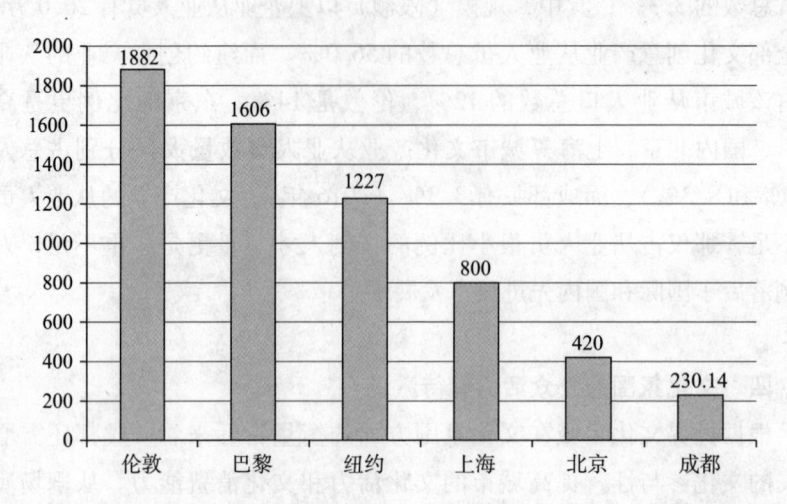

图 9-1　2015 年成都与部分世界文化名城入境游客人次对比（单位：万人次）

数据：伦敦 1882，巴黎 1606，纽约 1227，上海 800，北京 420，成都 230.14。

资料来源：2015 年万事达全球旅游目的地城市指数、上海、北京、成都官方统计公报。

另外，从文化消费来看，成都的文化消费水平整体滞后，文化消费类型总体偏向低层次，成都文化消费整体水平明显滞后于东部发达地区，2012 年成都城镇居民文化消费人均值位居第 15 位，在副省级城市中排名靠后；2005—2012 年城镇居民人均文化消费年均增速为 9.08%，低于全国 9.21% 的平均水平。同时，居民文化消费层次普遍较低，大多偏好外出旅游、看电视、去 KTV、去游乐园或主题乐园等休闲享受型文化消费，智力、艺术类发展型文化消费相对滞后、比例偏低。

五　文化形象的城市特色有待突出

根据世界文化名城在文化形象方面的衡量指标来看，成都在文化形象方面还相对偏弱。虽然成都早在 2010 年就被联合国评为"美食之都"，随后也被评为中国最佳旅游城市、世界优秀旅游目的地城市等，但是从重要的文创节庆展会活动来看，其数量不仅相对较少，而且等级也相对较低。从数量上来看，巴黎的电影节数量较多，达到 190 场，东京电影节数量也不错，达到 60 场，特别是其中的东京国际电影节，是国际 A 类电影节。纽约国际电影节、伦敦国际电影节作为综合性国际电影节,在全世界的影响力也较大。

另外,虽然成都拥有公共绿地空间不算低,约24%,但缺乏具有享誉全球的文化景观和标志性公共文化场所。例如,纽约拥有自由女神像、时代广场、大都会博物馆等具有较高知名度的城市标志;巴黎拥有埃菲尔铁塔、巴黎圣母院、卢浮宫等享誉全球的文化标志等。(见表9-4)

表9-4　　　　　成都与部分世界文化名城文化形象评价比较

指标＼城市	纽约	伦敦	都柏林	巴黎	东京	香港	成都
电影节数量(场)	57	14	5	190	60	40	1
节庆活动数量(个)	309	47	619	475	141	66	41
公共绿地空间(%)	27	22	26	9.5	7.5	40	24

资料来源:《2018年世界文化名城文化报告》。

第三节　成都建设世界文化名城的战略选择

为了进一步推进成都建设世界文化名城,在找到差距的基础上,从增强文化管理水平、增加文化资产价值、提升文化竞争力、塑造特色文化形象、提高文化要素质量、营造良好文化氛围等方面提出成都建设世界文化名城的战略选择。

一　加强文化顶层设计,增强文化管理水平

建设世界文化名城涉及的方面很多,需要统筹协调各个方面,齐力推进成都建设世界文化名城,因此这就需要做好文化方面的顶层设计。虽然成都出台了《西部文创中心行动计划(2017—2022)》《中共成都市委关于弘扬中华文明发展天府文化加快建设世界文化名城的决定》等文件,推动成都在文化资产、文化经济、文化要素、文化形象和文化氛围等方面发展,但还需要根据城市文化建设的推进情况,继往开来,进一步促进文化的新发展。同时,还需要着力完善文化市场管理机制,建立行政权力清单、责任清单,推进事权规范化、法律化。完善文化市场法

治建设，修订完善现有法规和规章，建立以法律为主体，以行政法规和部门规章为辅助的文化法制体系。完善文化市场综合执法，加强执法队伍建设，严格实行持证上岗和资格管理制度，严格执行行政执法案件移送司法的标准和程序，加大行政处罚决定的行政和司法强制执行力度。完善社会共同治理，推动基层文化市场综合执法网格化管理，推行文化市场委托协管和志愿服务。

二 大力发展天府文化，增加文化资产价值

联合国内外一流学术力量，进一步研究、解读、拓展、塑造天府文化的丰富内涵，深入阐释"创新创造、优雅时尚、乐观包容、友善公益"的天府文化。系统开展古籍文献整理出版，加强对于天府文化相关历史文献材料、历史文化名人资源、文化艺术样式等的保护整理、学术性研究和普及推广，挖掘成都故事、民风民俗、非物质文化遗产，加强对天府文化历史渊源、演进脉络、基本走向、时代风尚研究，推出一批高质量高水平的天府文化研究成果，保护好特有的历史记忆、文化记忆、精神记忆。建强博物馆体系，提升博物馆专业化运营水平，推动武侯祠、杜甫草堂、金沙遗址等建设成为世界知名博物馆。建强演艺体系，加快剧场、音乐厅、电影院等演艺基础设施和文艺演出院线的建设改造，增加能够承接国际演艺活动的大型场所，提升场馆市场化运营水平。健全体育场馆体系，加快天府奥体城、北部凤凰山体育中心两大体育场馆建设以及242个公建配套的体育场馆设施建设，提高成都承接国际赛事的能力。

三 推进文化经济高质量发展，提升文化竞争力

把握我国经济由高速增长阶段转向高质量发展阶段的基本特征，顺应文化创意产业发展规律，汇聚文化创意产业发展要素，优化产业生态，以音乐艺术业、创意设计业、现代时尚业、文博旅游业、体育旅游业、信息服务业、会展广告业、教育咨询业八大产业为重点，打造附加值高、原创性强、成长性好的现代文创产业体系。通过培育成都传媒集团、成都文旅集团等骨干文化企业，支持小微文创企业研发创新和市场拓展，壮大文化创意产业市场主体。通过支持集聚模式升级发展，打造跨区域

文创产业发展空间，构建集聚发展服务体系，推进文创产业集聚发展，切实增强成都文创产业在全球产业链和价值链中的核心竞争力。

四 会聚优秀文化人才，提高文化要素质量

以"立足成都、放眼全球"的国际化视野和战略眼光，充分开发利用国际国内文化人才资源，不唯地域引进人才，不唯文凭拔取人才，不拘一格用好人才，把各方面优秀人才会聚起来，以人才集聚优势撬动成都建设世界文化名城的发展优势。重点培养和引进一批文化领军人才、高层次文化经营管理人才、文化金融资本人才、文化科技创新人才以及文化贸易国际化人才。深入实施文学、艺术、音乐、影视、戏剧等青年人才培育计划，打造一支素质优良、结构合理的文艺人才队伍。建设各类文化企业孵化器、大学生创业园、青年创业街区以及创业公寓，最大限度地降低文创人才创新创业成本。优化人才供给结构，积极探索文化创意与信息、技术、管理相结合的教育培养模式，加快创新型、复合型、外向型、科技型文化产业人才培养。

五 扩大文化消费，营造良好的文化氛围

大力发展博物馆、动漫游戏、文学与艺术品、演艺娱乐、创意生活等生活性文创产业，开发适宜互联网、移动终端等载体的数字文化产品，促进优秀文化产品多渠道传输、多平台展示、多终端推送。加强文化消费场所建设，推动社区文化中心、文创街区、文化广场、小剧场、演出院线、实体书店等文化消费基础设施建设。开发文化消费服务平台和文化消费信息数据库平台，完善文化消费综合信息服务，加强文化消费监测分析。充分发挥成都作为国家首批文化消费试点城市的典型示范和辐射带动作用，在推进惠民便民措施、提高文化消费便捷度、促进文旅体商融合发展、加强宣传发动营造社会氛围等方面积极开展试点工作，形成若干行之有效、可持续和可复制推广的促进文化消费模式。

六 加快城市品牌建设，塑造具有成都特色的文化形象

加快构建以世界文化名城为统领的"三城三都"品牌体系，提升"三城三都"文化品牌标识度。加强文创、旅游、体育、美食、音乐和会

展等各自拥有的诸多品牌整合力度，树立以"三城三都"为支撑的世界文化名城这一城市文化主品牌，构建起包括世界文化名城为城市文化主品牌、"三城三都"为城市文化子品牌以及各类行业组合品牌等在内的城市品牌体系。加强城市识别系统 CIS（City Identity System）的建立，通过塑造体现天府文化内涵的理念识别系统，培育体现成都特色的行为识别系统，打造体现"老成都、蜀都味、国际范"的视觉识别系统，让人们对成都建设"三城三都"和世界文化名城印象深刻。树立"更全面、更深入、更务实"的新开放观，借助成为国际门户城市机遇，利用联合国教科文组织、驻蓉机构、国际友好城市、国际企业和国家对外文化交流平台等载体，积极开展对外文化交流。办好国际非遗节、中国网络视听大会、成都全球创新创业交易会、成都创意设计周、成都国际音乐产业博览会、成都国际音乐季等大型节会活动，积极承办和参与国际知名文化节会活动，打造"天府文化周"交流品牌。

第十章

延续城市文脉 涵育文化资产

依据前文中关于世界文化名城指标体系的阐述，文化资产、文化要素、文化经济、文化氛围、文化战略、文化形象是构建世界城市文化发展评价指标体系的六大内涵特征。而独具历史韵味和地域特色的传统文化，则是这六大内涵特征共同依托的丰厚内容基础。成都有着4500多年的文明史，2300多年的建城史，是国务院首批公布的24个历史文化名城，也是中国十大古都之一。厚重而丰富的城市传统文化，是其建设世界文化名城的坚实基础及核心竞争力。

第一节 悠久的历史与多样的文化

成都位于四川盆地西部的成都平原腹地，地势平坦、河网纵横、气候温润、物产富足，自古就有"天府之国"的美誉。2000多年来，城址从未迁徙、城名从未更改，成都具有深厚的城市传统根基与不间断的历史延续性，独特的城市文化特色、鲜明的地域特征，使其在人类文明史和世界城市史上占据一席特殊地位。成都是中国长江上游文明起源的中心，是中华文明的重要发祥地之一。

一 成都历史概貌

成都是中国历史最悠久的都城之一，先后有蚕丛、柏濩、鱼凫、杜宇、开明五代古蜀王在成都建立都城，创造了灿烂的宝墩文明、三星堆文明和金沙文明，古蜀文明被世人称为"世界第八大奇迹"。秦以后，成都也先后成为成家、蜀汉、成汉、前蜀、后蜀五个重要政权的都城，成都的都城历史积年在千年以上，这在中国都城史上可谓特殊样本。① 成都也是中国最古老、最大规模、最有影响的都城之一。

（一）成都悠久而深厚的历史传统

自公元前4世纪，古蜀王开明九世徙治成都起，成都一直是蜀地的首府所在。神秘古蜀的开国定都，秦汉时期的筑城治水，西汉文翁的创办官学，三国蜀汉的雄踞一方，唐宋时期的"扬一益二"、发行交子，明清时期的湖广移民、蓬勃发展，近代以来的辛亥波澜、抗战风云，成都的历史有着从未间断过的繁荣，也有着令人骄傲的众多中国之最、世界之最。

（二）成都丰富而灿烂的文化资源

古蜀先民留下了神秘庄重的青铜文化，司马相如、扬雄创作了富丽堂皇、气势磅礴的汉赋，李白、杜甫题咏的盛世华章，西蜀文人吟唱出的花间词，"三苏"父子创立并发扬光大的蜀学……历史上的成都文英荟萃、大师云集，成都也被誉为中国最富诗意的城市之一。成都不仅在哲学、文学、史学、音乐、绘画等诸多文化艺术领域成绩斐然，而且还完好地保存下了金沙遗址、都江堰水利工程、武侯祠、杜甫草堂、永陵、大慈寺等一大批历史古迹和文化名胜。如果说文化、学术和历史遗存是成都独特文化的脊梁，那么崇尚游乐的民俗、麻辣鲜香的饮食等则是成都文化独有的风韵与气息。

（三）成都独特而卓越的文化气质

独特的地理环境、历史传统，造就了成都卓尔不凡的文化气质，它统摄着成都人的价值观、心理状态、思维方式、审美情趣、道德情操等诸多方面。以"巴适""安逸"为核心，但并不等同于消极的享乐主义，而是在敬畏自然的前提下，恰到好处地拿捏分寸、顺应时势，通过努力创造条件来避免灾害、协调矛盾，获得安定、安稳和安乐，进而追求不受拘束的自在超逸。这种"适逸品格"包含着对人类社会发展的哲学反思，在其睿智的见识里体现出坦然淡定的气度。悠然的生活节奏，知足常乐的人生态度源于农业文明时代，在生产力发展的高级阶段仍具有普遍的人文精神关怀。从这一层面而言，成都文化是具有前瞻性、先进性

---

① 《中国古都学会·成都共识》，成都，2016年10月。

的独特地域文化。

二 博大精深的物质文化遗产

成都历史文化资源厚重而丰富，市级以上文物保护单位共253处，其中全国重点文物保护单位46处，省级文物保护单位101处，市级文物保护单位106处。包括杜甫草堂、武侯祠、宝光寺、罨画池等古建筑；宝墩遗址、金沙遗址、十二桥遗址等古遗址；永陵、明蜀王陵墓群等古墓葬；蒲江石窟、邛崃石窟等石窟寺及石刻；辛亥秋保路死事纪念碑、刘氏庄园等近现代重要史迹及代表性建筑。

（一）清新优美的自然生态与园林景观

唐代著名诗人李白曾赞誉成都，"水绿天青不起尘，风光和暖胜三秦"。成都自古拥有令人心旷神怡的优美自然生态，"水润天府、绿满蓉城、花重锦官"① 是天府之国一直以来不曾丢弃的生态文化本底。

首先，"水润天府"两江穿城的独特城市格局。成都是一座因水而生，因水而兴的城市，经都江堰自西向东穿城分布扇形水系，尤其是两江穿城的独特生态环境直接影响了成都历代的经济和文化等发展。依水而居的城镇世俗画卷，与大小水系纵横交错的乡村田园风情，是历来成都人最重要的生活图景。早在《史记·河渠书》中就记载了："蜀守冰凿离碓，辟沫水之害，穿二江成都之中"，李冰治水开都江堰，引郫江、检江双流入城，不仅"此渠皆可行舟，有余则用溉浸，百姓飨其利"。惠泽千载，而且形成了成都独特的两江（府河、南河）环流的城市格局。历史上成都的农业、工商业、交通运输及市民生活等始终高度依赖二江。同时，傍河而居的惬意田园生活，是成都极具吸引力的生态文化映像图景之一。著名诗人杜甫栖居草堂时，便是以诗记载了在成都临水迎风、闲适自然的田园耕读生活。

其次，"绿满蓉城"四季常青的城市生态底色。成都属于亚热带湿润季风气候，终年温润、雨量充足，植被十分茂盛。可以说，成都的城市生态底色，正是这四季常青的绿色。最可贵的就在于它"迎隆冬而不凋"，即便在冬季也能晔晔猗猗、繁盛光彩。成都平原上星罗棋布着大大

---

① 《成都城市总体规划（2016—2035）》。

小小的许多翠绿的川西林盘。历来以农耕为业的成都人逐渐形成了随田散居的居住格局，林盘是由农家院落与周边的竹林树木，以及外围的耕地、河流等形成的有机生态体，它是成都平原田园风貌的典型画面。

再次，"花重锦官"花团锦簇的优美城市风情。成都温润的气候很适合各类花卉的生长。成都人又自古爱花，一直有用花来装扮城市的传统，成都汇集着海棠、牡丹、荷花、杜鹃、芙蓉、梅花等众多花木，四季交替开放。各类历史文献和诗词文学作品中频频记载，城墙遍植芙蓉蔚若锦绣，城南锦江西岸桂林千亩，城西梅花飘香二十里，以及濯锦江头几万枝海棠的繁盛美景。正所谓"花重锦官城"（杜甫《春夜喜雨》），自古便有"锦城花郭"的美誉。

最后，古典园林式生态景观云集。成都市区和周边区（市）县里拥有不少兼具自然生态和文化名胜特点的古典园林式景观。比如杜甫草堂、武侯祠等名胜，虽以历史人文内容为主，但也有着梅园飘香、楠木成林、荷塘听雨、古柏森森等美丽的生态景观。尤其是因唐代女诗人薛涛而闻名的望江公园，既有薛涛墓冢、薛涛井、薛涛塑像等文化遗迹，又因薛涛一生爱竹，后人便在纪念她的园中遍植各类佳竹，望江公园拥有一百五十余个品种的竹子，其中不乏名贵者。园内既有绿竹掩映、幽篁如海，又遍是题咏碑刻、诗意盎然，是难得的生态文化景观。

在周边区（市）县里，新繁的东湖，唐代著名宰相李德裕任新繁县令时所开凿，至今一千余年历史，是我国目前仅存有迹可考的两座最早古典人文园林之一。崇州的罨画池，因南宋诗人陆游在蜀州任官时留下不少吟咏罨画池美景的诗篇而闻名，素有"川西名园"之称。新都的桂湖，因明代著名学者杨慎在此沿湖广植桂树，作诗《桂湖曲》而得名。作为全国重点文物保护单位的桂湖，同样是一座兼具人文底蕴和优美生态环境的古典园林。这些古典园林虽不及苏州园林驰名中外，但从文化内涵、园林格局到花卉树木，也都独具特色和魅力。一方面有着与历史文化名人的渊源故事，另一方面又具有成都古典园林的独特布局。

（二）厚重丰富的考古遗迹与出土文物

近几十年来，成都平原的考古发现获得了突飞猛进的发展，取得了丰硕的成果，大致有以下四类：其一包括诸如宝墩遗址、金沙遗址、十二桥遗址、羊子山土台等有关古蜀文明辉煌成就的重大发现；其二涉及大量古城墙、水井、排水设施、房屋建筑、街道路面、池沼园林等唐宋时期的城市遗迹考古；其三是百花潭中学战国墓、新都战国木椁大墓、前蜀皇帝王建墓永陵、后蜀乐安郡王孙汉韶墓、北宋诗人宋京家族等重要墓葬的发掘；其四是青羊宫窑、邛崃十方堂古窑、大邑唐代瓷窑等的瓷窑发掘。

大量考古遗迹的发掘，也让成都拥有了数量浩大的珍贵出土文物。据统计，成都全市各级各类馆藏文物400余万件。其中，仅文化系统的国有博物馆馆藏文物就达36万件（套），珍贵文物3万余件。[①] 另有各类民间收藏等也保存了数量可观的珍贵文物。金器、玉器、青铜器、陶器、瓷器、石刻、书画等品类众多。

这些在全域成都范围内先后发掘的，数量众多且种类丰富的考古遗址和出土的珍稀文物，它们穿越时空，以珍贵的历史实物形式，生动地展示了独特的天府文化，真实地承载着天府文化千百年来繁荣不衰的鲜活历史进程，并且搭建了蜀地的历史框架和文化序列。

（三）源远流长的繁华都会与移民文化

自李冰治水后，成都平原从此"水旱从人，不知饥馑"，在运输、灌溉和防洪等方面有了长足的进步，经济上得到迅猛发展，为"天府之国"的美誉奠定了坚实的基础。汉代成都位列五都之一，发展成仅次于都城长安的全国第二大城市，人口剧增，蜀锦、井盐、铁器、漆器等手工业高度发达，尤其是成为全国的丝绸制造中心，号称"锦官城"。隋唐以来，成都社会秩序稳定，经济持续繁荣，出现"扬一益二"的盛况。不仅造纸、印刷技术等步入世界领先行列，而且"水陆所凑，货殖所萃"，成为西南商贸中心。尤其到了宋代，其繁华达到极盛，发明了世界上最早的纸币交子，号为"天下繁侈"。

成都历史上多次面临天灾人祸，或被攻陷，遭受灭城之灾，经历过数次移民浪潮。每每大批各方移民涌入成都，很快认同这里、热爱这里，成为新成都人，融汇五湖四海的文化，自成一家。历史上的成都人换了一茬又一茬，成都形成了一座典型的移民城市。城名不更城址不变，持续几千年的文明和繁荣，堪称世界城市发展史上的奇迹。

[①] 成都市文物局编著：《成都馆藏文物精品》，四川美术出版社2011年版。

三 多元生动的非物质文化遗产

成都历史悠久，文化灿烂，非物质文化遗产丰富。2005—2009年，全市普查发现非遗项目达340余项。截至2016年12月，成都市共有市级以上非遗代表性项目134项，其中国家级项目22项，省级项目47项，市级项目65项。成都市134项市级以上非物质文化遗产代表性项目分属于成都21个区（市）县，一共55个项目保护单位。

成都的非遗代表性项目不仅数量庞大，而且种类齐全。按照国务院公布国家级非物质文化遗产目录，我国将非遗项目主要分为民间文学、传统音乐、传统舞蹈、传统戏剧、曲艺、传统体育游艺与杂技、传统美术、传统技艺、传统医药、民俗十大类别。成都的市级以上非遗代表性项目涉及以上全部类别，其中传统技艺类占比最大，多达61项。①

（一）精湛绝伦的传统技艺

成都拥有种类繁多的优秀传统技艺，既有蜀绣、蜀锦织造技艺、邛崃瓷胎竹编、新繁棕编、道明竹编、怀远藤编、柏合草编、银花丝制作技艺、漆艺、川派盆景技艺等手工艺，几千年来源远流长，从生产、生活器具到琳琅满目的艺术品，其流程繁复、制作精巧、工艺精湛；又有如郫县豆瓣、夫妻肺片、陈麻婆豆腐、钟水饺、龙抄手、赖汤圆、盘飧市腌卤、汤长发麻饼、唐场豆腐乳、新繁泡菜，以及水井坊酒、崇阳大曲酒、彭州肥酒等成都特色美食美酒的传统制作酿造技艺，这些大都是流传百余年，家传秘方，精工细作，风味独特的成都味道。

（二）独具风情的民俗项目

在绚烂的成都非物质文化遗产宝库中，有着许多生动鲜活展示成都风土人情的民俗节会活动。其中既涉及人日游草堂、成都灯会、达摩会等历史悠久的彰显老成都民俗风情的节会活动和传承蜀中文脉的重要活动；又包括都江堰放水节、郫县望丛赛歌会、天彭牡丹花会、新津端午龙舟会、大邑王泗风筝节、邛崃固驿春台会、大邑唐场春分会、客家水龙节等有着浓郁乡土气息，关乎自然节气，生产生活习俗，民间信仰的等盛大民俗文化活动。

---

① 成都市非物质文化遗产保护中心：《成都市非物质文化遗产保护发展报告》，2017年。

(三) 魅力无穷的曲艺娱乐

成都非遗的另一个重要内容就是形式多样、风韵独特的各种地方戏剧曲艺及其他民间娱乐表演活动。其中既有如川剧、四川竹琴、四川扬琴、蜀派古琴、四川清音、金钱板、飞刀花鼓、四川车灯、四川相书、四川连箫、四川评书、成都木偶戏、成都皮影戏、成都牛儿灯等广泛流行于成都乃至整个四川地区的传统戏剧、民间说唱、音乐舞蹈等综合性娱乐表演形式,也有一些如小金龙龙舞、夹关高跷、高台狮子、被单戏、蛾蛾灯、简阳石桥九莲灯、大邑狮灯、蒲江幺妹灯、温江牛灯、金华龙灯、黄龙溪火龙灯舞等兴盛于成都某局部地区的特色地方性民间娱乐民俗活动,以及如成都道教音乐、青城洞经古乐、竹麻号子、府河号子、西岭山歌、柳街薅秧歌等宗教音乐和来自民间劳动的歌谣等。

第二节 成都历史文化遗产保护传承现状分析

根据世界文化名城评价指标体系里的文化功能和文化声誉两个维度衡量来看,样本城市呈现出三个层次。成都处于仅单个维度较好,文化功能和文化声誉发展相对不够均衡的第二层级。从文化资产、文化战略、文化要素、文化经济、文化形象和文化氛围六个方面来看,成都在文化战略建设方面发展特别突出,文化要素集聚力相对较强,而文化资产、文化经济、文化形象和文化氛围等几方面的发展水平则相对滞后。具体表现如下。

一 物质文化遗产保护现状分析

成都物质文化遗产的保护仍以较为传统的方式为主,主要表现为各级文物保护单位的原址保护、博物馆收藏展陈等。物质文化遗产的开发方式也主要是武侯祠、杜甫草堂、金沙遗址、永陵等少部分重点遗产单位,以传统的观光旅游形式对外开放。大多数的考古遗址和遗迹等,仍然是在发掘部分出土文物,完成相关考古研究后,采取原址覆土回填方式保护,如崇州双河村遗址等。

近年来成都在物质文化遗产的开发模式上也尝试了不少创新实践,

其具体方式如下。

一是遗址保护与历史文化街区打造相融合。比如利用成都清朝八旗聚居的文化资源，在清末民初的城市老式街道及四合院群的基础上，植入旅游体验的商业开发理念，打造的宽窄巷子历史街区；以及依托文殊院的佛禅文化资源，结合川西平原的民俗风情，打造的文殊坊历史文化街区；利用"中国白酒第一坊"的水井坊考古遗址、老成都水码头、川西老院落等文化资源，将餐饮、休闲、娱乐及特色购物等诸多业态融入其中，集时尚、国际、先锋、艺术于一身的水井坊休闲街区。再如成都远洋太古里，借助千年古刹大慈寺的厚重历史文化韵味，以及独栋川西民居青瓦坡屋顶的独特风格，将国际时尚潮流与休闲生活情调完美融合，打造汇聚一系列国际奢侈品牌、潮流服饰品牌、米其林星级餐厅以及国内外知名食府的开放式、低密度的商业街区。在保护历史文化遗址的基础上，充分发掘历史遗址的现代文化价值，将文化创意，通过旅游开发、商业营销、旧城改造等多种途径融入，使历史文化遗址焕发出生动化、现代化、市场化的生命力。

二是依托博物馆衍生文化旅游休闲创意。武侯祠博物馆依托三国文化、成都民俗文化资源，在武侯祠博物馆东墙外，以清末民初建筑风格的仿古建筑群及川西园林相结合的形态，建设了集酒吧娱乐、美食小吃、特色客栈、旅游工艺品展销等多种业态于一体的锦里民俗休闲街。金沙遗址博物馆在博物馆基础上衍生出了文化创意产业的探索，每年春节期间，在园区内举办声势浩大的金沙太阳节，截至 2017 年已成功举办九届，成为成都的特色文化节会活动，金沙遗址博物馆也获评国家 AAAA 级旅游景区。此外，中国博物馆小镇——安仁古镇的建设也是成都以博物馆为基础的文化创意产业的重要实践之一。在全国重点文物保护单位刘氏庄园和中国最大的民间博物馆聚落建川博物馆聚落的基础上，大力发展文化产业，推进国家文博高地建设，建川博物馆荣获"国家文化产业示范基地"称号，安仁小镇被授予唯一的"中国博物馆小镇"美称。安仁小镇形成集藏品展示、教育研究、旅游休闲、收藏交流、艺术博览、影视拍摄等多项功能为一体的新概念文博创意聚落。成都在博物馆的收藏展陈、研究教育的基本功能之外，积极探索着文博事业的产业化、创意化可能，并已取得可喜成就。

但成都的物质文化遗产保护和开发状况，仍然表现出点状闪光和形式相对单一的特点。除去少数的创新之外，绝大多数的物质文化遗产还处在静态的原样保护上，数字化、智慧化、创意化、产业化的开发和转化还很缺乏。

二 非物质文化遗产保护现状分析

2005—2009 年，对全市的 340 余项非遗项目进行了摸底普查，截至 2016 年底，完成了对 40 个市级以上非遗代表性项目和 35 名代表性传承人的抢救性记录工作，建立了非遗数据库和较完善的非遗名录体系。不仅认定各级各类非遗代表性项目、非遗代表性传承人，还陆续确立一大批非遗生产性保护示范基地、非遗传习所、传承基地学校、非遗优秀实践单位等，并编辑出版了《金钱板——邹忠新金钱板演唱作品精选》《山魂之声——西岭山歌及其传奇》《中国蜀绣》《蜀中琴人口述史》《古琴清英》《程永玲：我与四川清音》《根脉——成都市非遗图文集》《成都市非遗代表性传承人口述史》等非遗著作。组织开展各类非遗展演活动，2013 年 1 月至 2015 年 10 月期间共完成各类展演 1385 场，受惠观众达 150 余万人次。开展非遗进校园、非遗职业教育、继续教育等，培养非遗欣赏群体和传承人。成功举办了 6 届国际非物质文化遗产节，让民众了解非遗，让世界认识成都。成都非物质文化遗产保护传承及发展工作都取得了较为突出的成效。[①]

但在成都的非遗保护路上也还存在着一些有待完善的问题，如非遗项目的传承方式仍然是家族或传统师徒传承，传承人十分匮乏，同时，非遗保护的相关专业管理人才也十分紧缺；政府对非遗项目的补贴和保护的手段还有待进一步优化和灵活化，不同级别的项目的补贴差距较大；社会大众对非遗项目的保护意识、认识度和参与度都不够高；非遗项目与旅游结合及生产性保护程度，以及产业化、市场化水平有待提高等。

[①] 成都市非物质文化遗产保护中心：《成都市非物质文化遗产保护发展报告》，2017 年。

第三节　成都延续城市文脉涵育文化资产的路径选择

在建设世界文化名城的进程中，对照国际先进经验，成都在优秀传统文化的保护、传承和弘扬上还任重而道远，尤其是在文化资产的开发利用，文化经济的持续增强，文化形象的塑造，以及文化氛围的活跃等几方面有待加大发展力度。

一　注重与科技融合，开启数字化保护模式

将文化遗产的保护和传承与高新科学技术紧密结合，将科技作为新手段、新方式，不仅能给人耳目一新的感觉，还能增加保护的力度，拓展传承的广度。

（一）建设一批智慧博物馆示范点

在成都博物馆、金沙遗址博物馆、武侯祠博物馆、杜甫草堂博物馆等国家一级博物馆或规模较大的博物馆中，率先推广人工智能、互联网、大数据等新技术，赋予博物馆的收藏和展陈功能更加人性化和多样化的表现形式。通过 AI 技术的大量运用，以场馆地图、扫描识别、展览导览、智能语音、多角度高清图片、3D 模型、VR 全景等多种形式，将遥远的传统文化和古老的藏品，以及大量沉睡在库房中的文物，生动而鲜活地展现出来，带给人们更加强烈的体验感、参与感。这不仅是技术手段的创新，更是对传统文化保护和传承理念的新探索。

（二）构建蜀文化圈数字资源库和网络平台

充分发掘全域成都的名胜古迹和考古发现成果的价值，利用高新技术，对遍布成都的各级各类文物保护单位、考古发掘遗址遗迹，进行数字化保护和传承。在全国文物普查的基础上，全面采集文物的数字化信息，利用 3D、AR、大数据、互联网、新媒体等先进技术，建立蜀文化圈自己的文物数字化档案信息库和网络平台。不仅能更安全而长久地保护文物，而且通过互联网等技术能大大提升传承和弘扬传统文化的辐射面和纵深度。人们通过手机 App、网络、高清电视频道等，了解成都的历史文化资源分布，方便快捷、足不出户地 360 度把玩文物，在虚拟空间中轻

松地体验式参观游览各处名胜古迹。

（三）推进非遗保护和传承的数字化建设

对全域成都的非物质文化遗产项目进行数字化信息采集，并在此基础上，充分利用AR、VR、互联网等技术，建设成都的非遗数字化体验式博物馆、非遗网络教育传承平台、非遗产业化网上交易服务平台等。人们可以运用手机、网络、电视等终端设备，既全方位无死角地观看川剧、清音等曲艺表演；也可以以虚拟方式，沉浸式、立体化真切体验都江堰放水节、郫县望丛赛歌会等民俗节庆项目；还可以通过VR视频的教学，在青少年中广泛开展蜀绣、竹编、棕编等非遗项目的普及教育，为选拔非遗传承人，培养非遗鉴赏人群，营造良好的文化氛围和奠定深厚的人才队伍基础。

二 注重与生态融合，建设公园城市的文化支撑

将优秀的传统文化与全域成都的良好生态资源结合起来，在建设高品质公园城市的同时，以名胜古迹、文化记忆、历史街区等文化资源为支撑，打造具有"蜀风雅韵"成都味道的文化景观体系。

（一）以传统文化为骨架，构建多层次的生态型文化景观

在公园城市的建设过程中，激发成都丰富的物质文化遗产和非物质文化遗产的活力，充分与生态建设结合起来。在大熊猫国家公园、世界遗产公园、自然保护区、风景名胜区、森林公园、湿地公园、地质公园、山地游憩公园、郊野公园、遗址公园、主题公园、综合及专类城市公园、小游园和微绿地等多层次、多类型的全域公园体系中，植入当地相应的传统文化内涵，包括历史名人、文物保护单位、考古遗址遗迹、民俗风情，以及文献典籍中记载的历史故事等。在保护历史遗迹原有面貌的基础上，以修旧如旧的方式，通过亭、台、楼、阁、牌坊等文化标志符号，将成都独特的古蜀文化、三国文化、诗歌文化等内容，融入全域公园城市体系的建设中，使生态景观具有丰富的文化主题和鲜明的文化烙印。

（二）以传统文化为灵魂，营造水润天府、绿满蓉城、花重锦官的城市生态

在城市生态环境的营造中，突出传统文化元素，将美丽宜居的公园城市中"水润天府、绿满蓉城、花重锦官"之景，与成都深厚的历史文

化传统紧密结合。一是构建"六河、百渠、十湖、八湿地"水网体系时，注重凸显由都江堰渠系、穿城二江、摩诃池、金河、解玉溪、御河等城市中已消失的池沼河流，以及各类桥梁、水井等丰富的水文化遗迹，从水体命名、形态构建、功能设计等方面，贯穿文化灵魂。二是保护和传承成都平原林在田中、院在林中的林盘聚落体系，结合方志文献、诗词歌赋中的有关川西林盘人居环境的详细记载，以及历史名人故居、民俗风情、非遗项目等，增加公园城市乡村表达的文化内涵。三是重现"花重锦官城"美景。充分利用芙蓉、桂花、梅花、海棠等在成都古典诗词中频繁出现的花卉，依照文献典籍的记载、老街得名缘由等，有历史依据、有文化特色、有规划设计地开展城市绿化、街区美化、园林景观化等。

（三）以传统文化为标识，建设特色鲜明的天府绿道

在贯穿全域成都，总长16930公里的天府绿道建设中，嵌入传统文化的元素，使天府绿道的生态区、绿道、公园、小游园、微绿地五级城市绿化体系具有独特的成都韵味。一是在天府绿道中以文化墙、雕塑等公共艺术形式，将成都的优秀传统文化生动展示。二是在天府绿道中，通过人物雕塑、历史浮雕、书法绘画等形式，以成都历史文化名人、重要历史事件、成都诗词等为主题，为生态建设注入系列文化内涵，使人们休闲于天府绿道的同时，也能便捷地了解和品读成都历史文化。三是根据天府绿道所在区域、城区、社区的文化资源优势，在景观车站、休息场所、餐饮购物等公共服务设施建设中，以及各级区域绿道的具体命名上，大量运用成都优秀传统文化的元素，使得绿道建设在优美生态中孕育丰富的文化内涵。

三 注重与城市空间的融合，营造世界文化名城的文化氛围

在城市空间的建设中，注重传统文化的融入，将各类文化遗产进行具有视觉冲击力的艺术化再现，促进历史文化资源向城市公共空间艺术的转化，以城市人文景观、城市配套设施、特色历史街区等形式进行的具有文化性、可读性、景观性的艺术化、特色化城市建设。

（一）突出以传统文化为灵感的城市人文景观建设

城市人文景观是指通过雕塑、艺术墙、文化主题公园、文化地标等

形式向人们展示城市人文特质的实物景观。以传统文化作为城市人文景观的素材和灵感，是要契合自然和人文环境，充分发挥传统文化自身的历史韵味，尤其注重内容筛选、创意设计、空间布局等方面。既要突出重要节点，又要紧密结合当地自然环境和城市格局的自身特色，形成点、线、面相互辉映的有机整体和系统。在天府广场城市中心区域；在机场、火车站、长途汽车站、高速公路出入口、地铁新空间等城市窗口；以及滨河沿岸的休闲走廊，各名胜古迹、公园等旅游热点周边，包括各区（市）县休闲广场、繁华商业聚集中心等各类场所布局体现成都传统文化特色的各类人文景观。

（二）突出以传统文化为内容的城市配套设施人文化建设

城市配套设施在其公共服务功能之外，也要注重其人文特色，增加文化内涵。不仅在博物馆、美术馆、文化馆等公共文化空间中，运用传统文化元素的标志物等，而且将传统文化的要素，广泛运用于城市配套设施的建设中。将太阳神鸟金箔、出土陶俑、汉代画像砖等传统文化元素艺术化运用于各类城市配套设施中。主要包括：立交桥、高架桥、地铁站等交通地段的外观装饰和文化彩绘；配电箱、下水井盖、斑马线、停车警示柱、人行道地砖、路灯等基础建设配套设施的创意设计；市民活动广场、休闲长椅、运动器械、公用电话亭等公共服务配套设施的图文点缀和造型设计等方面。

（三）突出以传统文化为底蕴的历史文化街区建设

在现有的宽窄巷子、锦里、文殊坊、大慈寺历史街区之外，扩大全市历史文化街区的范围和数量，提升其文化底蕴。一是以全域成都的理念，融入蜀文化、水文化、三国文化、大熊猫文化、金沙文化、诗歌文化、南丝绸之路文化、美食文化、宗教文化等传统文化和创意文化内容，广泛挖掘整理都江堰、邛崃、崇州、新都等地良好的历史街区文化资源，加大文化与旅游的融合力度，打造一批各具特色的品牌街区体系，提升一批洛带古镇、安仁古镇、黄龙溪古镇、平乐古镇、街子古镇等具有传统文化气息的老街区、名街区。二是通过专业社会团体、民间组织与政府共同参与城市规划和决策，以法规的形式保障历史建筑得到合理正常使用而不被空置，更好地保护和修复历史建筑并发挥现代价值，延续其生命力。

第十一章

厚植城市文化　凸显个性魅力

世界文化名城是以文化功能被识别的世界城市，核心要义是文化。文化既是一个国家、一个民族发展中更基本、更深沉、更持久的力量，也是展现现代化城市影响力、凝聚力、创造力的关键因素。世界文化名城需要立足自然条件和历史积淀，深刻认识城市文化的实质内涵与现代表达，发展创新，营造积极的文化氛围，树立良好的城市形象，推动公众文化供给与全球文化传播，彰显城市的个性魅力。

第一节　成都城市文化内涵

成都自古以来就以"天府之国"著称于世，"天府"是其亮眼的文化名片。这"既是历史上天府之国文化的总括，也是今天成都市域文化的特称"[①]。"天府"是一个基于地理而形成的文化概念，结合地理与文化两方面进行解读，它大体有四重含义："一是天帝（帝王）所居之府（地区），一是天帝所藏之府库，一是天帝所赐之府（地区），一是天帝所造之府（地区）。"[②] 无论按哪种理解，它都是与天、天帝相联系的。同时，天府又是一个富足的府库，是"自然、人文条件得天独厚，能够长期稳

[①] 舒大刚：《精研"天府文化"　重建精神家园——天府文化的历史与演变》，载《天府文化研究》（创新创造卷），巴蜀书社2018年版，第4页。
[②] 潘殊闲：《天府文化的源流、特质及其相关概念探析》，载《天府文化研究》（创新创造卷），巴蜀书社2018年版，第51页。

定、保持繁荣富庶的地区"①。因此，由天、府两个基本意象构成的天府概念，就是天帝府邸在人间的映射，是物质丰足、精神愉悦、令人向往的天堂生活、神仙境界的缩影；发源于此地的成都城市文化，拥有得天独厚的基础环境，表现出与众不同的精神特质，孕育了别样精彩的生活美学。其具体呈现，即是创新创造、优雅时尚、乐观包容、友善公益。

一 创新创造

创新和创造有着共同的基础与本质，其交汇点是求新。求新"就是人类对新奇事物的追求，人类不仅消费和占有已有的事物，维持自身的生存与发展，而且追求未有的事物、新奇的事物"。"超越已然，追求未然是人类的本性。"② 按照这个定义，创新创造可以从两个层面来理解：其一，它是以已有事物，或者说充裕丰饶的物质资料为基础的，是各种自然物为满足人类生存需求而被整合、加工、改造的过程。"创新和创造的力量存在于人们改变世界的实践中"，"从物质资料的生产与再生产以及物质世界本身"可以感受到"创新的能量存在"。③ 越是地大物博、物产丰富的地区，各种物质资源交汇融合进而催生新变的可能性也就越大。天府成都是天帝之府库，物藏广博而宏富，基于物质生产和再生产的创新创造成为她与生俱来的文化基因。此地有蚕有桑，因此蜀布蜀锦驰名天下。此地有池有井，故而出现了井盐、天然气的早期开发。高山出茶出漆，所以成都引领了饮茶风尚，成就了漆器辉煌。城中有芙蓉花木、有浣花溪水，于是薛涛取之作笺，名动文坛。极大富足的物质资料为天府文化的创新创造提供了持久的支撑。

其二，创新创造又是人们不满足于既有自然物，不断追求美好生活的进取精神的体现。"人类社会的许多物质产品都是根据人们的'希望'创造出来的"，这种创新创造"不受原有产品的限制，是一种积极的、主动型的发明方法"。④ 成都是天府，是天帝所居之地。这里的生活幸福美

---

① 谭平：《天府文化创新创造能力的活水之源》，载《天府文化研究》（创新创造卷），巴蜀书社2018年版，第16页。
② 乌云娜：《创新力》，国家行政学院出版社2012年版，第7页。
③ 胡珍生、刘奎林：《创造性思维方式学》，吉林人民出版社2010年版，第2页。
④ 王跃新：《创新思维学》，吉林人民出版社2010年版，第250页。

好，居住在这里的人们能展现出自信、积极的生活态度。在达到"水旱从人，不知饥馑"的基本生活条件后，他们还希望进一步提升生活品质。这就会继续激发人类的创造力，为天府文化创新创造带来强劲的动力。衣被文采、锦绣成章，是成都人在丰衣基础上对华服的新追求；以粮造酒，蒟酱流播，是成都人在足食基础上对美味的新追求；舟车穿山涉水，交子汇通天下，是成都人在安逸生活的基础上对高速交通、便利金融的新追求。由此可见，对更好物质条件的憧憬与向往强化了天府文化的创新创造。

结合这两方面来看，天府的繁荣富庶，既是创新创造的基础也是其动力。以物质资料极大丰足为前提，以物质条件不断提升为目标的创新创造，彰显了天府成都追求卓越、开拓进取的力度。

二 优雅时尚

优雅时尚是一种以文化为底蕴的气质。"优雅较之一般的优美，除形式方面的条件之外，还要求内在气质上的高贵性和较高的文化品格。"[①]从文化层面进行解读，天府成都在较高的气质和较高的文化品格两方面都由来有自。

一方面，成都是以天堂府邸、繁华名都的形象出现在世人面前的。至少在14世纪以前，她都是中国最核心、最一线的城市。她曾是神秘古蜀的中心，是秦国一统天下的内苑，是两汉万商辐辏的"五都"，是盛唐号称繁侈的"南京"，是两宋风流荟萃的重镇。扬雄、左思之赋，少陵、放翁之诗或憧憬、或怀念，集中表达了世人对这座城市的赞叹。诗仙李白"锦城长作帝王州"的期许，既是一个美好的愿景，也是人们对成都城市地位的高度肯定。这样的文化背景，成就了成都坚定的文化自信，孕育了她雍容优雅的城市之风，也让她为时所趋、为世所尚。由天帝府邸长期陶冶的高贵文化气质，自然能酝酿出优雅时尚的文化特质。

另一方面，优雅时尚又与成都长期以来对中华优秀文化的孜孜汲取密切相关。天府成都地处中国西南腹地，在地理上与中原、关中、江南都相对隔绝。但这种隔绝不是完全的封闭，信息传播不便反而使得蜀人更加渴望了解、认识外界的先进文化，促生了开放外向的文化心态。西

---

① 温延宽、王鲁豫：《古代艺术辞典》，中国国际广播出版社1989年版，第23页。

汉初年文翁设学，下县子弟纷纷要求就教，成都从"鄙陋有蛮夷风"转向"彬彬齐鲁"；北宋周敦颐、程颐入蜀，当地学士云集影从，理学由此在成都生根发芽；清末王闿运于成都建尊经书院，士绅学子积极响应，最终掀起一代新风，推动了成都乃至整个四川的近代化进程。无论在哪个历史阶段，成都始终积极接受中原先进儒学文化。而儒学的核心价值观是崇礼尚义，在其熏陶之下，天府成都的文化品格自然不断提升，最终形成和谐、礼让、从容、文明的优雅时尚之风。

可以认为，天府文化的优雅时尚，既依托于天府自身的文化土壤，也得益于中华文化长期的滋养。由文化气质和文化品格成就的优雅时尚，体现了天府成都雍容文雅、引领潮流的风度。

三　乐观包容

乐观与包容是两种文化心态，但它们有着共同的文化基础。就个体而言，乐观"是对未来的总体期望，认为好事情比坏事情更有可能发生"[1]。这种认知的形成有多种原因，它会受个体遗传基因、个人生活环境、日常生活体验、文化背景四方面因素影响。[2] 将这一理论扩展到群体范围，一种文化中乐观气质的形成，也是与它的文化基因、所处环境、发展历程、文化背景息息相关的。天府成都自然、人文条件优越，以繁荣富庶著称于世，以优裕生活而令人向往。这就决定了生活在这里的人会拥有更强的物质、心理承受能力。在面对灾难、挫折的时候，他们可以更从容、淡定地面对。而天府之地幸福美好的生活经验，也让他们有理由期待好的事情会比坏的事情更多地降临在自己身上，这就是天府文化乐观精神的基础。

同样，包容则来自多元文化的共生与交流。从人类文明到地方文化，"任何一种文化价值观的存在都不是孤立的，其发展、创新都必须从其他文化价值观中汲取影响，获取资源"[3]。从某种意义上说，正是文化的多

---

[1] ［美］Alan Carr：《积极心理学》，中国轻工业出版社2008年版，第77页。
[2] 郑雪：《积极心理学》，北京师范大学出版社2014年版，第68页。
[3] 孙伟平等：《创建"中国价值"社会主义核心价值体系研究》，社会科学文献出版社2015年版，第313页。

元性促成了其包容性。而繁荣优裕的天府在资源供给方面得天独厚，在形成乐观文化心理的同时，它也足以支撑多元文化并生共存。秦并巴蜀时，此地"戎伯尚强"；延及后世，这里仍然是多民族共同繁衍生息之地。长期以来，成都一直是民族大迁徙走廊上的中转枢纽，是历代多次移民大潮的目的地，是沟通南北、连接中外的文化要冲。这样的经历，赋予了她兼容并蓄、融汇各方的文化心态，成就了天府文化的包容特质。

无论是乐观还是包容，它们都是以优越富足的生活经历、多元和谐的文化关系为前提的，而天堂府邸、天赐之区则为其奠定了坚实的基础。在此之上的乐观包容，昭示了天府成都积极向上、开放博大的气度。

四 友善公益

友善公益的本质是人性的善，是人对他人、外物乃至自然环境的友好关爱。这也可以从物质和精神两个方面进行解读。

从物质层面看，"仓廪实而知礼节"，天府成都上映神仙境界，充裕的物资、富足的生活使这里的人们不太在意个人物质利益的得失，更愿意通过帮助他人、改善环境来实现更高层次的个人价值。对他们而言，经济社会生活不只是"有用无用的考量和利益交换，更是在交往交流中实现互助共赢，在实现自我利益的同时促进他人的利益增加"，这不仅是"社会主义核心价值观倡导友善的原因所在"，① 也是天府文化友善公益的精神核心。从历史上看，成都人宽厚大度、待人热情，不计个人得失，真心帮助他人的事例史不绝书，表现出了对外来移民过客的善。成都人依托良好的物质条件，充分享受家庭生活，平等地对待子女，不会因为物资紧缺而歧视、苛待女性，反而给予她们宽松的成长环境，导致蜀中才女辈出，这就是一种对女性的善。成都人有"宁可食无肉，不可居无竹"的高雅情趣，着力维护、改善人居环境、自然环境，他们凿池通津、植花接木，打造了云蒸霞蔚的"蓉城"，留下了泽被子孙的绿水青山，这则是一种对环境的善。

从精神层面看，儒释道三教在成都均衡流布、和谐并生、协同发展

---

① 朱佩娴：《"善的友爱"更持久》，载《人民日报理论著述年编2014》，人民日报出版社2015年版，第731页。

是天府文化有别于其他地域文化的一大特色。而三教的核心思想，都是劝人行善、教人向好。道法自然，上善若水，知白守黑，知荣守辱；儒倡仁义，推己及人，民胞物与，博爱天地；佛言业报，修持戒律，诸善奉行，诸恶莫作。三教殊途同归，都是通过个人修养播下善种，倡导善行，戒绝恶事。在他们的长期熏染下，天府文化自然具有与人为善的温暖大爱。

来自物质条件的坚强支撑，来自精神文化的积极助推，共同引导了成都外化于行的善意表达。由对个人之善、对大众之爱凝聚而成的友善公益，传递了天府成都仁民爱物、情礼兼备的温度。

第二节　成都城市文化的当代表达

通过上述解读可以看出，"天府"是成都城市文化的核心，是成就创新创造、优雅时尚、乐观包容、友善公益精神实质的关键。成都曾长期是国家"一线城市"。天府强大的物质基础支撑了繁荣的文化。如今，成都是中国位列第一的"新一线城市"，在根据商业资源集聚度、城市枢纽性、城市人活跃度、生活方式多样性和未来可塑性五大指标进行综合计算的排名中，成都仅次于上海、北京、深圳、广州而居于全国第五位。①在此环境下，成都所面对的国内、国际环境较之古代已有极大改变，但这里仍然是得天独厚之府、天赐生机之地，成都的个性文化依然在此时此地得到表达。

根据联合国教科文组织的定义，文化是"社会或一个社会群体所具有的一系列独特的精神、物质、智力和情感特征，不仅包括艺术和文学，还有生活方式、价值观、传统和信仰"。对照世界文化名城评价指标体系来看，成都城市文化的核心精神对当今城市的物质条件、经济水平，城市规模、发展潜力，城市群体的情感、智慧、价值观与信仰，市民的文化传统、生活方式、艺术和文学都有持续的影响。在文化资产、文化战略、文化要素、文化经济、文化形象、文化氛围六大指标体系方面，都

---

① 该数据由《第一财经》周刊新一线城市研究所依据大数据分析得出，新一线城市研究所：《中国城市商业魅力排行榜》，2018年4月。

有城市个性文化的呈现。

一 激励文化科技，推动文创产业

在文化遗产方面，成都的青城山—都江堰（大熊猫栖息地）被列入了世界自然和文化遗产名录。成都拥有包括蜀绣、漆器、瓷胎竹编、银丝花、蜀锦"五朵金花"在内的近300项非物质文化遗产。其中，川剧、蜀锦、蜀绣等22个项目被列入国家非遗名录。成都还拥有武侯祠、杜甫草堂、青羊宫等众多历史名胜古迹、文化景观，文化遗产资源十分丰富。但是，除都江堰被认定为世界自然、文化双遗产外，成都相对缺乏世界级的文化遗产项目。在世界文化名城评价指标体系中，成都的文化遗产指标与北京、西安、伦敦、巴黎、莫斯科、悉尼等国内国际城市相比仍有较大的差距，文化遗产保护、申报的力度还有待加强。

在文化技术方面，成都善于整合、凝聚各项创造性技术，共同助力城市文化发展。在古代，成都是中国西南乃至全国的经济中心，其农业、手工业创造成果长期大量输往全国各地，诞生于此地的第一张纸币交子引领了古代金融革命。近年来，国家级天府新区、国家自主创新示范区、全面创新改革试验区、内陆自贸区等重大改革创新机遇在成都交汇，让这座城市荣获了全球最佳新兴商务城市、中国十大创业城市、中国最佳表现城市等殊荣，以"创新创业之都"蜚声海内外。乘此机遇，在蓉高校、科研机构、文创机构、艺术团体正在加强合作，加速推动文化研究成果转化，推动影音、舞台作品、文化产品，形成了可观的专利授权、知识产权数量。但是与发展相对成熟的世界文化名城相比，成都的文化科技指标尚落后于北京、上海、西安、深圳、纽约、东京、首尔等城市，大体处于中游水平。

此外，成都创新创造的基因还发挥了强大动能，拉动当地文创产业的发展，2017年，成都实现城市GDP 13890亿元，同比增长8.1%，在全国位列第八，① 其中有相当部分来自文化创意产业。目前，成都已经开启了"国际音乐之都"建设，2017年音乐产业市场收入达到了327亿元人民币，比2016年增长了18.4%。以城市音乐厅为中心，以四川音乐学

---

① 该数据由国家统计局于2018年1月18日公布。

院、四川大学为依托,在中心城区建设面积约1.2平方公里的"成都音乐坊",同步建设"东郊记忆"国家音乐产业基地、武侯区"城市音乐坊"、青羊区"少城视听产业园区"、龙泉驿区"321音乐产业园"。以古典音乐小镇彭州白鹿镇、民俗音乐小镇崇州街子镇、文化演艺小镇龙泉驿洛带镇、博物馆音乐小镇大邑安仁镇为代表,特色音乐小镇正在高效建设。以张靓颖"少城时代"、谭维维"草台回声"、李宇春"黄色石头"为代表,众多知名音乐企业相继落户成都。乘着这股东风,成都继续加大音乐产业园区、表演场馆的建设力度,引进、组织音乐人才、演艺公司,开展更多的大型音乐节会,使天府天籁响彻全城,让音乐创意产业蓬勃发展。除此以外,成都还在高标准建设世界旅游名城,打造国际会展之都,通过旅游产品结构优化、全域旅游发展、公共服务配套提升、旅游智慧双创发展、"旅游+"产业融合、绿色低碳发展、对外开放合作、旅游国际化营销八大工程建设,全面提升成都旅游业国际化水平。

以专业化、国际化、品牌化、信息化为方向,通过全面塑造发展环境提升城市软实力,高标准打造国际会展之都。文化创意产业的发力不仅优化了产业结构,也提升了城市文化经济的影响力。不过综合来看,除音乐产业具有先发优势外,成都的文创产业总体还处于发展壮大的过程之中,文化产业指标和文创从业人员指标在世界文化名城评价指标体系中均属于中等偏下水平。由此两项构成的文化经济也明显落后于伦敦、纽约、洛杉矶、蒙特利尔、布宜诺斯艾利斯、东京、首尔、香港。

二 丰富文化设施,活跃文化消费

有一种生活美学叫成都。成都是诗之都,古今官民习惯以诗歌文学的形式表达情感。汉赋四家此地独有其三,卓文君、花蕊夫人、陈子昂、李白、薛涛、三苏、杨升庵、黄娥、李调元先后在此低吟浅唱。"自古诗人例到蜀",卢照邻、王勃、杜甫、韦庄、岑参、贯休、刘永、陆游、范成大都与这座城市结下不解之缘。"成都因为其城市资源、个性非常适合诗人栖居、创作",所以"拥有优秀诗人作品的大批知音、粉丝",出现了"诗歌和这座城市从廊庙到市井的水乳交融、如影随形"的景象。[①] 在

[①] 谭平等:《天府文化与成都的现代化追求》,巴蜀书社2018年版,第68页。

今天，诗意已经内化为成都生活美学的一部分。成都人在古朴雅致的草堂集会，在现代时尚的图书馆、诗吧流连，在都江堰的田园举办诗歌节，在龙泉山开设诗群大展，把生活与诗彻底结合起来，也带动了文化设施和文化消费。

成都又是书之都，薛涛做纸、卞家雕版、石室传经、贲园藏书，书翰文墨在成都代代相传。2015—2016年度，成都市民人均每年纸质书阅读量为7.109本，数字书阅读量为7.83本，与第14次全国国民阅读调查结果对比，成都人的纸质书阅读量高于全国平均水平2.459本，数字书籍阅读量高于全国平均水平4.62本，[1] 全市现有各类实体书店、书籍出版发行网点3463个以上，包括独立书店、设计师书店等不同类型的书店，其数量仅次于北京而位列全国第二。其中两家成都书店获封"中国十大最美书店"，成都也因此而成为"2017中国书店之都"。[2] 而遍布公共场所的数字阅读机、自助借书机，充满特色的现代时尚书店，全国首创的"书香号"地铁，更将读书带到市民生活的各个角落。这些设施的投入，进一步丰富了成都的文化资产。

成都还是音乐之都，是中国古代音乐的重镇，天府天籁回响千年。雷氏家法，奠定了唐代以后瑶琴的形制，为位居"琴棋书画"之首的中国传统文化意象打上了深深的成都烙印。张孔山的《流水》传入太空，成为全人类文明共同的标志，承担着与地外文明沟通的使命。永陵二十四乐伎是盛唐宫廷燕乐的遗存，闹年锣鼓是民间俗乐的代表，丰富多变的洞经音乐是宗教生活在世俗的折射，南诏奉圣乐是民族文化交汇融合的成果。积淀深厚的天府音乐元素为今天成都打造音乐之都提供了强有力的支持。以成都演艺中心为代表的音乐表演场馆先后建成，以"乐动蓉城""蓉城之秋""晓峰音乐周"为代表的高品质音乐会纷纷上演，成都的电影票房近几年都位居全国第五位，仅次于北京、上海、广州、深圳四个一线城市，成为中国"电影第五城"，[3] 代表了成都在文化设施和文化消费方面的成就。

---

[1] 成都市文广新局：《2015—2016年度成都市全民阅读指数测量研究报告》，2017年。
[2] 百道新出版研究院：《2017—2018中国实体书店业报告》，2018年。
[3] 张婷：《成都电影票房首超10亿，成为电影第五城》，《成都晚报》2015年1月5日。

虽然取得了一些成就，但与发展相对成熟的世界文化名城相比，成都的积累仍显单薄。在世界文化名城评价指标体系中，成都的文化设施指标相对落后，远逊于大多数国内国际城市。其文化消费则相对活跃，仅次于北京、上海、巴黎、深圳。如何依托优雅时尚之风，继续发挥优势、弥补不足，是当前面临的主要问题。

三 提升文化活力，树立文化品牌

目前，成都拥有56所高校、30余家国家级科研机构、333家创新创业载体、近500万各类人才，具备了一定的人才优势。成都各大高校、培训机构中的传媒、影视、音乐、体育、美术及其他文化艺术专业学生人数在各世界文化名城中名列前茅。但是，相关院校在世界大学排名中却相对靠后。简而言之，成都的文化人才数量已达到一定规模，但却相对缺乏领军性人才。因此，在世界文化名城评价指标体系中，成都的文化人才指标项基本处于第一梯队，但又次于巴黎、纽约、莫斯科、北京等城市，文化人才的层次还需要进一步提升。

成都是旅游之都，以民俗活动、大型集会带动的游赏之风经久不衰。汉代以来，在这座城市中就经常举办各种公私集会。左思《蜀都赋》中"置酒高堂，以御嘉宾，金罍中坐，肴烟四陈"，"羽爵执竞，丝竹乃发，巴姬弹弦，汉女击节"的宴乐聚会尽显这座城市的繁华。[①] 前后蜀两宋时期，随着成都社会经济的发展，物质财富的丰盛，文化生活更加丰富多彩，游乐风气遂在唐代的基础上有了更大发展。[②] "成都游赏之盛，甲于西蜀"[③]，十二月市迭兴，大圣慈寺极盛，青羊宫、玉局观继起，"遨游空间巷"，"登舟恣游娱"，乐观包容的生活态度通过集会游赏得到尽情表达。今天，成都的传统文化与时尚潮流交相辉映、历史沉淀与现代文明和谐共生，成都是联合国教科文组织"创意城市网络"评定的美食之都，是国际购物天堂、中国最佳旅游城市，年接待游客超过2亿人次，同时

[①] 左思：《蜀都赋》，载杨慎《全蜀艺文志》卷一，线装书局2003年版，第10页。

[②] 粟品孝编：《成都通史·五代（前后蜀）两宋》，四川人民出版社2011年版，第454—455页。

[③] （无）费著撰：《岁华纪丽谱》，载杨慎《全蜀艺文志》卷58，线装书局2003年版，第1708页。

成都又是国家西部大开发的战略支点，是"一带一路"倡议和长江经济带战略的交汇点，也是距欧洲最近的国家中心城市和国家泛欧泛亚开放门户城市，拥有驻蓉领事机构16家，国际友好城市33个，与全球228个国家和地区建立了经贸关系，278家世界500强企业落户于此。成都开通了国际（地区）航线102条，成为内地第三个拥有双机场的城市。蓉欧班列可直达欧洲纽伦堡、罗兹、莫斯科等城市。成都正秉持"更全面、更深入、更务实"的新开放观，继续以乐观包容的开放姿态走向世界，凭借一系列文化品牌，在国际舞台上尽情展现这座城市的文化活力。

但是，由于起步较晚，再加上地理、交通条件的限制，成都在这两方面的成就与世界先进城市相比还有非常大的差距。在指标体系的文化品牌一项，成都弱于北京、上海、香港而高于其他的国内城市；但在国际上则落后于巴黎、伦敦、都柏林、爱丁堡、纽约、洛杉矶、蒙特利尔、莫斯科、东京、新加坡、首尔、墨尔本、悉尼、开普敦等大多数城市。在文化活力一项，成都亦次于巴黎、伦敦、都柏林、纽约、洛杉矶、蒙特利尔、圣菲波哥大、东京、迪拜、首尔、香港、墨尔本、悉尼、北京、上海、广州、深圳，而位居中下游。

四 强化文化战略，打造文化标志

进入新时代，面对实现中华民族伟大复兴的历史使命，成都勇于承担重任，以文化发展为动力，积极深化改革、对外开放，配合"一带一路"倡议和西部大开发、长江经济带建设等国家战略，全面开展国家中心城市建设工作。在中国共产党成都市第十三次党代会上，成都市委又正式提出"传承巴蜀文明发展天府文化，努力建设世界文化名城"的城市建设目标，以文化为主线，向世界文化名城迈进。同时，成都还在着力建设"志愿者之城"。今天，每10个成都市民中就有1名志愿者。成都连续5年蝉联"中国最具幸福感城市"榜首，被评为中国最有安全感城市。这一切生动诠释了成都厚积千年的文化温度，透射出天府文化的澎湃力量，是这座城市以公益为内核的担当意识、使命感的体现，是成都儿女"建功立业的坚定、执着、担当志向"，是"天府文化最重要的精气神，是成都子孙必须传承的优秀传统文化的核心"。① 这些成就和目标，明确了城市文化发展的愿景，增强了市民的认可度。在世界文化名城评价指标体系中，成都的文化愿景指标与伦敦、爱丁堡并列，远超其他城市而高居榜首。这说明成都敢于以更高的定位作为城市未来发展的主动选择，是其城市精神坚韧品质的体现。

与文化愿景相应，成都市也在加强文化管理，制定了《成都国家中心城市建设行动纲要（2016—2025年）》，"提出'三步走'建设目标，以及全面增强经济中心、科技中心、文创中心、对外交往中心和交通枢纽功能5个方面的战略任务，在城市空间、动力、经济、文化、生态、民生、治理7个方面提出系列重大行动"②。为传播城市文化，增强成都市民的认知度，成都市委市政府还制定了《关于深入推动天府文化创新发展的行动方案》（以下简称《行动方案》），要求整合全市力量，通过丰富多样的形式，深入推动天府文化融入机关、融入企业、融入社区、融入乡村、融入学校、融入景区、融入公共活动场所、融入交通枢纽及口岸、融入网络空间。③ 这一行动全面覆盖成都市民的工作、生产、生活、出行、娱乐，多元立体地宣传成都文化。同时，各机关、企业、社区、乡村也邀请专家学者团队，组织主题、内容丰富多样的专题讲座，系统讲解成都文化的历史渊源、实质内涵、个性魅力，以生动活泼、简易直接的语言让市民直观了解成都文化。中小学、市属高校根据各自教学实践的具体情况，将成都文化列为必修、选修或辅修课程，通过交流合作，共同编纂教材、编写教学大纲，将城市文化教育纳入大中小学课堂，使地方文化教育成为成都未来人才培养的特色与优势，夯实根基。市、区（县）相关部门牵头组织科普专家团队、志愿者在市内各大旅游景点、公共场所、交通枢纽灵活开展了各种形式的宣传普及活动，让群众更直接、更近距离地认识成都。得益于此，成都的文化管理指标得分也处于世界前列，与巴黎、北京、上海、广州、深圳等城市并列第一。

---

① 谭平等：《天府文化与成都的现代化追求》，巴蜀书社2018年版，第53页。
② 成都市地方志编纂委员会办公室：《2017成都年鉴》，成都年鉴社，2017年，第11页。
③ 《关于深入推动天府文化创新发展的行动方案》，2018年，第4—9页。

成都还是一座以人为本，注重人与自然和谐相处的城市。成都是道教的发源地，而道教既注重个人生命的意义，追求人性的解放和思想的自由，也强调人与自然的和谐发展。"天、地、人，本同一元气，分为三体"，三者应"相爱相通，无复有害者"。这种思想"承认宇宙间万事万物都有其合理性与平等的存在地位，主张让宇宙万物任性自在，自足其性，得其自然之存在与发展"。[①] 人是自然中的一部分，人性的自足与人的自由发展是被充分肯定的。但与此同时，人与自然又是平等的，人应该"顺应大自然的客观规律办事，不应把自己凌驾于万物之上去掠夺自然"[②]。这是一种将人与自然并重，科学、和谐处理二者关系的先进思想。在过去，成都是以"蓉城"之名见知于世的花之都，芙蓉、海棠、绿竹、牡丹是这座城市的文化符号。"花重锦官城"，是诗人对这座城市的由衷赞美；以花得名的浣花溪、百花潭，是成都人爱花情感在传说故事中的表达；形成于宋代的"二月花市"，极盛于清末民初的青羊宫花会，集中展现了成都市民与花相关的社会生活。由古及今，成都市加强优化拓展城市空间，提升城市功能品质，优化生态功能空间布局，大力发展高端绿色科技产业，提升绿色发展能级，保持生态宜居的现代化田园城市形态，就是将以人为本而又注重人与自然和谐相处的思想贯穿到现代城市构建之中。现在，伴花栖居的生活已是成都人对美好生态环境的向往。成都全力打造"一轴两山三环七带"的天府绿道体系，构建覆盖成都全域的区域、城区、社区三级绿道，以人民为中心、以绿道为主线、以生态为本底、以田园为基调、以文化为特色规划慢行系统，让红花绿树全面覆盖城市，通过提升公共绿地占比，提供公共文化场所，树起了享誉世界的文化标志。当然，天府绿道目前尚在建设之中，成都也还缺乏更多更有影响力的文化标志。所以在这一项指标评价中，成都目前的排名不算十分突出，但后续发展可期。

[①] 赵心愚、余仕麟：《哲学・宗教智慧与超越》，四川大学出版社2014年版，第557页。
[②] 卿希泰：《道教文化与现代社会生活》，巴蜀书社2007年版，第39页。

第三节　成都厚植城市文化凸显
　　　　个性魅力的路径选择

通过对世界文化名城指标数据的对比分析可知，成都在文化愿景、文化管理指标方面相对突出；在文化人才、文化科技、文创产业、文创从业人员、文化消费领域处于中游水平，在文化遗产、文化设施、文化活力、文化品牌、文化标志方面与发展成熟的世界文化名城相比则还不够强大。概括而言，成都与其他世界文化名城的差距又集中体现为市民、世界对成都城市文化的认知度、认可度、参与度不足。所谓认知，是指市民及外界对一座城市文化的了解；所谓认同，是市民及外界依据城市现状和个人生活经历对城市文化的评价和判断；所谓参与，是指市民及外界基于对城市未来发展的憧憬，在高度认可城市文化的前提下，自觉成为文化的宣传者、践行者、示范者。这三个方面相辅相成、逐次递进、缺一不可。因此，如何充分挖掘城市文化的精髓，在世界舞台上彰显成都城市文化的个性魅力以弥补短板，是成都建设世界文化名城的关键。

一　增强认知度，提升文化资产

从理论上讲，文化从过去延伸到现在并通向未来，它与城市发展一脉相承，与市民生活息息相关，应该在成都市民中具有极高的认知度。但文化传统与现实生活毕竟有时间上的隔阂，现代化、全球化的文化冲击又让一部分普通市民，特别是年青一代对传统文化的记忆逐渐模糊。与此同时，成都文化内涵的丰富性、多样性也使得市民在接受、理解时各有不同侧重。所以，要形成认识城市文化的合力，就要在注重宣传普及的基础上，继续加强解读阐释工作。

围绕这一目标，成都市的科研机构、高校、文化单位等各方面力量可以进一步加强合作，搭建专业系统的科研、科普平台，加强对成都文化演进脉络、基本走向、时代风尚，特别是其当代表达的研究。通过一系列精品力作和其他传播形式，让市民百姓知晓文化的来龙去脉，了解其实质内涵，把握其精神特征，并能够将文化与现实、与日常生活相联系、相对应，激活市民群体对成都、对成都的历史记忆、文化记忆、精神记忆。街道办、社区、农村等基层单位和市、区（县）各级各类媒体可以根据实际情况，结合实时热点，适时组织各种宣讲会、座谈会、讨论会，鼓励市民积极发现、认识、传承日常生活中的成都文化元素。与此同时，高校、科研机构、艺术团体、媒体还可以加强合作，加速推动研究成果的转化，制作系列科普读物、影音作品、舞台表演作品、文化产品，使之与其他宣传形式有机结合，多渠道、多方式地传播成都文化。更进一步，则是充分发挥市民群体、基层群众的能动性，让继承、发展成都文化的市民群众真正成为塑造、传播、践行城市精神的主体。为实现这一目标，可以充分依托社区与乡村，充分动员社区达人、地方文化名人、基层新乡贤、"五老"，使其在协调邻里关系、处理地方事务、构建基层文化时，自觉、主动地汲取提炼、发挥运用成都文化实质内涵与当代表达中积极向上的正能量，立足实地、"接地气"地传播、倡导城市文化，以此强化其在地方上的根基，陶冶培育符合时代潮流。

通过这些措施，市民、外界可以更好地认识成都文化，了解成都丰富的文化遗产，充分利用已有的文化设施，进而整体提升文化资产的层级。

二 增强认可度，树立文化形象

文化因交流互鉴而精彩。2014年，习近平主席在巴黎联合国教科文组织总部发表重要讲话时指出："文明是包容的，人类文明因包容才有交流互鉴的动力。"[①] 世界文化名城就是一个人类文明、多元文化交流互鉴的广阔舞台，建设世界文化名城，就是要充分发挥成都文化的包容特性，增强其国际认可度。

文化的国际传播，是世界认可成都的过程；同时也是成都文化包容、借鉴、汲取其他文化元素的过程。在此期间建设世界文化名城，就是在文化之间建立一座平等对话、相互沟通的桥梁，建立一种同理心，一种世界性伦理，一种普适的感性，把各种各样的人、各种各样的文化聚合到一起，凸显现代城市多元包容的魅力。而成都文化显然是具备这样的包容性的。其实质内涵、当代表达与世界主流价值观之间可以形成有效

---

① 李君才编选：《中国文化年报2014》，兰州大学出版社2014年版，第105页。

沟通，可以包容其他思想意识，通过文化的黏性，吸引具有其他文化背景的人关注成都。"是人吸引着人去一个城市，因此，在所有城市中，人们都渴望以一种非程序化的方式，找寻时间和空间与其他人在一起，并使他们互相联系、观察和延续关系。"① 这种文化包容性、吸引力让大量的游客从境外涌向成都。2016年，成都成为世界第二高增长的旅游目的地，是全球15个最快乐的地方之一，前往成都的机票在线预订率保持了最高的增长。

利用这样的优势，继续发扬成都文化的包容特性，推动其国际传播，首先应该加强多层次的世界文化互动，这是成都建设世界文化名城，让成都走向国际的首要任务。为此，成都市可以更加积极地搭建跨国家、跨区域的文化交流平台，鼓励政府部门、文化传播机构、企业、民间团体组织实施各种各样的会议、活动、节会、赛事，让文化交流的空间更为广阔，渠道更为通畅。

在充分交流沟通的基础上，多元文化的相互认可、借鉴、吸引、融合更为重要，这是成都文化能否被世界普遍接受，能否真正实现国际传播的关键。这就需要在充分认识成都文化实质内涵与当代表达的前提下，进一步提炼其精神特质与世界主流价值观之间的共同性、契合点，并面向世界做好解读宣传工作，建立跨文化的同理心。针对这一目标，可以继续加强整合成都学术界、文化界、传播界的力量，广泛展开国际性的交流会议、学术论坛，深入开展国际文化交流合作，向世界有效传递成都文化的核心价值，增进了解、沟通、包容。面向国际市场，加大文化创意品牌的打造和营销力度，以迅速提升其国际传播力。充分挖掘外事外侨和国际友好城市资源，精准强化以文化为核心的成都城市形象宣传，在国际上充分展示成都的时代风采和文化魅力。

三 增强文化参与度，激发文化消费

成都市在文化空间打造、文化活动组织、文化产业投入方面一直在积极努力。针对文化活力指标的不足，还可以加大服务供给，继续增强市民对知识、艺术、休闲文化的参与度。

---

① 《2018世界文化名城论坛·天府论坛特别报告》，2018年，第40页。

在知识文化服务供给方面，成都可以围绕博物馆、书店两大特色资源拓展公众参与空间。如统计数据所示，成都的博物馆绝对数量尚有所不足，但既有博物馆的天府文化特色却十分鲜明，在国内外享有较高的知名度。金沙遗址博物馆、杜甫草堂博物馆、武侯祠博物馆、蜀锦博物馆、四川省博物院、成都市博物馆、建川博物馆（还包括三星堆博物馆）都从不同侧面较为精细地展现了成都历史文化，是成都市面向市民及外地游客提供知识性文化服务的重要载体。在此基础上，成都市可以再高质量地打造一批专门性更强、地域特色更突出、更易被市民接受的博物馆。如客家文化博物馆、川剧博物馆、川菜博物馆、成都方言博物馆、天府文化名人堂等。这些场馆可以更丰富、全面地提供与天府文化直接对应的知识性服务，为其创新创造积蓄力量。同样，依托"中国书店之都"的良好口碑，再鼓励、建设一批优秀的特色书店、主题书店，再大量投放一批公共电子阅读设备、自助借阅设备，让书香弥漫成都，从形式上、内容上共同提升成都文化的知识性传播。

在艺术文化服务供给方面，成都也应充分挖掘天府文化资源，着重提供独具地方特色的公众服务，以激励文化艺术元素的创新转化。比如充分利用各种极具成都特色的公共文化活动空间，将川剧、四川评书等天府文化传统艺术与现代都市生活紧密结合。再比如通过对成都历史文化的梳理，对成都故事、民风民俗、非物质文化遗产技艺的开发，依托各种传统民情风俗节日，组织具有较高艺术水平和观赏价值的展演活动，提升民众参与文化活动的积极性，将成都文化元素以全新的方式融入市民生活。与此同时，在休闲文化服务供给方面，成都同样有着深厚的积累，在城市文化的实质内涵与现代表达中，都有休闲元素的精彩呈现。今天成都通过休闲文化供给增强市民的文化参与性，也可以从多渠道着手。比如国际上通常以酒吧、夜店的数量作为考察城市文化活跃程度的重要指标。而在成都，带有浓厚地方特色的茶馆则是天府文化中一道亮丽的风景，是成都市民重要的公共休闲文化交流空间，它在很大程度上发挥了西方城市酒吧、夜店的功能。在建设世界文化名城的过程中，成都的茶馆文化完全可以与现代时尚元素完美结合，进而催生新的艺术、休闲文化形态。比如小型的音乐驻唱可以在茶馆进行，文创产业的发布会可以在茶馆中开展，甚至电影也可以回归茶馆（成都最早的电影就是在茶馆中放映的)。此外,古代成都盛极一时的游赏休闲文化也可以在当代得到全新形式的表达。成都市相关部门或民间文化团体可以有计划地主导恢复一些有意义的传统民俗节会,将天府休闲文化与城市发展需求相结合,在提供休闲文化服务,增强市民参与性的同时,也助力世界旅游名城、国际会展之都建设。

经由这些路径,成都文化的全球传播力将不断提升,城市文化的个性魅力将得以彰显,成都将以独具特色的文化而被世界识别,世界文化名城之"大"也将得以实现。

第十二章

发展文创产业　壮大文化经济

本章从世界文化名城评价指标体系中的文化经济着手，指出文化经济发展对世界文化名城的重要性，是世界文化名城建设的重要组成部分。同时，以成都为分析对象，从文化经济的发展规模、集聚水平、融合方式、从业人员、对外贸易和文化消费等方面重点分析了成都文化经济的发展现状和主要特征，并指出促进文化经济高质量发展的路径，即构建现代文创产业体系、培育壮大市场主体、推进文创产业集聚发展、加快"文创+"跨界融合发展、优化文创人才结构、扩大对外文化贸易和繁荣文化市场等。

第一节　文化经济发展对世界文化名城建设的意义和作用

在当今时代，文化发展的一个重要特点就是文化的经济化、市场化和商业化。而且，文化创意产业作为文化经济的重要组成部分在一个国家或地区经济发展中的地位越来越重要。因此，作为世界文化名城，文化经济的重要性是显而易见的。

一　发展文化经济是世界文化名城建设的应有之义

在理论界和实务界，关于世界文化名城的定义、内涵和特征并没有形成共识。我们认为"世界文化名城"的核心是"文化名城"，标杆是"世界"，要用全球最高标准来衡量成都的文化建设与管理，是文化资产、文化战略、文化要素、文化经济、文化氛围和文化形象的综合。而且从巴黎、伦敦、纽约、洛杉矶、柏林等公认的城市来看,世界文化名城是比国家历史文化名城更高层次的名城,不仅要着力历史文化的保护传承,而且还强调文化的开发利用和交流创新。而文化经济对世界文化名城来讲,着重体现了世界文化名城的文化生产力。文化经济中最重要的部分就是文化创意产业和文创从业人员。因为文化创意产业是文化产业与创意产业紧密融合发展的结果,是高技术、互联网、智能移动终端以及相应的新兴业态互相结合而产生的,能促进文化经济的发展。文创从业人员是文化创意产业的核心要素。因此,文化经济不仅能更好地促进文化的开发利用,而且还能加快文化的交流创新,是建设世界文化名城的应有之义。

二 发展文化经济是世界文化名城建设的重要组成部分

在世界文化名城的指标体系中,文化经济在国民经济中的地位这一评价指标是重要指标之一,主要包括文创产业增加值占地区生产总值比重、文化产业出口额占总出口额的比重、文化消费占城市居民消费的比重等。同时,世界文化名城衡量指标体系中关于文化旅游、体育娱乐、教育培训等方面,都可以归属于文化创意产业的范畴。因此,从世界文化名城指标体系来看,文创产业的发展是世界文化名城重要的衡量指标,它着力体现了现代文化的蓬勃发展,是世界文化名城的重要组成部分。

三 文化经济是世界文化名城经济增长的主要动力

随着后工业社会的到来,消费主义的盛行,文化与经济的融合越来越密切,文创产业正成为世界上最有发展潜力的产业之一。[1] 世界文化名城的文创产业普遍发达,已经成为其经济增长的主要动力。英国伦敦的创意产业增加值在 2012 年达到 346 亿英镑,其发展速度远快于总体经济。[2] 而且,英国创意产业增加值占 GDP 的比重超过 7%,且每年都以高于 5% 的速度增长,成为增速最快的产业。[3] 世界文化名城不仅是文化实

---

[1] 曾伟玉、顾涧清:《广州培育世界文化名城研究》,中国出版集团 2011 年版,第 11 页。
[2] 屠启宇:《国际城市发展报告2017》,社会科学文献出版社 2017 年版,第 141 页。
[3] 《陈若愚:英国文化创意产业发展对中国的启示》(2018 年 1 月 15 日),2020 年 7 月 21 日,http://www.cqwl.org/html/content/detail/3160.html。

力强大，其文化的保护传承等都需要经济实力的支撑。而文化经济作为21世纪新兴产业，不仅是经济发展的新增长点，而且也是世界文化名城建设的重要支撑。

第二节 成都文化经济发展现状和主要特征

2016年，成都正式建立文化创意产业统计制度，按年度开展统计调查，全面反映产业规模、产业结构以及对全市经济贡献的动态情况。2016—2017年，文化创意产业发展成效显著，支柱产业地位初步确立，行业结构日益优化，市场主体活力增强，文化消费市场繁荣，产业政策日趋完善，为建设文创中心奠定了坚实基础。主要特征如下。

一 产业规模快速扩大，行业结构不断优化

据统计，2017年，成都市文化创意产业增加值为793亿元，名义增长17%；文化创意产业活动从业人员56万人，同比增长15%；实现营业收入3226亿元，同比增长23%。数据表明，全市文化创意产业保持较快发展势头，整体实力快速提升，对城市经济拉动和就业增长的作用显著。

（一）各行业市场规模梯次分布

从产业大类来看，按照规模（限额）以上企业营业收入，2016年成都市文化创意行业的市场规模形成梯次分布，①超过500亿元的行业1个，即文化创意设计服务，其市场规模为651.23亿元；②500亿—100亿元的行业5个，依次是文化创意相关产业342.5亿元、文化创意用品和艺术品280.97亿元、文化创意辅助活动267.3亿元、休闲娱乐与健康240.12亿元、信息传输服务158.97亿元；③100亿—10亿元的行业5个，新闻出版发行服务95.43亿元，茶叶、香料香精31.28亿元，广播影视服务25.76亿元，广告会展服务19.66亿元，文化创意咨询服务10.27亿元；④10亿元以下的行业2个，文化和创意艺术服务2.22亿元，文化创意与教育0.5亿元。

（二）行业发展效率差异显著

2016年，从产业效率看，文化创意设计服务、信息传输服务、广告会展服务位居前三位。从文化创意产业各类别营业收入占全行业的比重

来看，排位前三的分别是文化创意设计服务、文化创意相关产业、文化创意用品和艺术品（制造和销售），营业收入占比分别是 30.6%、16.1%、13.2%，比重合计达 59.9%，成为全市文化创意产业主体行业。但从增加值占比来看，文化创意设计服务的贡献度最高（行业增加值 249.2 亿元），占全市文化创意产业增加值的 43.8%，比排名第二的休闲娱乐与健康业高出 30 个百分点以上。（见图 12-1）

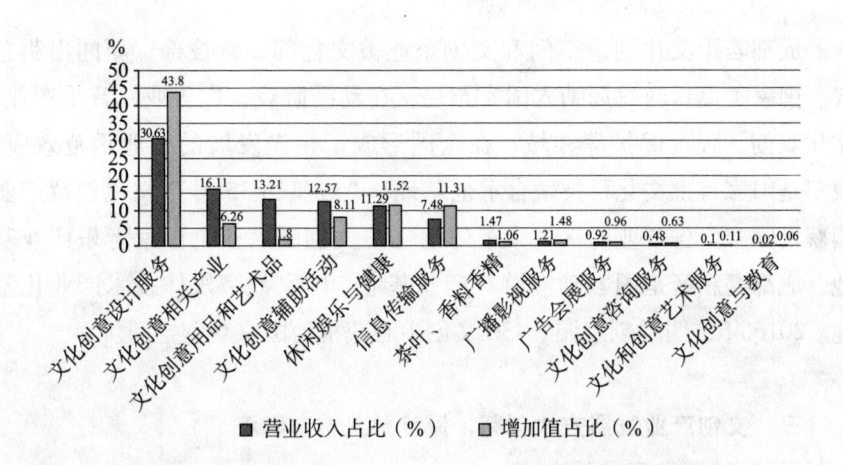

图12-1　成都文创行业规模（限额）以上企业营业收入、增加值的全行业占比

（三）文化科技业态发展势头强劲

从产业中类来看，文化创意设计服务中的动漫游戏业持续稳步发展。2016 年，全市规上（限上）企业中从事动漫、游戏设计的企业一共有 48 家，实现营业收入 118.7 亿元，创造增加值 71.3 亿元，增加值占文化创意设计服务的 28.6%。同年，成都高新区网络游戏产业产值首次突破百亿元，收入增幅超过四成。成都研发的手游《王者荣耀》荣登 2016 中国泛娱乐指数盛典"中国 IP 价值榜—游戏榜 Top10"，已孵化出《银河帝国》《王者帝国》《斯巴达战争》《三剑豪》《帝国塔防 3》《花千骨》《忍者萌剑传》《战地风暴》等月流水过千万亿的手机游戏产品。

二　文创产业集聚水平提升，行业示范效应突出

（一）集聚发展成为主导模式

文化创客空间发展活跃，新型文创业态不断涌现，位居全国领先地

位。截至目前，成都已形成国家文化产业示范园区（基地）8家、四川省文化产业示范园区（基地）22家、成都市文化产业示范园区（基地）15家、文创类国家级众创空间2家，一批骨干文创企业快速成长。蓝顶艺术中心、浓园国际艺术村、西村创意产业园等园区聚集绘画、书法、摄影、广告设计、音乐等艺术家工作室和各类艺术机构400余家，文化产业的规模化、集约化、专业化水平显著提升。

（二）集聚发展水平不断提升

成都若干文化创意空间和文创企业被文化部、科技部、新闻出版总署、国家工商行政总局纳入国家布局，在动漫游戏、广告业、音乐产业、文化双创、版权保护等领域，在全国形成了领先发展的行业示范效应。成都是国家首批文化科技融合示范基地，"红星路35号"文化创意产业园获批国家广告产业园区，"东郊记忆"文创园区获批国家音乐产业基地，成都高新区是国家动漫游戏产业基地、国家数字媒体技术产业化基地。2016年，明堂创意园、436文创中心获批为国家众创空间。

三　文创产业发展方式创新，深度融入城市经济

（一）文化与科技融合

2012年，成都获批为首批国家文化科技融合示范基地。依托高新技术开发区，成都重点发展数字内容产业和数字创意产业，增强文化产业领域科技实力和自主创新能力。截至2016年，成都高新区已聚集600余家数字内容企业，初步形成以游戏产品研发为核心，涵盖发行、运营、渠道等多个领域的产业链条。

（二）文化创意与旅游融合

成都依托丰厚的历史积淀，借力城市旅游市场优势，以历史文化遗产保护为核心，丰富城市景观的文化内涵，形成了一批国家A级旅游景区，提升了文化旅游融合的品牌影响力。东郊记忆文创园区、浓园国际艺术村等文创空间先后获批4A级景区。

（三）文化与城市建设深度融合

注重保护城市文化根脉和历史发展年轮、彰显城市现代文化魅力。以城市街区和建筑打造为重点，在规划建设中充分融入古蜀文化、熊猫文化、三国文化、丝路文化等天府文化元素，建设承载文化记忆、富有

时代特色的历史文化街区、建筑群落和文化景观。在城市中心区布局成都博物馆新馆、四川省图书馆、四川省美术馆、四川科技馆、天府大剧院、城市音乐厅等大型公共文化设施，注重将历史文化元素与城市现代商业发展相结合，拓展便于市民参与城市公共文化空间。

四 文创从业人员总体规模扩大，整体素质明显提升

（一）总体规模不断扩大

据成都市文广新局统计，2004年，全市从事文化产业活动的单位5391家，文化产业从业人员15.21万人，占全社会从业人员总数的2.6%；2006年，全市从事文化产业活动的单位增至6203家，文化产业从业人员16.93万人，占全社会从业人员总数的2.65%；2013年，全市文化产业从业人员超过28万人，占全社会从业人员总数的3.7%；2016年，全市从事文化创意产业活动的法人单位共有15444个。其中，规模（限额）以上企业法人单位1552个。文化产业从业人员46.4万人，占全社会从业人员总数的3.3%；其中，规模（限额）以上企业从业人员有26.0万人，占全部文化创意产业从业人员的56.0%。2016年，省文化厅重点考察的成都市13个文化产业园区（基地）吸纳从业人员4.5万人，同比增长166%。以动漫游戏产业人才为例，"成都高新区聚集人才1.8万多人，其中海外高层人才、博士、外国专家和其他高级人才1500多名"[1]。四川大学、电子科技大学、四川师范大学、成都理工大学、成都学院等高校均设有与动漫游戏相关的专业，每年培养动漫游戏及相关专业人才近两万人。

（二）人才素质明显提高

从2011年启动"成都人才计划"至今，成都市共投入2.6亿多元，先后引进并扶持253名高端人才、18个顶尖团队来成都创新创业。[2] 持续实施"四个一批"人才培养工程和文化名家工程。建立高端紧缺文创人才引进平台，吸纳高层次文创人才，当代知名艺术家周春芽等被成功引

---

[1] 肖明杰：《成都市文化创意产业环境下动漫专业学生初次就业调查报告》，《美术教育研究》2015年第5期。

[2] 徐雪、侯初初：《人才创新筑梦成功之都》，《成都日报》2015年8月31日第1版。

入。目前，成都市拥有国家级工艺美术大师10余人。以成都蜀锦织绣博物馆为例，该馆拥有国家级蜀锦织造技艺代表性传承人2人、省级代表性传承人4人、市级代表性传承人4人，全国织锦工艺大师3人、四川省工艺美术大师2人，身怀绝技蜀锦老艺人6人。近年来，通过举办人才发现计划和培训活动，成都共选拔近百名优秀本土人才出国培训，培养了上千名文创人才，实训大学生人数超过万人。目前，成都已跻身"全国动漫游戏第四城"。数字天空、尼毕鲁、迅游科技等众多本土动漫游戏企业和外来企业——育碧软件、金山数字、金山互动、腾讯科技等——集聚和培养了一批高端和中端动漫产业人才。

五 对外文化贸易出口规模扩大，外贸企业数量增加

（一）文化产品出口规模逐步扩大

2016年，成都市文化产品进出口总额为52305万美元，与2015年的52608万美元基本持平。其中，出口额为29229万美元，比2015年的23664万美元增长了23.5%；进口额为23076万美元，比2015年的28944万美元下降了20.3%。[①] 文化产品核心层（出版物）的进出口额为1324万美元，较2015年的1170万美元，增长了13.2%。文化产品相关层中的文化用品的出口规模快速扩大，进出口额从2015年的3539万美元上涨为12624万美元，增长了256.7%，出口额从2015年的3453万美元上涨到了2016年的12559万美元，增长了263.7%，持续保持顺差发展态势。其中，玩具、蚕丝及机织物等具有成都地方特色的传统文化产品出口步伐不断加快。（见图12-2）

（二）动漫游戏成为文化服务贸易主体

据不完全统计，2016年成都市文化服务贸易出口规模约为2.36亿美元。[②] 与文化产品的出口规模基本持平。这需要说明的是，文化服务贸易没有纳入单独统计的范畴，其数据是从各企业中搜集而来。其中，动漫游戏的出口成为文化服务出口的主角。据不完全统计，2016年成都市数字动漫游戏的出口金额约为1.76亿美元，占整个文化服务出口贸易的

---

① 数据来源：成都海关提供的2015—2016年统计数据。
② 数据来源：成都市商务委提供的2016年数据。

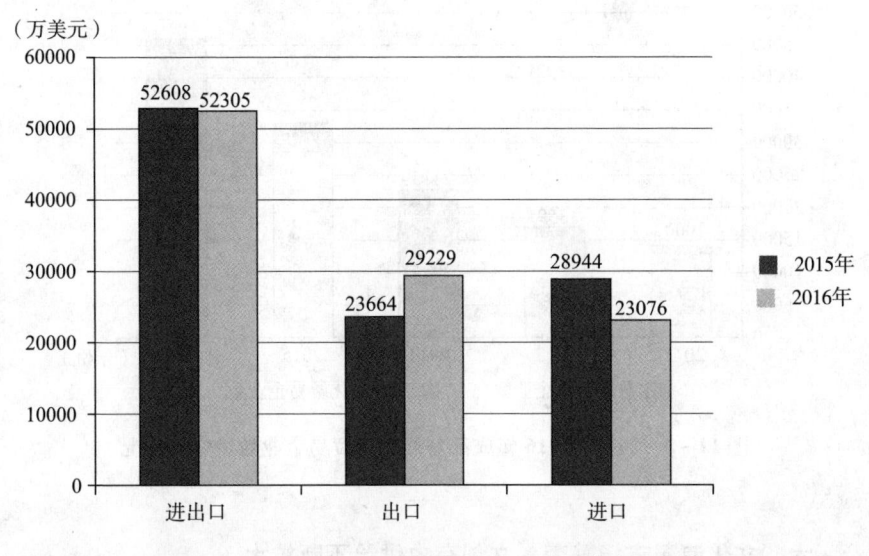

图 12-2　2015、2016 年成都市文化产品进出口规模

74.6%。近两年,成都数字动漫游戏的出口规模较稳定,2015 年约为 1.78 亿美元。①

(三) 文化贸易企业数量日益增长

据统计,成都对外文化贸易企业数量不断增长,从 2012 年的 1000 个增长到 2016 年的 6336 个,年均增长 106.7%。而成都市对外文化贸易企业数从 2012 年的 12924 个增长到 2016 年的 39490 个,年均增长为 41.1%。而且对外文化贸易企业在对外贸易企业中的比重日益增长,2012 年对外文化贸易企业占整个对外贸易企业的 7.7%,2016 年则达到 16.0%。② 可见,近年来成都市文化对外贸易的市场主体增长非常迅速。而且,成都文化对外贸易企业也不断成长壮大,有 7 家企业被商务部、文化部、财政部等五部委联合认定为 2015—2016 年国家文化出口重点企业。(见图 12-3)

---

① 数据来源:成都市经信委提供的 2015—2016 年数据。
② 数据来源:成都市工商局提供的 2012—2016 年数据。

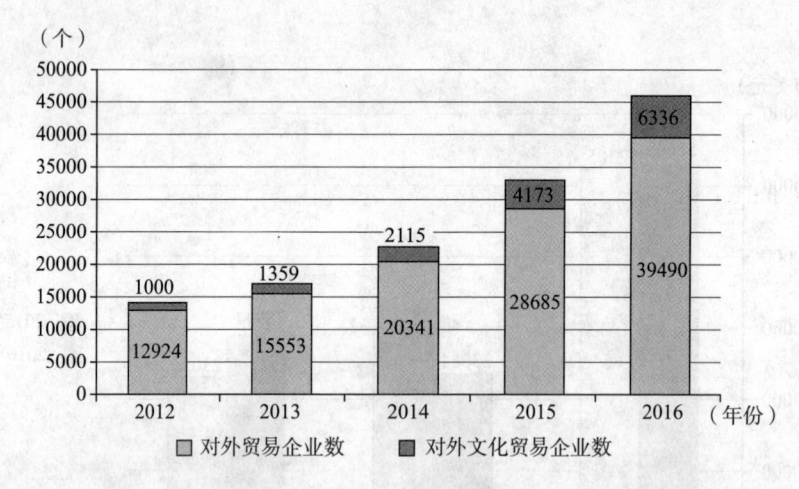

```
(个)
50000
45000                                          6336
40000
35000                                   4173
30000                            2115
25000                                          39490
20000                    1359           28685
15000     1000
10000                    15553   20341
          12924
5000
0
          2012    2013    2014    2015    2016   (年份)
          ▢ 对外贸易企业数   ■ 对外文化贸易企业数
```

图 12-3 2012—2016 年成都对外文化贸易企业数量变动情况

六　文化消费市场繁荣，文创有效供给不断扩大

随着城市居民消费结构升级，文化消费成为成都市民消费支出中增长最快的部分。顺应文化消费高品质、个性化、多样化的趋势，成都着力扩大优质文化供给，文化消费市场繁荣。2016 年，成都获批为国家首批文化消费试点城市。2017 年，城市电影票房达 16.75 亿元，同比增长 12.4%，全年观影超过 5100 万人次，稳居中国电影票房第五大票仓。2017 年，成都书店数量达到 3463 家，继北京后位居全国第二。① 拥有方所、言几又、西西弗、散花等知名复合式书店空间，获得"2017 中国书店之都"的殊荣，居民纸质阅读量超出全国平均水平。成都博物馆总数量和非国有博物馆数量均在全国城市中位居第一，全市注册登记的博物馆、纪念馆已达 150 家，平均每 13.5 万人就拥有一座博物馆。2017 年举办 500 余场展览，吸引逾 2500 万国内外观众参观。

第三节　成都发展文创产业壮大文化经济的路径选择

通过对成都文化经济在发展规模、集聚水平、融合方式、从业人员、

---

① 2017—2018 年中国实体书店业报告。

对外贸易和文化消费等方面的分析,结合世界文化名城评价指标体系中文化经济建设的相关指标,未来成都要进一步壮大文化经济,提高其发展质量,必然要加强以下几方面的建设。

一 构建现代文创产业体系

(一) 重点发展突出内容原创的相关产业

突出内容原创的相关产业主要包括音乐艺术业、创意设计业、现代时尚业等。鼓励蓝顶、浓园、西村、明月村、无根山房、禾创1956等原创艺术基地和艺术家聚落发展壮大,推广天府画派;重点发展工业设计,运用大数据、数字化技术、网络化协同设计、交互设计等新兴技术,培育壮大一批工业设计领军企业;依托在蓉高等院校及服装设计机构专业优势,引进一批国内外一流的服装女鞋设计机构入驻成都,聚集一批在国内外有较大影响力的设计大师和工作室;等等。

(二) 重点发展突出业态融合的相关产业

突出业态融合的相关产业主要包括文博旅游业、体育旅游业等。以成都博物馆、武侯祠博物馆、杜甫草堂博物馆、金沙遗址博物馆、永陵博物馆、安仁中国博物馆小镇、邛窑遗址公园等文博单位为重要载体,深挖历史人文内涵,运用现代科技手段,提高展陈体验水平;以攀岩、骑行、露营等体育旅游项目为重点,建设大成都城市体育休闲旅游圈、环龙门山龙泉山体育旅游示范区、龙门山龙泉山国际山地户外运动旅游目的地等体育旅游示范区,开发沿绿道、沿古道、沿江、沿山的体育休闲运动线路;举办国际网联青年大师赛、国际乒联世界大赛、铁人三项世界杯赛、中国成都国际名校赛赛艇挑战赛、国际自行车联合会都市自行车世界锦标赛、国际体育舞蹈节等大型体育品牌赛事。

(三) 着力发展与文创具有衍生关系的相关产业

与文创具有衍生关系的相关产业主要包括信息服务业、会展广告业、教育咨询业等。加强衍生品开发,探索建设动漫游戏品牌授权市场,依托高校资源建立动漫游戏产业基地,培育动漫游戏影视作品、舞台剧、服装、玩具、文具、游乐设备等新增长点;依托云计算、大数据、移动互联网、即时通信、人工智能等新技术,重点发展社交网络服务、信息发布、音乐服务、影视服务、图片服务等行业;着力提升会展设计在专业会议、展览会、博览会、赛事活动等领域的创意策划能力和服务能级，大力发展网络广告、移动媒体广告、社交媒体广告、嵌入式广告等新兴业态；支持大专院校开办文化艺术学科，鼓励和支持音乐、舞蹈、美术、国学、文史、科创等教育研培机构，促进商务咨询、社科咨询和科技咨询发展。

二 培育壮大市场主体

（一）培育骨干文化企业

充分发挥成都传媒集团、成都文旅集团等国有文化企业（集团）在实现社会效益和经济效益相统一中的示范作用，扶持成都艺术剧院公司等改制文化企业可持续发展，推动建立健全有文化特色的现代企业制度，完善法人治理结构，推进公司制、股份制改革。要加大对非公有制文创企业发展的引导，鼓励有实力的企业进行跨地区、跨行业和跨所有制兼并重组，大力培育一批具有核心竞争力的龙头文创企业（集团）。

（二）支持中小文创企业发展

要加强政策资源整合力度，支持小微文创企业研发创新和市场拓展，培育具有核心竞争力的文化创意企业。推动文创产业发展与"大众创业、万众创新"紧密结合，扶持文化领域创新创业，鼓励社会力量参与文化领域创新创业，培育具有地域特色的创意和设计企业，支持"专、精、特、新"中小微文化企业发展。更多将文创产业自治权限和经营活动管理权下移至产业联盟、行业协会、中介平台等社会组织。鼓励适合中小微文化企业的文化金融产品创新，对文创产业集聚区中的小微文化企业实施集中集合授信和统一担保。

三 推进文创产业集聚发展

（一）支持集聚模式升级发展

利用互联网技术拓展文化产业园区，形成线上线下紧密联系的集聚模式。加大创意设计产业、音乐产业、艺术品产业等重点文化产业建设虚拟园区建设力度，线下结合现有文化产业示范园区，提升重点行业重点园区集聚效应。应用众包实现文化产业集聚模式。通过大众创造模式，集聚文化创意，建立园区文化产业价值链；通过大众体验模式，有效获得文化产品的使用信息,减少园区生产与消费之间的沟通距离;通过大众评价模式,反映大众对文化产品的需求,增进园区内企业和商家对文化产品的了解,降低商家的运营成本,还能更好地实现园区商家和大众的互动往来。

(二)打造跨区域文创产业发展空间

以建设成渝城市群和成都平原经济区合作园区(基地)共享的公共服务平台与中介服务体系为突破口,探索建立开放、共享、协同发展的园区建设新模式、新路径,推动成都市区域内外资源整合。推动成都市区域内外同类文化产业园区产业链、人才、资本、技术等资源的横向整合,形成文化产业发展的合力。

(三)构建集聚发展服务体系

提升政府平台服务支撑能力,建设公共服务平台、人才培训平台、投融资平台、企业政策咨询服务平台等,为企业提供金融、咨询、技术等一系列服务。提高行业协会服务能效,对成都文化产业行业协会等行业协会增权赋能、加大行业资金扶持力度、搭建行业协会与文化产业园区的合作模式,鼓励行业协会开展各类有利于文化产业发展的活动,加大行业协会对文化企业的专业指导。建立市场对园区评价机制,通过政府购买服务方式,委托独立而权威的专业机构,定期对成都文化产业园区政策进行有效性评价并公布,促使政府及时调整。

四 加快"文创+"跨界融合发展

(一)加快文创与科技融合

通过数字化、互联网、3D打印、光储存等高新技术、新材料和新工艺的运用,提升文创产品的传播速度扩大传播范围,提高创意产品的生产效率,降低生产成本,促成个性化、专业化的定制式文化创意产品的迅速普及。利用数字化技术的多元方式,支持网络、数字技术与文化创意设计相结合的新兴业态发展,如以数字化广告平台为依托,开展诸如搜索广告、赞助广告、富媒体广告、分类广告、利用云数据收集的定制推送广告等前景广阔的新兴文化业态。积极培育创意设计、数字化娱乐、数字广告及增值服务,引导文创产业结构的转型升级。

(二) 加快文创与其他产业融合发展

推进文化创意与都市现代农业、特色农业、休闲农业等融合，推出一批具有文化创意的农业产品、节庆活动和农业景观，提升农业的附加值。支持发展特色村落、创意民宿和田园综合体，鼓励从事文创工作的个人和企业租用农房开办艺术工作室等，提升农家乐品质，打造一批全国知名的"艺家乐""创意村"。推进文化创意和工业融合，利用平面设计、品牌策划、营销推广等创意设计手段提升产品文化附加值和服务水平，带动成都制造业转型升级。依托成都现有航空、化工、能源、轨道交通等领域的研发设计能力和工程设计服务优势，支持企业参与国内外工程服务，提高设计服务市场占有率。[①] 推进文化创意与商业融合，鼓励商场、餐饮、酒店、实体书店等传统商业企业引入特色文化、强化创意设计，着力开发一批针对不同群体的文化衍生品。

(三) 推进文创与城市融合

把文化创意、深度体验等融于衣、食、住、行、游、购、娱等领域，重点围绕人居、休闲、康养、健身、教育等方面锻造城市的文化品质。不仅在城市更新和新建中注重建筑、街景等的文化创意，而且在社区治理和小街区建设中要打造一批形神兼具、秀外慧中的特色精品街区、特色文创小镇。

五 优化文创人才结构

(一) 高校培养文创人才以"宽口径、厚基础"为基本要求

除少数民间草根型文创人才，高等学校教育是文创人才成长的必备环节。针对文创专业大学生重课堂轻实务的弊端，高校的专业设置所培养的人应该符合"宽口径、厚基础"的基本要求，可以适应文化产业各个领域或子行业的经营管理需要和市场营销需要。[②] 动漫产业是成都的特色产业，以高校动漫专业人才的培养为例，今后建议加强院系整合与学科建设，在电子科技大学、四川大学等重点高校的计算机及相关学院强

[①] 《成都市文化创意和设计服务与相关产业融合发展行动计划 (2014—2020)》（成办发〔2014〕46号）。

[②] 钟龙彪：《天津文化产业人才队伍建设的现状分析与对策思考》，《求知》2013年第7期。

化动漫设计、电竞设计等专业的学科力量。

（二）提高文创人才岗位锻炼和培训交流的效能

改变产学研单位捏合而不融合，从业人员岗位锻炼和培训交流走过场等痼疾，提高其效能。一是岗位锻炼。领导层要解放思想，开阔视野，慧眼识金，识才育才。对于准人才和潜人才来说，只有获得机遇，将理论与实践相结合，才能显示出人才的潜能，并得到充分发展。① 二是国内交流培训。构建人才交流合作网络，互通有无，取长补短，相互借鉴。三是国外进修访问。适当出国考察学习，有目标地甄选境外考察地点，精心安排国际交流活动，开阔视野，在全球多元文化竞争中占据主动。

（三）突出文创人才特色

成都将突出发展音乐产业、艺术品服务等特色行业。基于成都现有文化优势，快速整合资金、人才等资源，加快建成音乐产业基地。音乐产业及相关产业的文创人才属于成都急需的特色人才。成都应积极对接《中国传统工艺振兴计划》（国办发〔2017〕25号），通过创新手段推动传统工艺向文化创意产业转变。大力引进全球和国内的领军音乐企业、业内优秀专业人才，挖掘和保护非遗文化传承人。鼓励社会力量高度参与，发展原创力，提升成都音乐产业的核心竞争力，让成都音乐、成都艺术成为成都新名片。②

（四）发挥文创人才集聚效用

成都应根据低层次人才过多，中、高层次人才缺乏的现状，调整人才战略，重新认识创新人才、创意人群以及不同类型、产业人才在社会协作、价值创造中的关系，让各行各业的有生力量都能汇集到文创产业中，让策划、中介和原创等人才群体更加丰满，以赢得成都在国际国内文创产业竞争中的优势地位。

六 进一步扩大对外文化贸易

（一）培育对外文化贸易骨干企业

研究制定和落实对外文化贸易相关政策措施，鼓励文化演艺、传统

---

① 陈恭：《上海文博类人才开发刍议》，《人才开发》2009年第3期。
② 刘洪：《关于成都文化创意产业发展的思考》，《先锋》2017年第8期。

民俗、文化展会、工艺美术等传统行业,以及创意设计、网络文化、数码制作、动漫游戏等新兴领域的经营主体开拓国际市场,支持和鼓励对外贸易企业积极开展文化产品和服务出口,形成一批有国际竞争力的外向型文创企业。

(二)创新对外文化贸易合作模式

构建产品输出和资本输出双轮驱动的"走出去"格局,鼓励各类企业和资本通过新设、收购、合作等方式,在境外开展文化产业投资合作,兴办文化经营实体,实现海外落地经营,拓宽营销渠道,扩大境外优质文化资产规模。

(三)开拓文化产品和服务贸易渠道

努力创建国家对外文化贸易基地,以创意设计、动漫游戏、艺术品、文化演艺为重点,依托具有代表性和一定出口规模、配套条件较好的外向型文化企业和从事文化出口的外贸企业,积极申报建设国家对外文化贸易基地。加快成都对外文化贸易信息平台建设,加强对外文化贸易公共信息服务,向文化企业发布海外文化市场信息。

七 繁荣文化市场

(一)健全现代文化市场体系

升级图书报刊、电子音像、演艺娱乐、影视等传统文化产品市场,发展基于互联网的新型文化市场,丰富产品供给。依托成都文化产权交易所、全国版权示范园(成都),强化文化产权、版权、技术、信息等要素市场的中介服务功能,创新交易模式和产品,让文创生产要素合理有效配置。以文化市场信用信息数据库建设为基础,以信息公开为监督约束手段,以警示名单和黑名单为基本制度,以行业协会开展信用评价、分类评定为辅助,构建守信激励、失信惩戒和协同监管机制,提高文化市场监管能力和水平。

(二)提升文化消费层次和水平

大力发展博物馆、动漫游戏、文学与艺术品、演艺娱乐、创意生活等生活性文创产业,开发适宜互联网、移动终端等载体的数字文化产品,促进优秀文化产品多渠道传输、多平台展示、多终端推送。加强文化消费场所建设,推动社区文化中心、文创街区、文化广场、小剧场、演出院线、实体书店等文化消费基础设施建设。开发文化消费服务平台和文化消费信息数据库平台，完善文化消费综合信息服务，加强文化消费监测分析。充分发挥成都作为国家首批文化消费试点城市的典型示范和辐射带动作用，在推进惠民便民措施、提高文化消费便捷度、促进文旅体商融合发展、加强宣传发动营造社会氛围等方面积极开展试点工作，形成若干行之有效、可持续和可复制推广的促进文化消费模式。

第十三章

营造文化氛围　塑造文化形象

经济全球化进入新阶段，全球城市成为世界思想文化新潮流和世界经济文化发展走向的"晴雨表"。世界文化名城通过城市文化形象的塑造强化文化品牌，弘扬独特的文化特色，保持独有的文化个性，使其具有全球可识别的美誉度和影响力。基于独有城市文化特质，世界文化名城逐步形成个性化的气氛和环境，得到人们的认同与感知，从而将城市文化植根于城市社会生活，影响城市发展方向，彰显城市文化品质，推动城市文明的进程。

第一节　增强城市文化氛围和塑造城市文化形象的重大意义

随着全球城市文化竞争日益激烈，纽约、伦敦、东京、香港等不断制定文化战略与城市文化空间规划来实现世界级文化城市的目标，通过举办国际化文化活动，打造城市地标性建筑，逐步提升城市文化活力和全球性的"消费体验空间"，从而塑造文化消费空间，形成满足现代城市居民对文化审美需求的城市文化氛围，承载着世界城市的文化消费价值功能，凸显世界城市在经济、政治等要素以外的重要地位。世界文化名城经验表明，城市文化形象主要通过城市文化品牌和城市文化标志的全球影响力来反映，使得人们对于世界文化名城的城市历史和文化活动形成综合印象和现实评价。

一 文化活力是世界文化名城文化空间生产的动力

城市文化活力是以城市文化空间为载体，呈现人的城市文化实践活动，最终凸显人的价值。城市文化空间具备物质性和社会性的双重内涵，体现城市生活方式、城市文化的动态性生成。① 世界文化名城的城市文化空间秩序与活力并存，多样性与人文性尽显，人们能展现其丰富多彩的文化活动，并在城市空间中找寻到归属感与文化自信。如柏林克洛伊茨贝格街区，从不起眼的贫困族裔街区短时间内发展成全球知名的跨国文化空间。② 巴黎城市本身构成了一个"文化生产场域"，若干咖啡馆形成典型的市民社会的公共文化空间。③ 芝加哥哥伦比亚博览会建筑群，以古典式样统一规范了建筑师、雕刻家的创作取向，带动了至今影响深远的城市美化运动。④

二 文化消费是世界文化名城城市价值的体验

文化空间形成的前提条件是文化活动，聚会成为市民重要需求的同时也间接促进了文化消费，催生了众多公共空间的产生，例如城市广场、城市客厅、城市公园。高度聚集的世界文化名城表现出突出的文化消费特征和规模，以极低的交易成本吸引资本、人才等要素汇聚形成产业的规模化和垄断化。文化创意产业在全球蜂起与兴盛，出现了城市文化消费空间、城市文化休闲空间、城市文化产业空间、城市文化艺术聚集区等。如世界全球性商业传媒企业的总部约有半数设在纽约，纽约的苏荷区艺术家将废弃的厂房区塑造成了具有艺术感的文化街区，随着文化消费的升级，形成了集私人会所、商业与公共空间为主的城市区域。上海田子坊商业街形成了以艺术家 SOHO 居住、商业消费、观光旅游、文化

---

① 常东亮. 当代中国城市文化活力问题多维透视 [J]. 学习与实践，2019（04）：110-117.

② 谭佩珊，黄旭，薛德升. 世界城市中跨国文化消费空间的演化过程与机制——以柏林克洛伊茨贝格街区为例 [J/OL]. 国际城市规划：1-13.

③ 张鸿雁. 城市空间价值的"城市文化资本"意义——中外城市空间文化价值理论的比较研究（下）[J]. 中国名城，2010（11）：45-50.

④ 张鸿雁. 城市空间价值的"城市文化资本"意义——中外城市空间文化价值理论的比较研究（上）[J]. 中国名城，2010（10）：53-59.

娱乐、工业设计等功能混合的区域，为消费者提供不同的需求选择。底特律东区（黑人和波多黎各人聚集区）成了新的画廊区，而涂鸦成了一种艺术形式，这些文化碎片和文化影像在无数照片、唱片封面、纪录片和故事片中传播，并带来了巨大的经济效益。①

三 城市文化空间是激发文化活力和消费的关键场所

城市文化空间生产关键在于彰显其开放性和包容性，提炼其个性，提升其创造性，城市不同类型人群都能够将他们的社会文化活动呈现其中，找寻到自身的文化空间归属。② 同时，文化消费时代，人们的价值观、审美观、社会观发生了巨大的改变，直接影响了人们在城市文化空间实践中具体行为，最终改变了城市文化空间，包括城市结构、功能布局、空间特色、空间类型、城市景观等方面。因此，城市文化空间具有场所精神形成城市文化氛围，文化空间内利用视觉、空间体验来表现体验性，还可以通过声景观、气味、温度的设计来营造文化空间的精神特征。如迪拜的音乐喷泉、上海五番街等都市慢景观体现对"禅"意的追求。

四 文化品牌是塑造世界文化名城文化形象的重要元素

(一) 文化品牌对世界文化名城促进作用

文化品牌是对城市未来发展特征与方向的提炼与表达，也是城市主要性质与功能外在表现。城市品牌是城市发展的重要影响因素，城市品牌战略也是城市发展战略的核心内容。文化品牌作为全球城市文化的DNA，是经济成功必备的重要元素，是推动世界文化名城城市发展的主要驱动力。

1. 文化品牌是世界文化名城的"双塔"

世界文化名城首先是全球城市，在全球文化中具有举足轻重的地位，同时在全球文化产业链中占据着关键的节点。国际上有不少公认的世界

---

① 王琛芳，杨培锋. 文化消费时代下城市文化空间特征初探 [J]. 包装世界, 2016 (05): 57-61.

② 常东亮. 当代中国城市文化活力问题多维透视 [J]. 学习与实践, 2019 (04): 110-117.

文化名城，如伦敦、纽约、巴黎等，文化之都、设计之都、时尚之都的影响力是文化集聚力、文化辐射力和文化创造力的集中体现。对于一个城市来讲，"双塔"模式决定人们对一个城市的认知度，形成城市的影响力、传播力、亲和力和广谱效应。双塔模式是一个城市的品牌形象，根据这个城市目前达到的最高水平来决定其影响力、美誉度。所谓双塔，是指灯塔和水塔灯塔的高度和亮度，确定远距离航船的定位与可视性。而水塔的高度和容纳度，决定了水的循环所达到的高度。有了水塔，建筑的每一个部分、每一个房间就都得到供应。因此，人们对城市的评价，就依照它所达到的最高水平来进行的。如北京举办了最高水平的奥运会，上海主办了世界最高水平的世博会而享誉世界。①

2. 文化品牌魅力是世界文化名城广泛的影响力

党的十九大报告指出，文化自信是一个国家一个民族发展中最基本、最深沉、最持久的力量。将文化作为重要的创新要素、经济要素、精神要素以及品牌要素，以文化为重大动能，推进中国城市的世界性跃升。中国的城市不再是唯有高 GDP 的城市，不再是只有发展的高速度而没有发展高质量的城市，不再是无视环境保护和生态平衡的城市，而是具有文化品牌的城市，具有独特的文化魅力和形象特征的城市，具有较高声誉，被世人广泛称道，以形成自身品牌价值的城市。如美国的硅谷、北京的中关村和深圳的南山区，以高端的创意、高端的技术、高端的人才和高端的策划成为城市的标志。因此，世界文化名城的文化品牌魅力在于城市文化广泛的影响力、普遍的美誉度、巨大的辐射力、强烈的吸引力、高度的认同感和强大的竞争力。

（二）城市文化品牌特征

城市文化品牌形象是城市个性在人们心目中形成的总体印象和评价，是人们对客观城市气质形成的主观反映。它通过一定的信息或符号与其他城市形成对比，凸显城市的核心竞争力。② 城市文化品牌主要有以下特征：一是以核心要素塑造城市品牌。依托独特的资源禀赋和比较优势，

---

① 金元浦：《新时代文化创意经济的高质量发展》，第十四届中国（深圳）国际文化产业博览交易会学术论坛，2018 年 5 月 10 日–14 日。

② 肖林、周国平. 卓越的全球城市：不确定未来中的战略与治理 [M] 格致出版社. 2017 年.

塑造独具魅力的文化特质，打造辐射全球的高端价值业态。二是以识别要素营销城市品牌。创新引领潮流的营销模式，形成高识别度的城市功能，最终成就享誉世界的城市品牌。联合国教科文组织、经合组织、欧盟、美国等重要国际行为体，以及伦敦等高等级世界城市对于文化品牌都构建了各具特色的文化评价体系对全球城市文化品牌进行评估，如大伦敦市政府发起的"世界城市文化论坛网络"专业指标体系和联合国教科文组织全球创意城市网络专业指标体系，通过国际标准评估，因而确立伦敦、巴黎、纽约等世界文化名城在全球城市中所占据的地位和位置。

五 文化标志是塑造世界文化名城形象的个性表达

文化标志主要通过标志性的建筑物和独具文化特色视觉造型元素向公众传达城市特质和内涵。城市文化标志对塑造城市形象核心价值观和树立城市文化品牌具有重要作用。

（一）标志性建筑对世界文化名城城市形象的重大意义

1. 标志性建筑是世界文化名城个性最直观的视觉印象

标志性建筑作为城市特有的标志，在历史环境、自然条件与城市文脉的共同作用和相互渗透下创造出的经典建筑。世界文化名城巴黎的埃菲尔铁塔、伦敦的天眼、纽约的自由女神像、悉尼的歌剧院、迪拜的七星级帆船酒店等等，无一不传递出标志性建筑的意义，既是一个国家和城市的个性，也成为城市精神和文化品牌的象征。[①]

2. 标志性建筑承载着世界文化名城的历史与文化传承

城市历史文化是标志性建筑的灵魂，标志性建筑是城市历史文化的载体。标志性建筑是可以和人们心灵共鸣、标注人们城市文化记忆的建筑，城市历史文化的传承因其深层的文化因素影响与不同时空的标志性建筑相互作用。世界文化名城因城市自身文化的特性而拥有独特的历史文化名片，以城市文化为根本，提炼文化中典型的造型元素，如此才能更好地展现城市的文化形象和文化品牌。[②]

---

① 薛琳. 标志性建筑与城市文化个性 [J] 城市建设理论研究（电子版），2018（03）：76-77.
② 褚小丽、王健. 基于城市文化策略视阈下南京系列文化标志设计研究 [J]. 美术教育研究，2016（19）：79-81.

(二) 文化标志的表现特征

标志性建筑是城市的代表性建筑，它本身即有区别于其他城市建筑的表现特征。一是标志性建筑表达寄托城市文化思想，呈现出建筑中蕴含的文化内涵。如北京故宫建筑思想体现了"天覆地载，帝道唯一"的皇权至上的思想，上海金茂大厦体现中华文化中"天人合一"、"天人感应"的两大哲学思想①。二是世界文化名城拥有的世界文化和自然遗产，是城市标志性建筑中具有杰出价值的自然和文化处所，最能表达出城市历史文化根基和文脉。如京东的古京都遗址、巴黎塞纳河畔、伦敦塔等世界性标志性建筑，体现了历史性、时代性，科技与人文相结合的产物。

第二节 成都文化氛围的培育与文化形象的塑造

成都"生活城市""休闲之都"的鲜明特质和独特印记，也是天府文化独特文化魅力之一。成都正不断创新发展生活性服务业，建设熊猫星球等11大重点工程，使之成为彰显天府文化特质、融合国际时尚潮流，打造生活服务重要载体，创造消费新模式、生活新场景；正逐步形成商贸、旅游、文化、餐饮、康养5个千亿级消费市场，生活性服务业增加值达5000亿元以上，未来将成都建设成高品质和谐宜居生活城市，到2022年建成具有国际影响力的消费中心城市。② 成都城市是一个文化积淀厚重的历史文化名城，古蜀文化、都江堰水文化、美食文化、川西民俗文化、道教文化以及具有全球影响力的熊猫文化，无不体现丰富文化历史资源。都江堰水利工程、金沙遗址、武侯祠、草堂等文化景观，也展示了成都城市历史古都的风采。锦里、宽窄巷子和太古里等一批新的特色文化街区的打造，提升成都城市文化的创意感和现代元素。近两年来，成都立足于世界文化名城的战略目标，提出了以"三城三都"城市文化品牌为抓手，以天府文化为内涵，规划建设代表天府文化创新精神一批

---

① 薛琳. 标志性建筑与城市文化个性 [J] 城市建设理论研究（电子版），2018（03）：76—77.
② 《成都打造高品质和谐宜居生活城市 创新发展生活性服务业》，《四川日报》，2018年1月14日，2019年8月18日访问（http://www.sc.gov.cn/10462/10464/10797/2018/1/14/10442708.shtml）。

具有国际水准、功能复合、业态集聚的文化地标,全力塑造国际城市文化形象,以提升世界城市能级。

一　休闲文化空间展现城市文化活力

成都城市文化氛围的营造中,特色文化街区的打造一直是建设重点,因为不同城市的文化生活的气息往往体现在城市不同风格的街区里,尤其是成都市的历史文化街区最能体现成都文化活力和展示成都的文化特质。博物馆作为一个传播成都历史文化的载体,反映城市市民的群体活动方式,传递出成都市民对城市文化的文化认同与主动参与性。博览园也是城市展示活动的重要场所,也是成都人的文化消费习惯与热爱文化、享受文化的生活方式。

(一)历史文化街区成为成都城市活力的主要载体

作为历史文化名城的成都坐拥四大历史街区:大慈寺历史街区、宽窄巷子历史街区、文殊坊历史街区和水井坊历史街区。传统历史文化街区因其稀有性、独特性和文化性等多重因素,成为文化旅游的发展重点,基于成都四大历史街区基础之上发展起来的文殊坊、宽窄巷子、远洋-太古里、水井界、锦里、铁像寺水街、琴台路、东郊记忆、天回镇特色文化街、昭觉寺特色文化街等各类历史文化资源逐渐转型为联接"文化"的都市新空间——文化活力载体。

1. 历史文化街区保留城市文化精神

宽窄巷子因"老成都"千年少城遗存,北方胡同在南方的"孤本"而闻名遐迩,对于有历史价值及社会价值的建筑及空间进行就地保留、保护和修缮,因此保留了茶馆、竹椅、庭院、花鸟,街坊等成为巷子的标志性景观,体现了老成都人宁静祥和的生活方式。① 文殊坊的立面风格及平面布局都延续了文殊院的川西佛教寺庙风格及院落式的布局传统,延续原有的历史文化资源的历史风貌,② 文殊坊街道空间主要以深色调为

---

① 杨思慧:《从历史文化街区到休闲文化场所——成都三大历史文化街区的空间构建与精神体现》,《旅游纵览》(下半月),2018年第7期,第126-128页。
② 张晓旭:《基于空间生产理论的历史文化型消费空间形成机制研究》,硕士学位论文,西安外国语大学,2017年。

主，清灰瓦、朱红墙、深棕柱栏，给人以沉稳肃穆之感，营造庄严神圣的宗教空间氛围。①

2. 历史文化街区转型为休闲文化场所

成都远洋太古里是以大慈寺为核心的开放式、低密度的街区形态购物中心，采用川西风格的青瓦坡屋面来呼应大慈寺传统的历史街区，其大面积的玻璃幕墙显示了远洋-太古里纯正的现代主义建筑风格②，形成了涵盖广场、街巷、庭园、店铺、茶馆等一系列休闲空间与活动场所。水井坊遗址是迄今为止世界上最古老的酒坊遗址，是极少有的保存最完善的酿酒作坊与酒肆并存的实例，也是明清时期典型的"前店后坊"遗址，环绕在其外围的府南河风光带上的合江亭，安顺廊桥与音乐广场，望江公园，九眼桥沿岸则形成了水井坊街区风景带。③

(二) 博物博览场所是成都城市文化空间的首选之地

成都"博物馆之城"的称号一时广为流传，金沙遗址博物馆、成都杜甫草堂博物馆、成都武侯祠博物馆、永陵博物馆作为千年遗迹熠熠生辉，成都的文博资源不仅是西南地区排名第一，而且非国有博物馆数量位居全国城市第一。④

1. 博物馆承载着历史文化信息，是中华传统文化凝聚之地

博物馆通过举办各类展览、讲座、社教活动、节事活动等，承载着城市多元文化生活。如成都春节期间各大博物馆举办的节事活动（金沙太阳节、诗圣文化节、三国文化、国际非遗节），利用博物馆或博览园文化特色，吸引着市民与来往的游客集聚在博物馆营造的文化大环境中感

---

① 张燕琦：《成都市历史文化街区的空间形态分析——以文殊坊为例[》，《美与时代》(城市版)，2017年第6期，第11-12页。

② 张晓旭. 基于空间生产理论的历史文化型消费空间形成机制研究[D]. 西安外国语大学，2017

③ 叶芳芳：《成都水井坊历史文化街区提升策略研究》，载中国武汉决策信息研究开发中心、决策与信息杂志社、北京大学经济管理学院：《决策论坛——系统科学在工程决策中的应用学术研讨会论文集》(下)，中国武汉决策信息研究开发中心、决策与信息杂志社、北京大学经济管理学院《科技与企业》编辑部，2015年第1页。

④ 王嘉、王敏琳：《成都加快建设世界文化名城 非国有博物馆数量全国第一》，《成都日报》. 2018年10月6日，2019年8月18日访问http://scnews.newssc.org/system/20181006/000912454.html。

知和体验城市文化，唤起人们对城市的集体记忆。①

2. 博物馆衍生文化活动场所，是市民生活中需要的美好空间

博物馆衍生活动场所包括广场、景园、庭院、道路、绿化、停车场等园林设施，美化了博物馆景观环境，也使参观者与市民感受到文化与自然的和谐。如成都杜甫草堂一墙之隔的中国诗歌大道所在的浣花溪公园并归成都杜甫草堂博物馆，统筹规划为诗圣文化胜地园林。2019年一年一度的国际博物馆日成都各大博物馆的接待人数超22万人，周末逛博物馆俨然成为成都市民熟悉的生活方式。②

二 生活城市为主的文化消费呈现

成都从1998年开始大规模的旧城改造和城市环境治理，活水公园、文殊坊、锦里、宽窄巷子等一批文化消费空间相继产生。2009年，成都的文化消费空间迈入大踏步阶段，远洋－太古里、东区音乐公园（"东郊记忆"）、铁像寺水街等一批文化消费空间形成。2018年成都市全年实现社会消费品零售总额6801.8亿元，位列副省级城市第3位。③如今，巨大消费力力促成都新的文化消费模式、文化消费场景的涌现，如5G文化体验、城市首店、特色小店、室内剧场、艺术夜市、绿道派对、夜游锦江等，展示了成都深厚的科技、文化、新经济发展底蕴和实力，吸引更多海内外客商消费成都。2019年上半年，成都以8.2%的增速登顶万亿级城市之首，其社会消费品零售总额增速6月回升至10%以上。④

（一）创新文化生活新模式

1. 全球5G文化新体验

2019年4月发布的《2019年科技城市发展》，全球30座城市上榜科

---

① 黄丽华：《博物馆文化传播与城市形象建构研究》，硕士学位论文，电子科技大学，2017年。
② 《人气爆棚！逾22万人打卡成都各大博物馆!》，《成都晚报》，2019年5月19日，2019年8月18日访问 http：//www.sohu.com/a/331442366_ 120237https：//baijiahao.baidu.com/s?id=1633924934724733403&wfr=spider&for=pc。
③ 靖雯：《成都营造"消费新场景""双店"经济力促城市发展弯道超车》，2019年4月17日，2019年8月18日访问《中国商务新闻网》（http：//e－paper.comnews.cn/xpaper/appnews/61/737/3727－1.shtml）。
④ 王玲：《这些数据告诉你，消费在成都》，2019年8月4日，2019年8月18日访问《成都全搜索》（http：//www.sohu.com/a/331507214_ 99986045）。

技城市发展榜单,中国有 6 座城市入选,成都作为中国西部唯一入选的城市。成都发布《成都市 5G 产业发展规划纲要》,提出到 2022 年,要将成都市建设成 5G 网络供给全国领先、行业应用深度融合、核心生态高度汇聚、产业聚集效应凸显的中国 5G 创新名城。目前四川移动 5G 已覆盖成都双流机场、火车东站,以及太古里、熊猫基地、都江堰等特色地标和景点。到成都旅游的全球旅客体验了中国移动 5G 机器人互动、8K 电视、AR 购物体验、移动 VR 实时直播成都景点等趣味项目,一起感受"5G 时代"。

2. 全通式消费新模式

成都正在打造"熊猫基地—猛追湾—太古里"全通式消费场景,多个场景通过业态、时间、空间、渠道、文化等多维度贯穿。在这里,可以享受全方位、超自在的"耍成都"体验:从白天到夜间,24 小时不断档;从核心到周边,各消费场景"全域覆盖";从线上到线下,全渠道融合无差别;在文化上,更是实现天府文化融合联动发展,形成新兴消费场景生态圈。①

(二) 打造文化生活新场景

1. 不断催生新消费

2018 年,成都新增 200 家首店落户,80% 以上全球知名品牌进驻。成都 2019 年 4 月出台《关于加快发展城市首店和特色小店的实施意见》,明确提出重点发展"国际范儿"的城市首店,以及"成都味儿"的特色小店,发掘和培育更多类型的新消费场景,从而促进消费,催生新场景。2019 年以来,第一季度成都单个城市的首店引入数量超过 2018 年第一季度全国总数的五成,首店加速聚集。"2019 寻找百家成都特色小店活动"于 7 月 12 日正式启动,② 特色小店能找寻到独特的基因,发展出核心竞争力,以自身独特的方式展现城市特色,生活化的消费场景以及体验式

---

① 《打造全通式消费体验 | 2019"过节耍成都"活动全球邀约》,2019 年 4 月 29 日,2019 年 8 月 18 日访问四川文化网(http://www.scgoo.cn/article-18242-1.html)。

② 《成都正寻找"特色小店",符合条件的店家快来!》,2019 年 7 月 13 日,2019 年 8 月 18 日访问《成都商报》(http://news.eastday.com/s/20190713/u1ai12667201.html)。http://news.eastday.com/s/20190713/u1ai12667201.html

的消费模式，成都的"生活方式"可以借由特色小店的载体"走出去"。①

2. 点亮文化消费新生活。2019年发布的《成都加快建设国际消费城市行动计划》中，成都提出加快培育锦江夜消费商圈，引入川菜、川剧等传统特色业态和现代新兴消费业态，打造成都夜消费地标。②《成都偷心》是域上和美文旅股份公司为成都夜间文化消费开发的一款产品，与传统戏剧不同，这部由孟京辉导演的浸没式戏剧，打破了传统戏剧演员与观众的隔阂：在东湖公园先锋剧场，近整栋楼的空间被分割出168个演出空间，多个小故事在不同时段重叠上演，观众步行其中，可与演员零距离接触互动。6月，《成都偷心》首月公演的10余场演出里，场场满员，夜间文化消费的发展，带动相关文化产业的发展。大川巷共33间商铺，以原创画廊为主，其间点缀着餐饮、酒吧、茶道馆等，沿街售卖的青年原创画，街区还不定期举办"好物夜市"，售卖原创工艺品、文创手办等，还有坝坝电影、社群交流、以物易物等活动，不仅要吸引市民游客在夜晚前来文化消费。成都天府绿道桂溪公园，成都首届绿道生活节在此举行，街头音乐节、文创/年货/精品市集……最具活力的成都生活方式都被带到绿道场景。8月，白天安静休闲的绿道，夜晚开起电音派对，成都豆瓣红国际嘉年华配套活动——狂浪电音节在此举办。绿道本身不仅是一项重要的城市建设，更是一个城市活力发动机，绿道正成为一种文化场景。③"夜游锦江"作为今年来成都最新推出的观光项目和建设世界文化名城进程中的全新名片，7天就吸引20余万人次，成为新的"网红打卡点"。

三 塑造"三城三都"城市文化品牌

成都自确立了世界文化名城的战略定位以来，明确提出要积极建设

---

① 靖雯. 成都营造"消费新场景""双店"经济力促城市发展弯道超车 [N] 中国商务新闻网. 2019-4-17. http://e-paper.comnews.cn/xpaper/appnews/61/737/3727-1.shtml

② 王玲. 这些数据告诉你，消费在成都 [N] 成都全搜索. 2019-8-4. http://www.sohu.com/a/331507214_99986045

③ 彭祥萍、彭惊：《新体验、新场景 点燃成都夜间文化消费》，2019年8月16日，2019年8月18日访问大众网（http://www.dzwww.com/xinwen/shehuixinwen/201908/t20190816_19067449.htm）。

世界文创名城、旅游名城、赛事名城，高标准打造国际美食之都、音乐之都、会展之都，塑造"三城三都"城市品牌，以提升城市文化沟通能力和全球传播能力。

（一）"三城三都"的内涵

目前学术界对于"三城三都"尚无明确的定义，可以从以下权威机构的评价来进行界定：根据大伦敦市政府发起的"世界城市文化论坛网络"的专业指标体系，本书认为"世界文创名城"应是打造文化名人、文化名家、文化名企、文化名所和文化名园区聚集度高、文化开放创新氛围好、文化创新创意强、文化创作产权保护严、文化产业集群大的国际性创新城市。依据联合国教科文组织于 2004 年推出的全球创意城市网络（UNESCO Creative Cities Network，UCCN）所涵盖的内容，"国际美食之都"与"国际音乐之都"内涵具有明确界定。"国际美食之都"是在城市中心地区有高度发达的美食行业，拥有活动积极的美食机构、大量传统餐厅和厨师，拥有本国特有的传统烹饪配料，注重提高公众对传统美食的关注程度的城市。"国际音乐之都"是有高度发达的音乐产业、世界知名的音乐作品和音乐人，拥有开放包容的音乐制作环境和浓厚的音乐生活氛围的城市。

基于国际展览业协会（UFI）有关"国际会展之都"的宏观经济标准，"国际会展之都"主要应是城市人均收入达到发达国家的平均水平、具有贸易中心的地位、服务业占 GDP 比重在百分之五十以上，展馆发展指数、展会发展指数、组展商发展指数高的城市。基于 2018 年英国体育市场情报研究和数据服务机构 SPORTCAL 发布的《全球体育影响力 100 强城市排行榜》，认为"世界赛事名城"应为以体育为突破口，再造和完善城市功能，以体育赛事提升城市在世界城市体系中排位和影响力。基于总部位于西班牙马德里的联合国世界旅游组织（UNWTO）公布了 2016 年全球最受欢迎旅游目的地排名和万事达卡公布的 2017 年全球目的地城市指数，本书认为"世界旅游名城"应是城市旅游功能突出、国际化程度高，且在国际上具有一定知名度和美誉度的旅游城市。

（二）成都"三城三都"文化品牌价值

"国际美食之都"与"世界旅游名城"城市品牌具有世界影响力。川菜"走出去"步伐加快，成都市知名品牌餐饮企业在全国及海外开设连锁店近千家；建成一批特色美食街区，成为成都餐饮集群化和规模化发展的重要载体，成为成都城市旅游的重要元素，并提升了城市特色形象。成都国际旅游市场影响力逐步提升，不仅在境外主要客源市场设立成都旅游宣传营销总代理，还利用国际友城、国际航线、72小时过境免签政策等资源，拓展境外客源市场；美国国家地理学会出版《国家地理旅行者》评选2017年21个"全球最佳旅游目的地"，成都是中国唯一入选的城市。

"国际会展之都"与"世界文创名城"城市品牌具有全国影响力，世界影响力正在逐步提升。成都会展品质稳步提升，成功举办了财富全球论坛、世界华商大会、中国西部国际博览会、成都全球创新创业交易会等一批具有国际影响的重大会展活动。会展领域的国际合作进一步深化，通过加入知名国际会展组织，加强与国际知名企业合作，开展国际营销、推动国际交流、提升办展国际化水平，扩大成都会展国际影响力。成都不断增强文化产业领域科技实力和自主创新能力；注重保护城市文化根脉和历史发展年轮，建设承载文化记忆、富有时代特色的历史文化街区、建筑群落和文化景观；布局成都博物馆新馆、天府大剧院、城市音乐厅等大型具有地标性的公共文化设施，彰显城市现代文化魅力；不断促进文化消费市场繁荣，是全国首批文化消费试点城市；着力推动全民阅读、书店体系、博物馆体系、演艺体系建设，打造国际非遗节、创意设计周、中国网络视听大会等品牌活动。

"国际音乐之都"与"世界赛事名城"基本形成全国影响力，世界影响力偏弱。成都音乐人才资源丰富，产业发展基础优势突出，拥有四川音乐学院等12所音乐或设有音乐专业的院校，数量已居全国第三，成为独立音乐人的重要聚集地；音乐休闲娱乐氛围浓郁，是中国原创音乐和音乐产品消费第二城，2017年现场音乐演出场馆数量已达29个，位居全国第四；产业集聚效应日益显现，"东郊记忆音乐公园"是五个国家级音乐产业基地之一；注重音乐展会活动品牌化，成功举办成都国际音乐（演艺）设施设备博览会、"蓉城之秋"成都国际音乐季等品牌活动。成都赛事规模结构体系渐具雏形，既有国际顶级赛事，又有青少年业余联赛，基本形成了大中小相结合的赛事规模结构体系；拥有一批城市自主IP赛事，如成都国际马拉松赛、国际网联青年大师赛、"一带一路"成都国际乒乓球公开赛等。

四 构筑天府文化特质的城市地标

成都的城市地标建设以天府文化作为文化核心，通过城市文化景观、城市标志性建筑等物质载体，传递成都城市的文化精神，体现成都天府文化的气质和性格。

（一）天府文化的内涵

天府文化是对成都城市文化的综合性表达，具有鲜明的成都地域个性，具有独特的识别性，包含了成都城市多元化文化特质，这其中具有世界影响力的当数熊猫文化、古蜀文化、道教为主的宗教文化以及川菜扬名的美食文化等等。

1. 天府文化是成都最具地域性的表达

"天府"本义天子之府，寓意物产丰饶。自都江堰水利工程以来，成都平原便有"天府"美称。《战国·秦策一》最早提出"天府"，指天下之雄国也。《三国·蜀志·诸葛亮传》表述的"天府之土"[1]，具有浓郁的地域色彩，体现成都历史文化脉络。天府文化的萌发于先秦古蜀国时期，是古蜀文明的传承和发展。秦汉时期则是天府文化的形成期。从三国两晋南北朝直至宋代，是天府文化的成长期与鼎盛期。元明清时期直至抗日战争期间，则是天府文化的衰落与曲折发展期。天府文化发展至今，形成重要城市文化内涵，其基本内涵是"天人合一"思想，重要特征则是创新创造的文化精神，独特内涵便是乐观自信、优雅时尚的生活态度，已成为成都专有的文化符号和文化品牌[2]。

2. 天府文化是成都最具世界性的展示

北宋初年，成都印造交子并开设交子成为民间金融之先河。蜀锦、蜀绣、川剧、川茶、川菜一系列天府文化资源以及三国文化、古蜀文明和熊猫文化日益享誉全球。如今，以天府文化资源呈现的成都博物馆

---

[1] 练红宇. 基于文化特质的成都城市形象塑造探讨［J］. 成都大学学报（社会科学版），2018（03）：44-49.

[2] 何一民：《天府之国与天府文化》，2018年4月6日，搜狐网（https://www.sohu.com/a/227969604_100029711）。2019年8月18日访问。

"花重锦官城——成都历史文化陈列·古代篇"在2019年5月18日国际博物馆日荣获第十六届（2018年度）"全国博物馆十大陈列展览精品"奖，以天府文化转化为文创力量所诞生的游戏《王者荣耀》，如今成长为全球最火游戏之一。以成都永陵博物馆音乐舞蹈石刻"二十四伎乐"为蓝本创编的大型国乐观念剧《伎乐·24》上演，让精美绝伦的成都古代音乐在舞台上"复活"，这也是国内文博界第一次运用观念剧的形式演绎石刻文物①。一年一度的国际非遗节在成都非遗博览园举办，也吸引了全球的瞩目。

（二）以天府文化思想表达的地标性建筑

文化地标是城市灵魂的可视符号，也是一个城市传统文化的精神标识。天府文化源远流长、底蕴深厚，成都文化遗产、文化名城众多，能够代表天府文化形象和气质的文化地标更是成都建设世界文化名城的底气，也是文化自信所在。

1. 世界级历史文化遗产是天府文化传承的典范

都江堰水利工程是当今世界年代久远、唯一留存、以无坝引水为特征的宏大水利工程。它不仅是中国水利工程技术的伟大奇迹，堪称世界水利史上璀璨明珠。都江堰是世界文化遗产（2000年被联合国教科文组织列入"世界文化遗产"名录）和世界自然遗产（四川大熊猫栖息地）。② 成都是道教的发源地之一，因东汉时道教创始人创立五斗米道（天师道），青城山是张道陵晚年显道之所，被誉为道教四大名山之一，更为全球道教全真道圣地，③ 被列为世界文化遗产（2000年被联合国教科文组织列入"世界文化遗产"名录）。成都以都江堰为代表的成都水文化是成都在世界上一张不可替代的文化名片，以青城山道教为发源地的成都道教文化是成都具有突出的文化价值和前所未有的开创性的精神场所。

---

① 《天府文化：成都文创最为丰富的 IP 源泉》，《成都日报》2019 年 5 月 21 日（http://cdtf.gov.cn/chengdu/home/2019-05/21/content_005e80994fb64b6cabb2b8702fce9b2c.shtml）。

② 杨帆：《世界文化遗产：青城山与都江堰》，人民网，2004 年 5 月 26 日（http://www.people.com.cn/GB/wenhua/1087/2525155.html）。

③ 练红宇. 基于文化特质的成都城市形象塑造探讨［J］. 成都大学学报（社会科学版），2018（03）：44-49.

2. 国际化的文化景观是天府文化创新思想的表达

随着新时代成都天府文化的发展，成都也迎来新的文化地标的涌现和爆发。天府国际金融中心的建成，以独特的外立面和花瓣似的造型，成为成都向南发展的重要地标之一，随后，西南最大的室内综合演出场馆，形似飞碟的成都演艺中心诞生；亚洲最大城市综合体，酷似元宝的环球中心肃立；各国国旗林立，外形像靴子的一带一路交往中心建成。成都还有很多顶级文化地标正在规划建设，包括全国唯一的特效声景观公园，神似大白鲨的成都露天音乐公园；带领成都东进的金沙神鸟造型的第二国际机场；距离都江堰较近的水雪综合体，其总建筑面积36.76万平方米，约是上海金融中心的四倍、占地面积300亩，比世界最大的迪拜滑雪场大两倍；最高高度达85米，是北京鸟巢一倍；最大跨度17千米，超过国家游泳中心"水立方"；最大长度达428米，立起来高度将超过法国巴黎埃菲尔铁塔。[①]

第三节 成都营造文化氛围和塑造文化形象和的不足之处

"2019世界文化名城论坛·天府论坛"在2019年7月召开，吸引了世界的眼光和众多国际文化大咖，此次盛会既是对成都独特的文化形象的世界性展示，也是成都城市文化氛围的高级别关注，通过这样的论坛，不难看出成都站在世界文化名城定位上，尚存在地域性、开放性、社会性、文化性等方面不足，需要更深入地探究和不断地挖掘。

一 文化氛围营造不足

人民对美好生活的向往一直是城市追求的目标，城市生活的品质也与城市文化氛围营造息息相关，成都生活的文化特质从茶文化、休闲文化、市井文化也不断演变为文创文化、音乐文化、咖啡文化等新的生活方式，影响和改变这城市活力，也提升了城市的消费能力，吸引全球消

---

① 《成都骄傲—世界级超一线新星即将出道》，2019年5月23日，2019年8月18日访问（http://www.360doc.com/content/19/0523/07/21618922_837613348.shtml）。

费者纷至沓来，扩大了消费规模。但当前的成都，消费观念、方式和结构正发生重大转型，即兴消费生态活力也在不断释放，同时呼唤文化消费升级，民众需要推动文化氛围的提升。

（一）城市活力的不足

1. 城市文化空间开放性需要进一步彰显

城市文化空间是雅俗共赏、地方与国际融通，中心与边缘文化共在的文化空间。① 成都多年来城市文化空间生产彰显了多元化、包容性的特点，但对开放性的诠释尚不足，一方面，对四川天府文化的文化辐射力有限，整个巴蜀和天府的历史故事也不应区域化，如对诗意成都理解还停留在杜甫草堂等空间，苏轼等诗人也不仅仅体现在眉山，应打造和生产出涵盖天府文化历史故事的文化空间；另一方面，成都的国际化故事和事件的文化空间开发不足，从历史到现代，成都出现了许多享誉世界的重大历史转折事件，这也是世界文化名城重要标志，目前这种文化空间打造不足。如华西医院前身是中外合办，其价值体现仅停留在一个不知名的博物馆，其中成都重要人物对中华甚至世界医学贡献挖掘太少。

2. 城市文化空间的社会性需要进一步提升

城市空间具有历史性、社会性与空间性三者并存的特质，城市不同类型人群都能够将他们的社会文化活动呈现其中，找寻到自身的文化空间归属。成都在倡导包容性的城市价值与设置人性化的城市制度，对城市边缘群体给予必要的文化生存空间上还有所欠缺。如公共文化空间残疾人车位设置不充分、高端文化空间商业性较强对中下收入者或者学生的免费减费力度不大、农民集中居住区或老旧院落社区居住区域的城市文化空间建设力度不足、同一社区不同类型居住房屋（别墅和公寓）的居民不能同享公用的文化空间、同一楼盘民宿居住人群与当地居民不能共享著名文化空间等问题明显存在。

（二）城市文化消费的不足

1. 对文化消费品质内涵的提炼不够

成都重视文化消费空间历史资源的延续和建筑形式的再造以及景观

---

① 常东亮. 当代中国城市文化活力问题多维透视［J］. 学习与实践，2019（04）：110－117.

设计打造，但是文化消费品质内涵上，还缺乏对深厚积淀的提炼。文化消费空间公共活动也因为缺乏策划公司的长期经营，公共活动偏少，缺乏具有成都特色的话剧、川剧、音乐剧等剧目在文化消费空间的呈现，过多充斥着流行、快餐似的表演，也很少有现代的高雅的管弦乐、钢琴、古琴等表演的曲目。

2. 对文化消费民间资本支持力度有限

成都市整体的文化消费空间的生产中，政府指定的文化消费空间项目占据了文化消费空间生产中的大多数，而资本自发营建的文化消费空间的项目则相对较少。政府对于文化消费空间的生产具有较强影响，保证了文化消费空间生产的顺利性及规模性，但也存在管控过度、缺乏资本活力等诸多问题，毕竟政府支持文化消费空间打造的资本有限，其实更多需要民间资本长期性和可持续性打造和维护。

二 文化形象建设塑造不足

成都印象在世界眼中，是逐步从历史、美食、熊猫等传统文化走向现在的文化旅游、文化创意、科技创新新兴文化，渐渐从内陆城市走向开放性的世界城市，这与成都多年来潜心塑造城市形象不无关系，但站在新的历史定位，成都提出"三城三都"城市品牌建设和代表性的文化地标打造还缺乏一定的深度和厚重，整体性塑造与世界文化名城的定位还有一定差距。

（一）"三城三都"城市文化品牌问题

1. 品牌核心要素挖掘不够

成都文化底蕴深厚、资源富集，特别是天府文化具有鲜明的国际范儿、成都味儿，但内涵挖掘不够，人文营造不够，创新发展不够，制约了城市文化在世界城市体系中的识别度和影响力。

2. 品牌识别要素营销不足。城市形象品牌识别度不够高，产业品牌、企业品牌、产品品牌、活动品牌较少且国际影响力不强，高端化、品质化、特色化的产品和服务供给不足，同质化竞争较为普遍。全球传播的理念、内容、渠道和手法需全面提升。项目与产品的开发缺乏全球定位、全球半径的考量，尤其是对文化化、绿色生态化、体验化、个性化产品开发尚处于起步阶段。对外交流和营销普遍缺乏国际手法和渠道，国际影响力和号召力需进一步增强。

（二）城市文化地标的建设不足

1. 文化形象趋同性比较明显。全球化思想的影响和城市化进程中对速度的过分追求，成都自城市更新改造以来，由于城市文化形象定位的不确定性，从国际大都会、熊猫故乡、世界现代田园城市到美食之都、成功之都、天府之都，休闲之都，打造若干城市文化地标建筑，导致文化形象趋同存在。如青城山镇、平乐古镇、街子古镇、白鹿小镇、安仁古镇为代表的古镇文化，川西林盘文化的体现还远远不足；以工业文化为主打造的若干文创产业集聚区，如东郊记忆、436文创园区、梵木创艺区与其他城市园区打造的同一性比较明显，工业文化细分和挖掘还比较弱；以多个历史文化街区周边打造的区域的商业形态也比较类同，成都记忆的勾勒还有所缺乏。

2. 文化地标建筑唯一性体现不够。文化地标代表着城市的独特文化符号，显示城市的独有气质，因此文化地标建筑应具有唯一性和个性。如北京的"大裤衩"体现了北方的大气与豪迈，广州的"小蛮腰"体现了南方的细腻与温婉，但是成都诸多建筑还没有完全体现出城市文化的最具气质的风格，显得比较多元和宽泛，甚至还有与其他城市比较近乎类似建筑风格，如"花瓣"类似北京"鸟巢"，还缺乏在全球能引起共鸣的最具成都气质代表的文化地标建筑。

第三节　成都完善文化氛围和文化形象建设路径选择

成都是一个敢于创新的城市，在城市形象的塑造上也是领先的城市，文化让城市形象塑造出独特个性，天府文化是成都城市体系的关键因素，这是成都区别于其他城市的魅力，也是走向世界文化名城的独特基因。为此，以天府文化为魂，以"三城三都"为标杆，成都本着交流合作和共享开放精神，不断完善世界级城市形象，进一步营造国际化的文化氛围，将共同让成都在新的城市品牌、新的文化地标、新的文化空间和消费场景模式下成为世界文化名城。

一、构建文化消费定向，营造城市文化氛围

"天府文化"是成都城市精神的集中体现，"创新创造、优雅时尚、乐观包容、友善公益"是成都"世界范"根基，是成都具有立足于世界文化名城之比较优势和独特印记，天府文化的传承与创新全方位体现在城市文化空间规划和建设全过程和城市文化消费空间运行的全领域。

成都应推广天府文化的文化魅力和吸引力，全力通过文化资本打造国际范的文化消费空间和新场景。建议以创新为引领，拓展"天府文化＋文化空间"数字共享平台，提升其国际知名度。以文化资本为龙头，做大做强天府文化为主题的消费空间，激发国际吸引力。以开放为商机，不断分享交流文化消费时代的知识，促进文化空间成为世界城市的"客厅"。

（一）创新引领——拓展天府文化国际知名度

1. 加快天府文化资源的数字化建设

整合天府文化产业信息服务和公共数字文化服务系统，推进跨地区、跨部门、跨层级的天府文化信息共享。出台优惠政策鼓励数字产品和服务的研发，鼓励文化生产机构和部门积极利用数字、网络、3D、4D、多媒体、虚拟展示等高新技术，推进天府文化产品及服务的创意创新；加快天府文化产品与服务创新的核心技术、软件和装备支持。在深入研究社会公众需求的基础上，加快推动天府文化消费与信息消费的融合，推动天府文化信息产品和服务开发的产业化与集群化发展。

2. 推广"天府文化＋文化空间"的数字文化消费新模式

加快推进天府文化服务供给与文化消费市场主体间的深度联动、互动，创新天府文化消费方式。加快与微信平台、网络支付平台的合作，创新天府文化电子商务平台与互联网金融，开发新型文化消费支持服务模式，逐步建立健全覆盖全市的网络消费系统，实现文化景观、影院剧场、书城书店、教育培训、旅游度假、体育健身等文化空间领域的异地消费和网络消费。

（二）资本龙头——激发文化消费国际市场活力

1. 建立健全文化资产评估体系和文化产权交易体系

发展以版权交易为核心的各类文化资产交易市场，推进文化资本市场建设，促进金融资本、社会资本与文化资源有效对接，充分利用国内外多层次资本市场解决文化企业融资难问题。加快文惠卡与微信平台、网络支付平台的合作，建立统一的文化电子商务平台与互联网金融开发模式，为城市居民和文化企业搭建快捷的购销平台。

2. 鼓励和扶持民营文化资本参与文化空间规划建设

应逐步调整成都市文化消费空间的生产过程中各类资本积极介入，政府参与和国有资本试图影响空间生产的过程和结果的现状，让一定民营资本成为成都市文化消费空间生产过程中中的主导因素，不断增加政府指定、政府主导下的民间招商引资以及民间资本自发建设的文化资本参与类型，激发文化空间市场生产和运营的活力。

（三）开放为机——分享交流国际性知识信息

1. 举办国际性活动和节庆节会

在成都重要文化空间区域，利用国际非物质文化遗产节、成都美食节、武侯大庙会、金沙太阳节、创意设计周等品牌大型节会，创新节会活动，彰显古老城市的优雅时尚；举办现代特色的展览展会，引进国外知名节会，如动漫游戏嘉年华、创意消费嘉年华，举办COSPLAY秀、动漫游戏角色体验SHOW、DIY创意制作体验、动漫主题音乐鉴赏、真人游戏任务体验等活动；将各类节事打包形成文化消费季，用常态化、多样化的节事活动，激发国际性消费潜力和活力。

2. 打开文化空间与生活空间的间隔

打开大多数城市公共空间禁入或不适宜活动的空间，打破不宜步行的街道、绿地公园四周的围墙、停车场和快速路对城市的切割，甚至去除楼盘小区里的部分阶层对居住的空间占有性，让生活空间具有更多活跃、清晰的公共开放文化空间，让文化空间成为成都城市的世界"客厅"，提供多元交流活动的可能。

二 加大文化营销力度，提升城市国际形象

"三城三都"是成都立足世界文化名城的战略目标，以成都新时代"三步走"战略为基本方向，以世界文化名城为目标，把成都建设成国际文化交流和中华文化传播的高地，并促使成都成为世界城市体系中，更具独特人文魅力和文化标识、受人仰望的国际化文化大都市。

成都需加大"三城三都"品牌塑造和营销方面的建设，整体提升文化地标的国际竞争力和影响力。建议"借力发力"，以成都天府文化发展为契机，借文化力建品牌力；建议"借船过海"，以创意城市网络成员城市合作成员为抓手，借联合国教科文组织、中国文化中心等高端平台策划实施文化交流活动；建议"借势造势"，以加快建设现代化经济体系为目标，借承办国际重大活动、赛事大势，形成文化地标项目与"三城三都"发展相融合的产业集群的态势。

（一）借力发力——以成都天府文化发展为契机，借文化力建品牌力

1. 推动天府文化融入"三城三都"建设

以天府文化为灵魂，通过内容开发、创意设计、故事表达、城市建设等，增强旅游、体育、美食、音乐和会展的魅力和黏性。突出文化导向，坚持"三城三都"发展与主流价值、时代精神、优秀文化的多维度、深层次融合，丰富"三城三都"建设的思想内涵和人文底蕴。挖掘开发天府文化资源，探索文化体验、赛事旅游、体育传媒、演艺旅游、会展旅游等产业发展新模式，着力推进文化创意融入体育赛事设计、旅游产品开发、节庆会展活动、美食推广营销等方面，提升旅游服务、运动休闲、商务会展的多样性、趣味性、专业性和互动性。

2. 加强天府文化国际传播

入世界历史城市联盟为契机，加强历史城市有效保护，大力维护文化遗产尊严，将天府文化作为城市文化特色，积极探索天府文化有效保护、有机更新的路径，通过天府文化活动和论坛，推进天府文化国际城市交流力度，促进天府文化"走出去"，让天府文化魅力享誉世界。

（二）借船过海——以创意城市网络成员城市合作成员为抓手，借高端平台策划文化交流活动

1. 构建世界文化名城品牌体系

树立以"三城三都"为支撑的世界文化名城这一城市文化主品牌，构建起包括世界文化名城为城市文化主品牌、"三城三都"为城市文化子品牌以及各类行业组合品牌等在内的城市品牌体系。加强城市识别系统CIS（City Identity System）的建立，培育体现成都特色的行为识别系统，打造体现"老成都、蜀都味、国际范"的视觉识别系统，让人们对成都建设"三城三都"和世界文化名城印象深刻。

2. 加强与国际性高端媒体合作

推出与"三城三都"建设相关的深度报道，持续形成重大国际影响力。加强与国家主流媒体合作，围绕天府文化、天府大熊猫等重大选题和天府绿道、天府奥体城等重大项目，刊播深度报道，全面展示成都建设"三城三都"的进程与成果。

3. 拓展全球营销渠道

联合国教科文组织、中国文化中心等国家高端平台开展对外交流，利用国际权威平台，策划实施"世界文化名城天府论坛""天府文化走进联合国"等文化交流活动，充分利用政府和民间互访、国际友城交流、创意城市网络成员城市合作重大经贸文化平台，推动"三城三都"品牌走向世界。提升"三城三都"品牌影响力。

（三）借势造势——以加快建设现代化经济体系为目标，借承办国际活动大势，形成产业集群的态势

1. 制定国际化发展战略

对标国际标准，找准各自的差距，着力围绕核心IP打造具有成都特质的国际化文创、体育、旅游、会展等产品，建设与国际接轨的服务体系等。针对"三城三都"建设中涉及到标准化建设的问题，对标国际标准，制定相应地标准体系。强化国际认证意识，特别是会展项目要大力推进ICCA和UFI等国际协会的权威认证，从而在提升自身办会国际化水平的同时，也能更快、更好地得到国际认可。

2. 建设重大文化地标项目工程

推进天府文化国际中心、国际足球中心、国际会议中心、四川大剧院、成都自然博物馆、成都体育中心、成都音乐坊、成都美术新馆、空港新城免税购物中心、成都知识产权交易中心等设施项目建设，带动相关产业的发展。规划建设天府奥体城、天府绿道、龙泉山城市森林公园、天府锦城、熊猫星球等项目，形成一批具有国际水准、功能复合、业态集聚的综合体，提升城市发展能级。以文化、体育、旅游等设施为抓手，布局大中小结构合理的书店、剧场、体育场馆、博物馆等，形成布局合理、辐射面广、服务完善的书店体系、演艺体系、赛事体系、博物馆体系，提升承办国际重大活动、赛事等场馆设施水平和运营能力。

3. 提升产业与"三城三都"融合

促进"三城三都"主导产业与农业、工业及商业的相互融合，通过文化植入和创意植入，因地制宜地将文创、体育、旅游、美食、音乐和会展等业态融入农业、工业和商业中，形成农业休闲旅游、工业旅游、美食购物体验等新业态，促进"三城三都"与城市经济的全面融合发展。突出公园城市特点，着力打造天府绿道、天府奥体城、龙泉山城市森林公园、天府锦城等一批与城市建设精准匹配、城市功能有机兼容、彰显城市生活美学的，具有国际知名度、全国影响力、区域带动力的融合发展载体，促进城市功能、品质和魅力全面提升。

参考文献

一 国内文献

1. 专著

[1] 温延宽、王鲁豫：《古代艺术辞典》，中国国际广播出版社1989年版。

[2] 卿希泰：《道教文化与现代社会生活》，巴蜀书社2007年版。

[3] 胡珍生、刘奎林：《创造性思维方式学》，吉林人民出版社2010年版。

[4] 王跃新：《创新思维学》，吉林人民出版社2010年版。

[5] 成都市文物局：《成都馆藏文物精品》，四川美术出版社2011年版。

[6] 曾伟玉、顾涧清：《广州培育世界文化名城研究》，中国出版集团2011年版。

[7] 粟品孝：《成都通史·五代（前后蜀）两宋》，四川人民出版社2011年版。

[8] 乌云娜：《创新力》，国家行政学院出版社2012年版。

[9] 李君才编选：《中国文化年报2014》，兰州大学出版社2014年版。

[10] 郑雪主编：《积极心理学》，北京师范大学出版社2014年版。

[11] 赵心愚、余仕麟：《哲学·宗教智慧与超越》，四川大学出版社2014年版。

[12] 孙伟平等：《创建"中国价值"社会主义核心价值体系研究》，社会科学文献出版社2015年版。

[13] 朱佩娴：《"善的有爱"更持久》，载《人民日报理论著述年编2014》，人民日报出版社2015年版。

[14] 肖林、周国平：《卓越的全球城市：不确定未来中的战略与治理》，格致出版社2017年版。

[15] 邓智团：《伦敦文化创意产业发展新动向》，载屠启宇《国际城市发展报告（2017）》，社会科学文献出版社 2017 年版。
[16] 成都市文广新局：《2015—2016 年度成都市全民阅读指数测量研究报告》，2017 年。
[17] 成都市地方志编纂委员会办公室：《2017 成都年鉴》，成都年鉴社 2017 年版。
[18] 百道新出版研究院：《2017—2018 中国实体书店业报告》，2018 年。
[19] 《2018 世界文化名城论坛·天府论坛特别报告》，2018 年。
[20] 天府文化研究院：《天府文化研究（创新创造卷）》，巴蜀书社 2018 年版。
[21] 谭平等：《天府文化与成都的现代化追求》，巴蜀书社 2018 年版。
[22] 左思：《蜀都赋》，载杨慎《全蜀艺文志》卷 1，线装书局 2003 年版。
[23] （无）费著撰：《岁华纪丽谱》，载杨慎《全蜀艺文志》卷 58，线装书局 2003 年版。
[24] ［美］Alan Call：《积极心理学》，中国轻工业出版社 2008 年版。

2. 论文

[1] 常东亮：《当代中国城市文化活力问题多维透视》，《学习与实践》2019 年第 4 期。
[2] 陈恭：《上海文博类人才开发刍议》，《人才开发》2009 年第 3 期。
[3] 黄杉、黄欣怡：《对国内外名城城市文化形象塑造的文献研究》，《边疆经济与文化》2018 年第 12 期。
[4] 肖明杰：《成都市文化创意产业环境下动漫专业学生初次就业调查报告》，《美术教育研究》2015 年第 5 期。
[5] 练红宇：《基于文化特质的成都城市形象塑造探讨》，《成都大学学报》（社会科学版）2018 年第 3 期。
[6] 谭佩珊、黄旭、薛德升：《世界城市中跨国文化消费空间的演化过程与机制——以柏林克洛伊茨贝格街区为例》，《国际城市规划》2019 年第 34 卷第 4 期。
[7] 刘洪：《关于成都文化创意产业发展的思考》，《先锋》2017 年第 8 期。
[8] 刘容：《我国典型城市文化消费及相关政策研究》，《中国名城》

2018年第9期。

[9] 王琛芳、杨培锋:《文化消费时代下城市文化空间特征初探》,《包装世界》2016年第5期。

[10] 薛琳:《标志性建筑与城市文化个性》,《城市建设理论研究》(电子版)2018年第3期。

[11] 张鸿雁:《城市空间价值的"城市文化资本"意义——中外城市空间文化价值理论的比较研究(上)》,《中国名城》2010年第10期。

[12] 张鸿雁:《城市空间价值的"城市文化资本"意义——中外城市空间文化价值理论的比较研究(下)》,《中国名城》2010年第11期。

[13] 张敦福、崔海燕:《以社会学为主的跨学科研究:中外文化消费研究的比较分析》,《山东社会科学》2017年第10期。

[14] 褚小丽、王健:《基于城市文化策略视阈下南京系列文化标志设计研究》,《美术教育研究》2016年第19期。

[15] 钟龙彪:《天津文化产业人才队伍建设的现状分析与对策思考》,《求知》2013年第7期。

[16] 《独领风骚的英国文创产业》,2017年12月12日,http://www.gydf.com.cn/nk112017/16043.html。

[17] 王可:《文化创意产业之都——伦敦》,《北京商报》2010年1月18日,http://ip.people.com.cn/GB/10786830.html。

二 国外文献

[1] Americans for the Arts, National Arts Index, 2010.

[2] Arts Council, Autumn Statement and Spending Review 2013, 2014.

[3] Bakhshi H., McVittie E. and Simmie J., *Creating Innovation: Do the Creative Industries Support Innovation in the Wider Economy?*, London: NESTA. Based on CIS data, 2008.

[4] British Museum, British Library Maps are the Inspiration for a Winning Videogame Concept, 2013-10-23.

[5] City of London Corporation, The Economic Outlook for Central London, 2014-3.

[6] City of London, Cultural Innovation and Entrepreneurship in London,

2014 – 5.

[7] CREATIVE ECONOMY REPORT 2013: WIDENING LOCAL DEVELOPMENT PATHWAYS. UNESCO, 2013 (http://www.unesco.org/culture/pdf/creative – economy – report – 2013.pdf).

[8] DCMS, Creative Industries Economic Estimates Statistical Bulletin October 2007, 2007, http://www.culture.gov.uk/NR/rdonlyres/4DE5B8FB – A95F – 49B6 – 9900 – 3BE475622851/0/CreativeIndustriesEconomicEstimates2007.pdf.

[9] Dominic Power, "The European Cluster Observatory Priority Sector Report: Creative and Cultural Industries", *Europa Innova Paper*, No. 16, 2011.

[10] ESS Net Culture. Project ESS Net Culture – Final Report (final draft), 2011 – 10 – 13.

[11] European Commission, European Arts Festivals Strengthening Cultural Diversity, Printed in Belgium, 2011.

[12] European Communities, European Capitals of Culture: The Road to Success – from 1985 to 2010, 2009.

[13] http://ec.europa.eu/culture/index_en.htm.

[14] http://ec.europa.eu/culture/our – programmes – and – actions/doc413_en.htm.

[15] http://vancouver.ca/parks – recreation – culture.aspx, 2014 – 5 – 4.

[16] http://vancouver.ca/parks – recreation – culture/arts – and – culture.aspx, 2014 – 5 – 4.

[17] http://vancouver.ca/parks – recreation – culture/culture – plan – 2008 – 2018.aspx, 2014 – 5 – 4.

[18] Mahroum S. (ed.) (2007), Rural Innovation, London: NESTA. DCMS (1998), Creative Industries Mapping Document 1998, London: DCMS, http://www.culture.gov.uk/Reference _ library/Publications/archive_ 1998/Creative_ Industries_ Mapping_ Document_ 1998.htm.

[19] Mayor of London, Cultural Metropolis: The Mayor's Cultural Strategy

2014, 2014.

[20] Mayor of London, Cultural Metropolis: The Mayor's Priorities for Culture 2009 – 2012, 2008.

[21] Mayor of London, Shaping Places in London through Culture, 2009.

[22] Mayor of London, World Cities Culture Report 2012, 2012 – 8 – 1.

[23] NESTA. Beyond the Creative Industries: Making Policy for the Creative Economy, February 2008.

[24] Office for Official Publications of the European Communities, European Capitals of Culture: The Road to Success (from 1985 to 2010), Printed in Belgium, 2009.

[25] PwC, Cities of Opportunity Six, 2014 – 5.

[26] Statistics Canada, *Classification Guide for the Canadian Framework for Culture Statistics* 2011, Ottawa: Statistics Canada, 2011.

[27] The Mayor of London, World Cities Culture Report 2013, 2014.

[28] UN. 2014, Note by the Secretary – General Globalization and Interdependence: Culture and Sustainable Development A/69/216, New York, USA. United Nations.

[29] UNESCO Institute of Statistics, "Measuring The Economic Contribution of Cultural Industries", *Framework For Cultural Statistics Handbook*, No. 1, 2009.

[30] UNESCO LINKS, Local and Indigenous Knowledge Systems: Strengthening Indigenous Knowledge and Traditional Resource Management Through Schools in Vanuatu Paris, France, United Nations Educational, Scientific and Cultural Organization, 2014.

[31] Unesco, 2009 Framework for Cultural Statistics Handbook No. 1, UNESCO Institute for Statistics 2012.

[32] UNESCO/UNDP, *Creative Economy Report*, 2013 *Special Edition: Widening Local Development Pathways*, New York, USA and Paris, France, 2013. United Nations Development Programme and United Nations Educational, Scientific and Cultural Organization.

[33] UNESCO – UIS, The 2009 UNESCO Framework for Cultural Statistics

(FCS 2009), Montreal, 2009.

[34] UNFPA Laos, Expanding Access to Family Planning through Culturally Appropriate and Community – Based Service Distribution, Vientiane, Laos, United Nations Population Fund, 2014.

[35] United Nations General Assembly, *Resolution on Culture and Development*, A/C. 2/65/L. 50, New York: UN, 2010.

[36] WIPO, *Guide on Surveying the Economic Contribution of the Copyright – Based Industries*, Geneva: WIPO, 2003.

[37] 京都府:《关西文化学术研究都市（京都府域）建设规划》,2008年8月。

[38] 《京都府》,关西文化学术研究都市政府网 (http://www.pref.kyoto.jp/bunkaga/4.html)。

[39] 联合国发展署 (The United Nations Development Group, UNDG)、联合国教科文组织 (United Nations Educational, Scientific and Cultural Organization, UNESCO)、联合国人口基金 (United Nations Population Fund, UNFPA) 政策报告《Post – 2015 Dialogues on Culture and Development》。

后　记

　　本书是根据成都市文化产业发展专项资金 2017 年度资助项目——《世界文化名城的理论、经验与指标体系》的研究成果深化拓展而成。该项目由成都市社会科学院牵头，与上海市社会科学院和成都大学的相关专家学者合作完成。全书采用规范分析和实证分析相结合、定性研究与定量研究相结合的方法，从理论逻辑、指标体系、国际经验、城市实践等方面，探讨世界文化名城的建设路径。

　　全书研究框架由尹宏研究员、邓智团研究员设计拟定。参与上篇撰稿的主要人员：邓智团研究员、屠启宇研究员、林兰研究员、郑崇选副研究员、王成至副研究员；参与中篇撰稿的主要人员：邓智团研究员、李健研究员、林兰研究员、张剑涛副研究员、苏宁副研究员、春燕助理研究员、刘玉博助理研究员；参与下篇撰稿的主要人员：余梦秋副研究员、冯婵副研究员、郭雪飞副研究员、周翔宇助理研究员。尹宏研究员负责全书统稿。

　　成都市社会科学院副院长阎星研究员亲自组织项目实施，并在研究过程中给予支持和指导。本书最终得以付梓，不仅得益于课题组全体同仁的通力合作，更得到四川师范大学副校长王川教授、历史文化旅游学院谢元鲁教授、中共成都市委党校副校长王苹研究员等专家的悉心指导。在此，特致以最诚挚的感谢！

　　最后，需要特别说明的是，"世界文化名城"的研究刚刚起步，本书的研究难免存在疏漏和失误，敬请读者不吝赐教，在后续研究中我们将努力完善。